VOM WINDE VERWEHT

Der berühmteste Film der Welt und seine Geschichte

von ROLAND FLAMINI

Deutsche Erstveröffentlichung

WILHELM HEYNE VERLAG
MÜNCHEN

Deutsche Übersetzung: Dieter Dörr
Redaktion: Bernd Eckhardt

Titel der amerikanischen Originalausgabe:
Scarlett, Rhett and a cast of thousands

Copyright © 1975 by Roland Flamini
Copyright © der deutschen Übersetzung
1982 by Wilhelm Heyne Verlag, München
Umschlaggestaltung: Atelier Heinrichs & Schütz, München
Printed in Germany 1982
Druck und Verarbeitung: Ebner Ulm

ISBN 3-453-86040-3

Inhalt

Gone With The Wind

(Vom Winde verweht) USA 1939

Produzent David O. Selznick
Laufzeit 230 Minuten (andere Fassung 219 Minuten)
Format 35 mm und 70 mm
Farbe von Technicolor
Produktionsfirma Selznick International Pictures und Metro-Goldwyn-Mayer (MGM)
Verleih (MGM)
Regie **Victor Fleming**, George Cukor, Sam Wood, William Cameron Menzies, Eric Stacey, Reeves »Breezy« Eason, David O. Selznick
Produktionsmanager (Produktionsleitung) Ray Klune
Produktionsassistenten Lydia Schiller, Bobby Keon
Spezial-Effekte Jack Cosgrove, Fred Albin, Arthur Johns
Make-up Monty Westmore, Hazel Rogers
Frisuren Hazel Rogers
Ausstattung (Production Design) William Cameron Menzies, Macmillan Johnson
Bauten (Art director) Lyle R. Wheeler (Interior Decoration)
Farbberater (Technicolor Consultant) Natalie Kalmus
Kostüme Walter Plunkett
Schnitt Hal C. Kern, James E. Newcom
Oberaufsicht des Schnittes David O. Selznick
Schnittassistenz Richard Von Enger, Hal Kern jr., Stuart Frye
Kamera Ernest Haller, Ray Rennahan, Lee Garmes, Paul Hill
Regieassistenz Eric Stacey, Ridgeway Callow
Musik Max Steiner
Drehbuch Sidney Howard, F. Scott Fitzgerald, Donald Ogden Stewart, Jo Swerling, Oliver H. P. Garrett, John L. Balderston, Michael Foster, Winston Miller, John Van Druten, Edwin Justus Mayer, John Lee Mahin, Ben Hecht, David O. Selznick
Romanvorlage Margaret Mitchell
Oscar-Preisträger David O. Selznick, Victor Fleming, Vivien Leigh, Hattie McDaniel, Sidney Howard, Ernest Haller, Ray Rennahan, Lyle R. Wheeler, Hal C. Kern, James E. Newcom, William Cameron Menzies und Don Musgrave

Ton Thomas T. Moulton (MGM)

Darsteller und ihre Rollen Clark Gable (*Rhett Butler*) Vivien Leigh (*Scarlett O'Hara*) Leslie Howard (*Ashley Wilkes*) Olivia de Havilland (*Melanie Hamilton*) Thomas Mitchell (*Gerald O'Hara*) Hattie McDaniel (*Mammy*) Laura Hope Crews (*Aunt Pittypat*) Ona Munson (*Belle Watling*) Butterfly McQueen (*Prissy*) Barbara O'Neill (*Ellen O'Hara*) Evelyn Keyes (*Suellen O'Hara*) Ann Rutherford (*Careen O'Hara*) Rand Brooks (*Charles Hamilton*) Carroll Nye (*Frank Kennedy*) Jane Darwell (*Mrs. Merriweather*) Ward Bond (*Yankee-Hauptmann*) Harry Davenport (*Dr. Meade*) Fred Crane und George Reeves (*Tarleton-Zwillinge*) Eddie Anderson (*Uncle Peter*) Leona Roberts (*Mrs. Meade*) Mickey Kuhn (*Beau*) Oscar Polk (*Pork*) Marcella Martin (*Cathleen Calvert*) Mary Anderson (*Maybelle Merriweather*) Alicia Rhett (*India Wilkes*) Paul Hurst (*Deserteur*).

In weiteren Rollen: Victor Jory, Isabel Jewek, Si Jenks, Cliff Edwards und viele andere.

Roland Flamini
Scarlett, Rhett und das Ensemble der Tausend(e).
Wie »Vom Winde verweht« verfilmt wurde.

1 Keiner will zugreifen

Louis B. Mayer, der mächtigste Mann Hollywoods, ist nicht gerade Analphabet, aber er hat doch beträchtliche Schwierigkeiten mit dem Lesen und noch mehr damit, den Sinn des Gelesenen zu erfassen. Deshalb floriert in den Metro-Goldwyn-Mayer-Studios auch die alte Kunst des Geschichtenerzählens. Um ihm die Mühe des Selberlesens zu ersparen, wird ihm eine Film-Story von einer extra dafür engagierten Dame vorgetragen. Eine Art moderne Scheherazade. Allerdings mit dem Unterschied, daß bei MGM nicht das Schicksal der Erzählerin, sondern das der Geschichte auf dem Spiel steht. Bleibt ihr Mayers Beifall versagt – beispielsweise wenn sie sein kompliziertes und manchmal unberechenbares Empfindungsvermögen beleidigt –, hat sie kaum eine Chance, jemals auf der Leinwand zu erscheinen.

An einem Mainachmittag des Jahres 1936 sitzt Mayer auf seinem Lederthron, die Augen geschlossen, das breitflächige Gesicht gesammelt, die Hände bequem über dem Bauch gefaltet, und lauscht seiner »Märchenerzählerin« Kate Corbaly, die ihm den Inhalt eines in Kürze erscheinenden dickleibigen Romans umreißt, der vor dem Hintergrund des amerikanischen Bürgerkriegs spielt. Sie erzählt mit Geschick und Gefühl, wobei sie sich auf die Hauptcharaktere konzentriert, ohne das weitgespannte Zeitpanorama zu vernachlässigen.

Die Heldin ist eine junge Südstaatenschönheit von bestrickendem Charme und großer Eigenwilligkeit. Sie kennt nur ein Ziel – zu überleben. Während Kate Corbaly spricht, entfalten sich vor Mayers innerem Auge Bilder und Situationen, in denen die bei ihm unter Vertrag stehenden Stars der Reihe nach in die Identität der Heldin schlüpfen: Greta Garbo, Joan Crawford, Norma Shearer... Aber erst als sein Gegenüber zuende ist, zeigt er eine gewisse Reaktion. Persönlich mag er seine Heldinnen sanfter und weniger eigenwillig, aber ganz zweifellos enthält dieser Stoff eine spektakuläre Frauenrolle, wodurch er für MGM interessant wird, da die Gesellschaft vor allem weibliche Stars unter Vertrag hat. Deshalb meint er mit seiner »sanften jüdischen Stimme« (wie Graham Greene es einmal formulierte): »Fragen wir doch Irving.«

Fast augenblicklich erscheint Irving Thalberg in Mayers Büro, ein kleiner, bleicher, zerbrechlich wirkender Mann noch in den Mittdreißigern, der sich trotz seiner Öffentlichkeitsscheu den Ruf erworben hat, bei MGM der kreative Kopf zu sein. Mayer gilt als der geschicktere Geschäftsmann unter den beiden. Jeder verfügt über dieselben Machtbefugnisse – und über dasselbe Maß an Feindseligkeit gegenüber dem Partner. Doch das Studio scheint davon nur zu profitieren. MGM ist zweifellos das erfolgreichste und angesehendste aller Hollywoodstudios.

Kate Corbaly beginnt erneut den Romaninhalt zu erzählen. Wieder schließt Mayer die Augen und versenkt sich in die dramatischen Verwicklungen. Aber Thalberg wird sehr rasch unruhig und blickt nervös auf seine Uhr. Als die Corbaly fertig ist, gibt es kaum noch einen Zweifel, was er von der Geschichte hält. »Vergiß es, Louis«, sagt er und ist bereits auf dem Weg zur Tür. »Kein Bürgerkriegsfilm hat auch nur einen Nickel eingespielt.« Mayer fällt daraufhin das Schlußurteil: »Damit ist die Sache erledigt. Irving weiß, was gut für uns ist.« Am folgenden Tag erfährt die New Yorker Agentur, die den Roman anbietet, daß MGM kein Interesse am Ankauf der Verfilmungsrechte für »Vom Winde verweht« hätte.

Vorausgegangene Filme über den Bürgerkrieg, darunter *So Red the Rose* und MGM's eigener Film *Operator 13*[1] – in dem Marion Davies herausgestellt wurde –, hatten an der Kinokasse so schlecht abgeschnitten wie sie es verdienten. Das reichte, um sämtliche Bürgerkriegsstoffe in Verruf zu bringen, denn solche Produzenten-Schrecknisse führen in Hollywood ein langes Leben. Im übrigen gab es eine wachsende Abneigung gegen alle »Kostüm-Filme«, vor allem unter dem einfacheren Publikum. Ein Filmmanager in Uvalde, Texas, beklagte sich bitter darüber, wie schlecht *Meuterei auf der Bounty*[2] in seinen Film-Theatern angekommen wäre; er erklärte, er wolle keine Filme mehr, »in denen sie mit dem Gänsekiel schreiben«. Und *Photoplay* beschwor

1 1933 – Regie: Richard Boleslavsky (mit Gary Cooper)
2 Munity on the Bounty (1935)

in einer ihrer Ausgaben die Studios, ihre Helden und Heroinen als Halskrausen und Kniehosen herauszuhalten. Als Argument dafür hieß es: »Ein Bu-bu-bu von Bing Crosby ist aufregender als eine ganze Leinwand voller Kreuzfahrer.« Es schien für MGM also wirklich keinen Grund zu geben, 65 000 Dollar für die Rechte an einem überdimensionalen Bürgerkriegsroman auszugeben, der von einer völlig unbekannten Autorin aus Atlanta namens Margaret Mitchell stammte. Nach der Absage von der Metro, eilte die Agentin Laurie Williams zur Grand Central Station, wo, wie sie wußte, der Produzent[1] Mervyn LeRoy gerade dabei war, zur Westküste abzudampfen. Wenige Minuten bevor der »Twentieth Century Limited« die Bahnhofshalle verließ, stürzte sie mit einem Rieenbündel Fahnenabzügen in der Hand auf den Bahnsteig. Während sie sie ihm hinstreckte, keuchte sie: »Neuer Roman... mit einer sehr guten Frauenrolle.«

Neugierig gemacht durch den Umfang des Werkes, begann LeRoy's Frau Doris *Gone With the Wind* zu lesen. Und als der Zug fünf Tage später in Los Angeles ankam, las sie noch immer darin. Sie trug den Roman direkt zu ihrem Vater und bestürmte ihn, die Filmrechte zu kaufen. Ihr war klar, welch ungeheure Wirkung diese Geschichte vor allem auf Frauen haben würde. Außerdem hatte ihr Vater einen Star unter Kontrakt, dem die Rolle der Heldin auf den Leib geschrieben schien – Bette Davis. Doris LeRoy's Vater war J.L. (Jack) Warner.

Wenn man die Metro als das Boudoir unter den Studios Hollywoods bezeichnen wollte, repräsentierte Warner Brothers die Männer-Umkleidekabine. Hier dominierten die männlichen Stars, die in zynischen, aktionsgeladenen Filmen, meist angesiedelt im Unterklasse-Milieu (*G-Men, The Petrified Forest, China Clipper*[2]) Verwendung fanden. Dazu kamen bei Warner Brothers noch Biographien berühmter Männer wie Zola, Pasteur und Reuter.[3] In ihrer Mehrheit akzeptierten die weiblichen Hauptdarstellerinnen diese Zustände mit heiterer Resignation. Nicht so Bette Davis. Sie führte einen ständigen Kampf um bessere Rollen und größere

---

1 und Regisseur
2 G-Men (Der FBI-Agent / G-Men, 1935). The Petrified Forest (Der versteinerte Wald, 1936), China Clipper (1936)
2 The Life of Emile Zola (1937), The Story of Louis Pasteur (Louis Pasteur, 1936), A Dispatch from Reuters (1940).

künstlerische (aber auch persönliche) Freiheiten. Dabei glich sie gelegentlich den neurotischen, störrischen Frauengestalten, deren Darstellung sie berühmt gemacht hatte. Als Doris LeRoy Warner den neuen Roman empfahl, wurde dieser gerade wieder einmal von der Davis herausgefordert. Gegen Warners Wünsche wollte sie nach England gehen, um dort eine Rolle zu übernehmen.

Warner las eine im Studio erstellte Zusammenfassung des Stoffes und ließ sie dann zu sich rufen. »Hören Sie, bleiben Sie hier«, empfing er sie. »Ich habe da ein Buch mit einer wundervollen Rolle für Sie gekauft.« »Um was handelt es sich?« wollte Bette Davis wissen. »Es ist ein neuer Roman. Nennt sich *Vom Winde verweht.*« Aber der Star ließ sich nicht beeindrucken. »Wetten, daß es ein Flop wird?« erwiderte sie. Und mit dieser trotzigen Zurückweisung, die sie schon sehr bald bereuen sollte, rauschte sie hinaus. Warner hatte *Vom Winde verweht* natürlich noch nicht angekauft, und ohne Bette Davis gab es dafür jetzt sowieso keinen Grund mehr. Aber ihre widerrechtliche Abreise sollte nur von kurzer Dauer sein. Warner verklagte sie vor dem English High Court wegen Vertragsbruches und gewann. Sie mußte nach Hollywood zurückkehren.

Als der Erscheinungstag des neuen Romans näherrückte, fand er in Lilly Messenger, der Dramaturgin bei RKO, eine neue, begeisterte Fürsprecherin. Sie verbrachte ihre Zeit damit, bei Verlagen und am Broadway nach möglichen Filmstoffen zu graben. Auf einer Kreuzfahrt nach Bermuda las sie *Vom Winde verweht,* und ihre Begeisterung wuchs von Seite zu Seite. Sie schickte dem leitenden Produzenten ihres Studios, Pandro S. Berman, die Fahnenabzüge und versah sie mit der enthusiastischsten Empfehlung, die sie je geschrieben hatte. In ihrer Begeisterung beschaffte sie sich einen weiteren Text und gab ihn RKO's Superstar Katharine Hepburn zu lesen.

Berman las den Roman, genau wie Jack Warners Tochter, bei einer Zugfahrt quer über den Kontinent. Allerdings fuhr er in entgegengesetzter Richtung von Los Angeles nach New York. Er war zutiefst beeindruckt. Aber noch mehr beeindruckten ihn die schier unüberwindlichen Probleme, die sich einem Produzenten bei der Verfilmung in den Weg stellen würden. Dabei dachte er nicht nur an die enormen Produktionskosten, sondern vor allem auch an die Schwierigkeiten bei der Besetzung, was natürlich im besonderen auf die zentrale Frauengestalt der Scarlett O'Hara

Ronald Colman

Basil Rathbone

Cary Cooper

Errol Flynn

Clark Gable

zutraf. RKO hatte Katharine Hepburn unter Vertrag, aber Berman zweifelte, ob diese begabte Schauspielerin mit ihrem knochigen Neuengland-Gesicht die Rolle der intriganten und koketten Südstaatenschönheit aus Margaret Mitchells Roman glaubhaft verkörpern könnte. Im übrigen waren ihre Qualitäten als Kassenmagnet höchst umstritten. Eine Reihe kommerziell erfolgloser Filme, darunter *Mary of Scotland*[1] (»Time« meinte, sie agiere darin wie eine höhere Tochter bei einer Schulaufführung), was ihrer Popularität bei den Filmmanagern nicht gerade förderlich. Man hatte sie sogar auf die Liste jener Stars gesetzt, die man als »Kassengift« betrachtete. Vielleicht war sie tatsächlich für die Scarlett ungeeignet, aber wenn sie eine gute Rolle erst einmal gewittert hatte, lief sie zu großer Form auf. Berman erschien es deshalb am vernünftigsten, den Roman zurückzuweisen, bevor sie auch nur daran gerochen hatte. Aber die begeisterte Lilly Messenger machte ihm einen Strich durch die Rechnung. (Normalerweise hatten die Stars keinerlei Mit-

---

1 Mary of Scotland (Maria von Schottland / Maria Stuart): 1934 von John Ford (Regie)

spracherecht bei der Stoffauswahl. Den Ankauf von Filmrechten behielten sich die Studios allein vor; und so mußte sich Lilly Messenger heftige Vorwürfe gefallen lassen, da sie das geheiligte Prinzip durchbrochen hatte.)

Katharine Hepburn saß also in New York auf den Koffern. Nachdem auch sie *Vom Winde verweht* gelesen hatte, war sie fest davon überzeugt, die Idealbesetzung der Scarlett O'Hara zu sein. Und mit der für sie typischen Selbstüberschätzung zweifelte sie keinen Augenblick daran, daß auch jeder andere zu diesem Schluß kommen mußte. Warum also zögerte Berman, den Roman für die Leinwand – und für sie – endlich anzukaufen? Vergeblich wies er sie auf den viel zu hohen Preis hin. Es verging kein Tag, an dem sie ihn nicht unter Druck setzte, ihn bestürmte, beschwor, umschmeichelte. Schließlich rettete ihn die Nachricht, daß David O. Selznick[1] die Filmrechte gekauft habe.

Annie Laurie Williams ging als die Agentin in die Geschichte ein, die *Vom Winde verweht* an die Filmindustrie verkauft hatte. Doch diese Leistung überschattet viele andere, darunter die Entdeckung von John Steinbecks Romanen für den Film oder den Hinweis auf Kathleen Windsors Bestseller *Forever Amber*[2]. Ihre Erscheinung und ihr Auftreten verrieten nichts von ihrem gesunden Geschäftssinn und ihrer außergewöhnlichen Begabung für das Aufspüren guter Filmstoffe, die sie bei den Dramaturgen der Studios zur Legende werden ließ. Sie war von kleinem Wuchs, rundlich, zurückhaltend und ziemlich nachlässig in ihrem Äußeren. Über Bücher sprach sie fast ausschließlich unter dem Gesichtspunkt ihrer Verwendbarkeit als Filmvorlagen. Und sie irrte sich höchst selten. *Vom Winde verweht* war ihr vom Verlag MacMillan zur Auswertung übertragen worden, da Margret Mitchell über keinen persönlichen Agenten verfügte. Annie Laurie Williams erkannte sofort die darin steckenden Möglichkeiten für einen mitreißenden Film. Als jedoch die ersten Vorausexemplare in den Hollywood-Studios zu kursieren begannen, war die Reaktion recht enttäuschend. Eine Zeitlang gab es nur ein ernsthaftes Angebot. Es kam von Darryl F. Zanuck[3] von der Twentieth Century-Fox und belief sich auf 35 000 Dollar.

1 (1902–65)
2 1947 von Otto Preminger verfilmt (dt. Titel: Amber, die große Kurtisane)
3 (*1902)

Der Roman schlug jede Frau, die ihn las, in ihren Bann. Das Problem bestand aber darin, daß die Entscheidungen in den Studios nicht von romantischen Frauen getroffen wurden. Elsa Neuberger, die in New York ansässige Dramaturgin der Universal Studios (kurz darauf heuerte sie bei Selznick International Pictures an), sandte eine weitere Synopsis des Romans nach Hollywood, der sie eine Bemerkung vorausschickte: »Ich weiß, Sie wollen keine weiteren Kostüm-Geschichten, aber ich bin der Ansicht, Sie sollten diese hier sehr ernsthaft prüfen.« Doch Universal wiederholte lediglich seinen Bannspruch gegen Kostüm-Filme.

Annie Laurie Williams empfahl *Vom Winde verweht* Katherine (Kay) Brown, der Leiterin des New Yorker Büros von Selznick International Pictures, einer unabhängigen Produktionsgesellschaft, die erst im Jahr davor von David O. Selznick gegründet worden war.[1] Zunächst schien alles wieder nach dem gewohnten Muster abzulaufen. Selznicks attraktive Mitarbeiterin war von dem Roman überwältigt. Es dauerte nicht lange, und Selznick erhielt den 1037-Seiten-Roman übersandt, zusammen mit einer ausführlichen Synopsis und einer ekstatischen Empfehlung: »Ich bitte, beschwöre und bestürme Sie – lesen Sie das sofort. Ich weiß, daß Sie danach alles andere zurückstellen und dieses Buch kaufen werden.« Selznick las die Synopsis tatsächlich, aber Kay Brown wartete in New York vergeblich auf die Order, sich sofort die Rechte an dem Werk zu sichern. Genau wie Pandro S. Berman war Selznick nämlich der Ansicht, daß ihm eine wichtige Voraussetzung für eine angemessene Verfilmung fehlte: ein weiblicher Star, der die Rolle der Scarlett O'Hara hätte übernehmen können. Und wie Thalberg hielt er Bürgerkriegsfilme für kommerzielle Risiken. Im übrigen war der geforderte Preis für eine so kleine unabhängige Produktionsgesellschaft, die bis jetzt nur einen Film *(Little Lord Fauntleroy)*[2] fertiggestellt und einen zweiten in Arbeit hatte *(The Garden of Allah)*[3] sehr hoch. Deshalb kabelte er Kay Brown: »Mit größtem Bedauern muß ich trotz Ihrer Begeisterung nein sagen.«

Doch am folgenden Tag dachte er noch einmal über das Projekt nach; und wieder einige Tage später erzählte er Ronald Colman[4]

1 1936
2 1936
3 dt. Titel: Der Garten Allahs (1936), mit Marlene Dietrich und Charles Boyer
4 (1891–1958)

den Inhalt des Romans. Colman interessierte sich sofort heftig für die Rolle des Rhett Butler. Er erklärte sich bereit, einige Monate in den Südstaaten zu verbringen, um seinen unüberhörbaren britischen Akzent gegen den Südstaatendialekt einzutauschen. Als sich dann der Roman im ersten Monat mit erstaunlichen 176000 Exemplaren zu immerhin drei Dollar das Stück verkaufte, bekam Selznicks Interesse neuen Auftrieb. Aber noch immer zögerte er, hin- und hergerissen zwischen der Begeisterung des Produzenten und den Zweifeln des Geschäftsmannes. Instinktiv erkannte er die dramatischen und optischen Reize des Stoffes, vor allem, wenn man in Farbe drehen würde. Doch sein Geschäftssinn mahnte ihn zu größter Vorsicht. Hollywood war übersät von gestrandeten Filmen, die alle auf Bestsellern basierten. Doch dann erzwang Kay Brown durch einen etwas heimtückischen Schachzug eine rasche Entscheidung. Sie schickte die Synopsis an den Aufsichtsratsvorsitzenden der Produktionsgesellschaft, und John Hay (Jock) Whitney erklärte ihr sofort, daß er die Rechte kaufen würde, sofern Selznick sich dagegen entschiede.

Selznick sah sich in der unangenehmen Lage, von seinem eigenen Direktor ausmanövriert zu werden und bot kurz entschlossen 50000 Dollar für die Filmrechte an dem Roman, die ebenso kurz entschlossen akzeptiert wurden. Dieser Preis war einer der höchsten, der bis zu diesem Zeitpunkt für einen Romanerstling geboten worden war. Erst später stellte sich heraus, welch fabelhafter Handel Selznick damit geglückt war. Vorerst zahlte er nur sehr widerwillig und schickte Kay Brown ein weiteres Telegramm, in dem er sich bitter beklagte: »Ich glaube, daß wir uns mit diesem Preis gewaltig übernehmen, vor allem angesichts der Tatsache, daß wir keinesfalls sicher sein können, die richtige

Nachfolgende Doppelseite: Die O'Hara-Familie beim Abendgebet: Gerald (Thomas Mitchell), Ellen (Barbara O'Neill), Suellen (Evelyn Keyes), Carreen (Ann Rutherford) und Scarlett. Außerdem Pork (Oscar Polk) und Mammy (Hattie McDaniel). Diese Szene ist beispielhaft für Selznicks Forderung an seine Regisseure, ihm Bildmaterial unter Ausschöpfung sämtlicher denkbarer Kameraeinstellungen zu liefern. Für die endgültige Fassung des Films wählte er eine Aufnahme ohne die Hausdiener im Hintergrund.

Besetzung für den Film zu finden.« Es erscheint sehr wahrscheinlich, daß Selznick ohne Whitneys Drängen die Filmrechte an
Vom Winde verweht nicht gekauft hätte. Dadurch wäre vermutlich Darryl F. Zanuck zum Zuge gekommen. Der Kaufpreis deckte
alle Ansprüche der Verkäufer ab; an den Einspielergebnissen
des Films waren sie in keiner Weise beteiligt. Der Verlag
MacMillan und die Autorin Margaret Mitchell teilten die Kauf-
summe zu gleichen Teilen; letztere bezahlte von ihrem Anteil
die üblichen zehn Prozent Vermittlungsprovision an Annie
Laurie Williams, die sich jeden einzelnen Cent davon redlich
verdient hatte.

Die beste Publicity, die sich zu jener Zeit ein Produzent für
einen neuen Film erhoffen konnte, war eine Schlagzeile in Louella
Parsons[1] Kolumne. Sie war so etwas wie das Evangelium Holly-
woods, und ihre Klatschspalten wurden in vierhundert Tages-
zeitungen sowie ungezählten Wochenblättern nachgedruckt.
Nachdem Selznick *Vom Winde verweht* gekauft hatte, griff er
als erstes zum Telefon und rief Louella Parsons an, um ihr die
Neuigkeit mitzuteilen, behauptete zumindest später die »New
York Times«. Für sie war die Meldung der Parsons das erste
Steinchen einer ungeheuren Geröllawine, die sich während der
Arbeit an dem Film über das Land ergoß. Die Zeitungen füllten
damit mehr Spalten als mit der Debatte über die Neutralitätsakte.
Und in einem wichtigen Punkt bestimmte diese erste Meldung
auch bereits den Ton für alle folgenden: sie war weder völlig wahr,
noch war sie absolut falsch. Sie stellte Selznicks Version der
Wahrheit dar, nicht die etwas undurchsichtige Realität und auch
nicht die sich erst im Rückblick herauskristallisierenden wirklichen
Zusammenhänge. Selznick schuf sich seine eigene Wahrheit
über das, was seiner Meinung nach geschehen war. Und da ihm
niemand widersprach, hatte er dabei keine Schwierigkeiten. So
berichtete die Parsons, daß Selznick für *Vom Winde verweht* in
hartem Ringen mit den großen Studios für 65 000 Dollar den
Zuschlag erhalten habe. David hatte den Goliaths von Hollywood
eins aufs Auge gegeben.

Danach segelte Selznick zusammen mit seiner Frau Irene und
Charles Boyer nach Hawai. Um zu wissen, was er gekauft hatte,
las er unterwegs den Roman. Dabei bestärkte sich seine Meinung,

1 (1881–1972)

22

daß Clark Gable[1] die Idealbesetzung des Rhett Butler wäre. Aber aus Gründen, die später noch erklärt werden sollen, konnte gerade das nicht in seinem Interesse liegen. Für die von Margaret Mitchell entworfene Scarlett O'Hara hielt er unter den bekannten weiblichen Stars allerdings vergeblich Ausschau. Immerhin hieß es von ihr: »In den grünen Augen blitzte und trotzte es und hungerte nach Leben, so wenig der mit Bedacht gehütete sanfte Gesichtsausdruck und die ehrbare Haltung es auch zugeben wollten.«

Als er nach ungefähr drei Wochen wieder nach Hollywood zurückkehrte, hörte er, daß von »seinem« Roman bereits dreihunderttausend Exemplare abgesetzt worden waren. (»Man mußte ihn schon aus Gründen der Selbstverteidigung lesen«, schrieb Frank S. Nugent[2], der Filmkritiker der »New York Times«.) Man diskutierte auf nationaler Ebene über die Besetzung des Films. Louella Parsons entdeckte darin einen neuen »Dinner-Sport« – das Thema war zumindest genauso interessant wie das Verhältnis König Eduards VIII. zu Wallis Simpson, Roosevelts Wiederwahl, Adolf Hitler, der Spanische Bürgerkrieg und die Dionne-Fünflinge. Selznick war wirklich einer der heißesten Filmstoffe der Kinogeschichte in den Schoß gefallen.

Die Verfilmung spiegelt auf zugleich einzigartige wie typische Weise die Produktionsverhältnisse im Hollywood jener Zeit wider. Einzigartig waren der Gesamtumfang der zu bewältigenden Probleme, die Kosten und die Länge des Films sowie die lange Drehzeit. Es sollten zweieinhalb Jahre vergehen, bevor der Roman endlich auf der Leinwand erschien. Typisch dagegen waren die während der Entstehung des Films sichtbar werdenden Hollywoodschen Verhaltensweisen, Konventionen, Methoden und Intrigen sowie die hier verfügbaren fast unerschöpflichen Hilfsquellen. Der Film verband zwei auseinanderklaffende Welten, denn er entstand zu einem Zeitpunkt, an dem »eine jener seismischen Spalten in der historischen Oberfläche aufbricht«, von denen der Historiker John Wain gesprochen hat. Gedreht wurde er in der Schlußphase von Hollywoods erfolgreichster Ära und kann als eine ihrer größten Leistungen gelten. Freigegeben

1 (1901–61)
2 und spätere Drehbuchautor (1908-65)

und gezeigt aber wurde er während des ersten Aufflackerns des Fernsehzeitalters im Zweiten Weltkrieg.

So war es beispielsweise für die dreißiger Jahre typisch, daß ein Stoff, der seine innerste Substanz aus der Welt des alten Südens bezog, fast vollständig in Hollywood verfilmt wurde. Allerdings schien David Selznick doch von gewissen Zweifeln geplagt worden zu sein, denn er schickte den Produzenten von *Traveltalks,* James A. FitzPatrick, in den Süden, um atmosphärisches Hintergrundmaterial aufzunehmen. Doch der fertige Film enthält davon nur wenige Einstellungen eines Mississippi-Dampfers. Im Gegensatz zu heute, wo der Regisseur normalerweise die treibende schöpferische Persönlichkeit bei der Erstellung eines Films darstellt, übernahm David O. Selznick, der Produzent, diese Rolle bei *Vom Winde verweht.*

2 Der Produzent, der die Sonntage heiligt

Henry Ginsberg verwaltete als Vizepräsident in David Selznicks neuem Studio die Finanzen. An dieser Funktion versuchte er den Daumen auf dem Beutel zu halten, was allerdings bei Selznicks verschwenderischem Umgang mit dem Geld ein fast aussichtsloses Unterfangen war. Nachdem Ginsberg *Vom Winde verweht* gelesen hatte, war er entsetzt über die sich hier Selznick bietenden Möglichkeiten, seiner Extravaganz freien Lauf zu lassen. Er marschierte also in dessen Büro und konfrontierte ihn brutal mit den möglichen Konsequenzen seines neuen Vorhabens: »Großer Gott, *wir* können einen solchen Film unter keinen Umständen produzieren, das würde uns ein Vermögen kosten.« Die Verfilmung eines so überaus aufwendigen Romans ging weit über ihre finanziellen Verhältnisse, gab er zu bedenken. Selznick lief dabei Gefahr, sein Studio in den Bankrott zu treiben. Die einzig realistische Möglichkeit bestand darin, solange der Roman sich noch gut verkaufte, die Filmrechte an eines der größeren Studios weiterzuveräußern und so einen hübschen Gewinn zu machen.

Wahrscheinlich waren Selznick schon selbst ähnliche Befürchtungen durch den Kopf gegangen, und er hatte erkannt, daß das geplante Vorhaben weit über die Möglichkeiten seines Studios hinausging. Widerstrebend erklärte er sich damit einverstanden, einen Weiterverkauf der Rechte in die Wege zu leiten. Ginsberg wandte sich damit zunächst an MGM. Irving Thalberg[1] war wohl inzwischen verstorben, aber die Erinnerung an seine Warnung vor Bürgerkriegsstoffen war noch lebendig. Man wies Ginsberg ab. Dieser wandte sich darauf an Y. Frank Freeman, den Direktor der Paramount, der aus Atlanta stammte, wo sein Haus nur wenige Straßenzüge von dem Margaret Mitchells entfernt lag. Die Zurückweisung war schon fast beleidigend: »Was soll ich mit diesem weißen Elefanten?« Als auch die übrigen Studios kein Interesse zeigten, schickte sich Selznick in das Unabänderliche und begann

1 (1899–1936)

In ihrem grünen Musselinkleid mit dem Zweigchen-Muster wartet Scarlett am Teich von Tara auf den Vater. Diese Szene wurde später wiederholt; dabei trägt Scarlett aber ein weißes Kleid.

das Produktionsteam für seinen Film zusammenzustellen – wobei er wie gewohnt keine Kosten scheute, um die besten Leute einzukaufen. Die größeren Studios unterhielten ständige Produktionsteams (wenn Cedric Gibbons[1], der Direktor der Architektur-Abteilung bei MGM gerade nicht mit einem Film beschäftigt war, beauftragte man ihn eben mit der Renovierung von L.B. Mayers Direktoren-Suite oder der Metro-Verwaltung). Aber ein so kleines Unternehmen wie Selznick-International konnte sich keine so umfangreiche Mannschaft leisten, dazu produzierte es viel zu wenig Filme. Es war darauf angewiesen, für die einzelnen Produktionen die entsprechenden Fachleute anzuheuern. Es fand sie entweder unter dem Heer der Freiberuflichen oder lieh sie sich bei einem der großen Studios aus.

Als Regisseur für *Vom Winde verweht* engagierte Selznick George Cukor[2], der nicht nur sein persönlicher Freund, sondern auch sein Lieblingsregisseur war. Sechs von den zwölf Filmen, die Cukor bisher gemacht hatte, waren von Selznick produziert worden. Er war nicht nur ein einfühlsamer Beobachter menschlicher Verhaltensweisen und Eigentümlichkeiten, sondern verstand es auch, populäre Literaturklassiker mit neuem Leben zu erfüllen. Stoffe dieser Art waren bei David Selznick und vielen anderen Hollywood-Produzenten äußerst beliebt. So hatte Cukor für Selznick beispielsweise *David Copperfield*[3] und Little Women gedreht. In einer Industrie, die mit Etikettierungen rasch zur Hand ist, war Cukor als »Frauen-Regisseur« bekannt und gefragt. Er verstand es, weibliche Stars mit ungewöhnlichem Geschick und sehr viel Verständnis zu führen; deshalb war es kein Zufall, daß in elf seiner bisherigen Filme Frauengestalten im Mittelpunkt standen, die meist entweder von Katharine Hepburn oder von Constance Bennett gespielt wurden. Auch Walter Plunkett stieß schon früh zu dem von Selznick zusammengestellten

---

1 (1893–1956)
2 (*1899)
3 1934

26

Beim Twelve Oaks Barbecue (Picknick). Ashley (Leslie Howard) macht
Melanie (Olivia de Havilland) den Hof.

Produktionsteam. Er war berühmt für seine genauen und einfallsreichen Kostümentwürfe, vor allem bei Historien- und
Kostümfilmen wie beispielsweise *Mary of Scotland.* Plunkett
unterzeichnete mt Selznick International Pictures einen Fünfzehn-
Wochen-Vertrag, um die Kostüme für *Vom Winde verweht*
zu entwerfen. Aber erst nach genau einhundertzweiundsechzig
Wochen war die Arbeit wirklich beendet.

Im Herbst 1936 erschien William Cameron Menzies[1] zum
erstenmal im »Stage Thirteen«, einer Bar am Washington Boulevard, gegenüber von Selznicks Studio in Culver City, um hier
mehrere Stunden lang sein Engagement für *Vom Winde verweht*
zu feiern. Er war ein untersetzter, freundlicher, trinkfester Mann
in einer Tweed-Jacke, der gern von seinen schottischen Vorfahren und von seinem Traum sprach, sich aus dem Filmgeschäft
zurückzuziehen und in England ein Country-Pub zu eröffnen.
In kürzester Zeit entstand eine innige Symbiose zwischen Person
und Lokalität. Wie der Papst mit dem Vatikan, die Mona Lisa
mit dem Louvre, gehörten auch Bill Menzies und »Stage Thirteen«
bald unverbrüchlich zusammen, denn hier suchte er Zuflucht und
Trost vor seinem durch nichts zufriedenzustellenden und nie
Ruhe gebenden Studio-Boß.

Obwohl Selznick in Lyle R. Wheeler bereits über einen höchst
kompetenten Film-Architekten verfügte, hatte er Menzies ange--
heuert, der als eines der größten visuellen Talente der Film-
branche galt. Er hatte den Auftrag, »einen kompletten szenischen
Entwurf mit sämtlichen Kameraeinstellungen, Beleuchtungs-
details etc. zu erstellen.« Dieser Auftrag gibt einen Hinweis
darauf, wie weit Menzies Kunst über das bloße Entwerfen von
Bühnenbildern hinausging. Der frühere Illustrator von Kinder-
büchern hatte in den zwanziger Jahren die Filmarchitektur re-
volutioniert, so beispielsweise in Filmen mit Douglas Fairbanks sr.
(Thief of Baghdad[2]) und Rudolph Valentino *(The Eagler[3]), Son*

1 (*1896)
2 1924
3 1925

28

of the Sheik)[1] – und 1928 erhielt er als erster den Academy Award
(»Oscar«) für die beste Film-Architektur. Es war nicht außer-
gewöhnlich für ihn, als Co-Regisseur eines Films aufgeführt
zu werden, da er wesentlichen Anteil an den optischen Qualitäten
des Werkes hatte. Die wenigen Versuche, selbst die Regie bei
seinen Filmen zu führen,[2] schlugen allerdings sämtliche fehl.
Für die dramatischen Aspekte eines Films und für die Führung
von Schauspielern besaß er einfach kein Talent. Er machte sich
sofort mit Feuereifer an eine detaillierte »Visualisierung« des
Stoffes, wobei er seine Anregungen direkt dem Roman entnehmen
mußte, da noch kein Drehbuch vorlag. Selznick selbst hatte
die einzelnen Szenen ausgewählt. Wie wir später noch sehen
werden, hatte Menzies Arbeit wesentlichen Anteil an der Realisierung des Films.

Selznick hatte ursprünglich Margaret Mitchell aufgefordert,
das Drehbuch zu ihrem Roman zu schreiben. Aber die Autorin
erwies sich als eine der wenigen Ausnahmen von jener Regel,
die der Verleger Bennet Cerf mit bitterem Unterton beklagt
hatte. Wie er es sah, betrachteten die meisten Autoren die Veröffentlichung ihrer Bücher »lediglich als unwichtige Zwischen-
station auf ihrem Siegeszug nach Beverly Hills – heute wünscht
sich ein Autor von seinem Verleger nichts sehnlicher als einen
Empfehlungsbrief an Darryl F. Zanuck.« Doch Margaret Mitchell
lehnte es ab, sich dem Wettlauf zu den Goldminen Hollywoods
anzuschließen. Für sie besaß die Aussicht auf fette wöchentliche
Honorarschecks, die von den großen Studios fürs Drehbuchschreiben ausgespuckt wurden, keinerlei Reiz. Als bescheidene
Frau betrachte sie mit dem Verkauf der Filmrechte das Geschäft
als abgeschlossen. Sie wehrte sich dagegen, darin den Anfang
weiterer und sehr viel einträglicherer Unternehmungen zu sehen.
Alles, was sie wollte, so erklärte sie es Selznick, war, in Ruhe
gelassen zu werden.

Die Neulinge im Team bekamen einen ersten Eindruck von
dem, was sie unter Selznick erwartete, als dieser die erste Pro-
duktions-Besprechung ansetzte. Gespannt wartete alles in seinem
ausgeräumten Büro auf sein Erscheinen. Doch erst zwei Stunden
später wirbelte er wie ein Zyklon durch die Tür. In Philip Frenchs

1 1926
2 Regie bei *The Spider* (1931) und *Things to Come* (1936)

Buch »The Movie Moguls« heißt es: »Hätte man bei einem Treffen der Film-Moguln mit einer Sense ungefähr einen Meter fünfundsechzig über dem Boden durch die Luft gewischt, wäre bestimmt niemand zu Schaden gekommen. Manche von ihnen hätten noch nicht einmal etwas davon gehört.« L. B. Mayer, Adolph Zukor, Carl Laemmle und die meisten anderen waren nur zwischen einem Meter sechzig und einem Meter zweiundsechzig

Lyle R. Wheeler, der im Vorspann des Films als Art Director aufgeführt ist, zeigt David O. Selznick die farbig ausgeführten Darstellungen der nach Tara führenden Allee sowie die prächtige, sich teilende Treppe im Herren haus von Twelve Oaks. Wheeler bekam für die Innendekoration einen »Oscar«.

*William Cameron Menzies, der für die Ausstattung der Produktion verant-
wortlich zeichnete. Er bekam einen »Oscar« für »seine herausragende Leistung in der Meisterung von Farbeffekten«.*

groß. Mit einem Meter zweiundachtzig war Selznick schon unter
gewöhnlichen Sterblichen ein großer Mann; in Hollywood aber
war er ein Gigant. Er besaß ein großes, bleiches und sanftes
Gesicht mit einer zwiebelartigen Nase und dicken Lippen. Seine
Augen schielten hinter dicken Brillengläsern auf irgendeinen ent-
fernten Punkt. Darüber kräuselte sich dickes schwarzes Haar,
was ihm von Gene Fowler den Spitznamen »Chinchilla-Kopf«

eingetragen hatte. Einen gewinnenden Zug hatte ihm die Natur allerdings doch mitgegeben: sein elektrisierendes, jungenhaftes Grinsen, bei dem er große Zähne enthüllte. Seine breiten Schultern waren stets nach vorn gekrümmt; war er müde, sah es fast aus, als ob er einen Buckel hätte. Auch die feinsten Maßanzüge wirkten billig an ihm.

Ohne ein Wort der Entschuldigung für sein Zuspätkommen stürzte er sich unverzüglich in die Diskussion über den Film. Während er seine Vorstellungen erläuterte, stampfte er unbeherrscht durch das Büro und stieß kurzsichtig gegen jedes Möbelstück, das noch im Raum war. Beständig schnorrte er von irgend jemand Zigaretten. Doch trotz allem schien er fremden Argumenten und Einwänden gegenüber duldsamer zu sein als die Mehrzahl der übrigen Hollywood-Produzenten. Aufmerksam hörte er sich die Meinungen seines Produktionsstabs an, und schlang die Ideen wie ein hungriger Jagdhund in sich hinein. Die Diskussion nahm ihn so gefangen, daß er ein Streichholz für eine neue Zigarette anzündete und es erst wieder bemerkte, als es ihm die Finger verbrannte. Einer der Neulinge machte die Bemerkung, daß Selznick mit wohlklingenden Titeln offensichtlich großzügiger war als mit dem Honorar. Fast jeder aus seinem Produktionsstab wurde als sein »Assistent« vorgestellt. Sein geräumiges, weiß getäfeltes Büro wirkte wie das elegante Herrenzimmer eines komfortablen Privathauses. Dazu trugen vor allem die Chintz-Vorhänge, Polstersessel und Divans bei. Durch ein Panoramafenster hinter Selznicks Mahagoni-Schreibtisch strömte das Tageslicht herein. Auf dem Schreibtisch fand sich neben zwei Telefonen, einer Lampe, der Zigarrenkiste, einer weißen Marmoruhr und einer aus demselben Material gefertigten Schreibgarnitur mit Tintenfaß und Feder, einer Wasserkaraffe, einem Briefständer und einem Knopf, mit dem sich die Bürotür von innen verriegeln ließ, ein ständig mit Süßigkeiten gefülltes Glas, denn Selznick litt an Hypoglykämie, also einem zu niederen Blutzuckerwert, der ihn leicht ermüden ließ, wenn er nicht ab und zu nach etwas Süßem griff. An der Wand hing die große Fotografie eines ernst wirkenden Mannes mit schweren Augenlidern und einem Zwicker auf der Nase. Das war Lewis J. Selznick[1], Davids Vater.

1 (1870–1932)

Durch Erbe, Erziehung, persönliche Neigung und Fleiß war David Selznick dazu bestimmt, ein Filmunternehmer der ersten Kategorie zu werden. Sein Vater war ein Abenteurer, der bis 1923 in der sich rasch ausdehnenden Filmindustrie ein Vermögen erworben und wieder verspielt hatte. Er ermutigte – ja zwang seine beiden Söhne bereits in jungen Jahren, sich im Familienunternehmen zu engagieren. David war elf, als er bereits an den Verhandlungen teilnahm, die zur Gründung der ersten Filmgesellschaft seines Vaters führen sollten, der World Film Corporation. Und er war einundzwanzig, als er vergeblich versuchte, Lewis J. Selznicks letzte vor dem finanziellen Kollaps zu retten. Als Teenager unterzeichnete er im Namen seines Vaters Dutzende von Filmkontrakten pro Woche, während sein Bruder Myron[1] – drei Jahre älter als er – alleinverantwortlich war für die Erträge der zweitgrößten Filmgesellschaft der Welt. Die Selznick-Brüder waren in allem, was mit Film zu tun hatte, mariniert.

Die Selznick-Legende behauptet, daß Lewis J. nie eine wichtige Entscheidung traf, ohne seine Söhne zu konsultieren. »Zeigen Sie es David«, sagte er, wenn ihm ein Drehbuch vorgelegt wurde. »Wenn er's mag, wird's auch Geld bringen.« Will man der Legende glauben, dann bekam David später seinen ersten Hollywood-Job bei MGM trotz L.B. Mayers Einwänden aufgrund seiner guten Beziehungen zu Nicholas Schenck[2], dem Präsidenten von Loew's Inc. (MGM's Mutterhaus), weil er bei einem Streit mit Selznick-Senior dessen Seite eingenommen hatte. Auf irgendeine Weise war es dem alten Selznick gelungen, sich einen Teil der Rechte an *Ben Hur*[3] zu sichern, jenes wegen seines Wagenrennens und seiner enormen Kosten berühmten MGM-Epos', der ihm fünfzig Prozent der Gesamteinnahmen garantierten. Schenck wollte ihm nun diesen Anteil wieder abkaufen. Eine Zeitlang hörte David Selznick den beiden bei ihrem Feilschen zu, das sich bald in einer Sackgasse befand. Lewis J. drehte sich nach seinem Sohn um und meinte: »Lassen wir's David entscheiden. David, sollen wir Mr. Schenck die fünfzig Prozent der Einnahmen zurückgeben?« David überlegte einen Augenblick und nickte dann. Niemand

1 (1899–1944)
2 (1881–1969)
3 hierbei geht es um eine frühe Verfilmung des Romans von Lew Wallace

weiß, wie der ältere Selznick diese Entscheidung aufnahm, aber er hielt sich auf jeden Fall daran, und der dankbare Nicholas Schenck schwor David, ihm jederzeit zur Verfügung zu stehen.

Lewis J. Selznick fühlte sich im mehr als hemdsärmligen Filmgeschäft unter seinesgleichen wie zuhause. Fast alle waren sie jüdische Geschäftemacher, die frühzeitig bereits in ein Huhn investierten, das niemand sonst haben wollte – und das jetzt goldene Eier legte. Louis B. Mayer war im Altmetallhandel tätig gewesen, Samuel Goldwyn (eigentlich: Goldfisch) hatte Handschuhe verhökert und Adolph Zukor, Selznicks Nemesis, Pelze. Lewis J. Selznick selbst hatte mit Edelsteinen gehandelt. Er war als Lewis J. Zeleznick in Kiew zur Welt gekommen. David allerdings behauptete immer, daß der Familienname tschechischen Ursprungs sei und »Mann aus Eisen« bedeute. Aber Lewis ging als Zwölfjähriger nicht nach Prag oder Bratislava, sondern nach Manchester, wo er sich als Fabrikarbeiter verdingte, um sich die Überfahrt nach Amerika zu verdienen. Mit achtzehn war es dann endlich soweit. Er ließ sich zunächst in Pittsburg nieder und nannte sich von nun an Selznick. Nach einer Lehre bei einem Juwelier machte er sich selbständig, zunächst in Pittsburg und dann mit einem größeren Laden in New York. Aber das noch in den Kinderschuhen steckende Filmgeschäft schien seinen hochkarätigen Energien mehr Möglichkeiten zu bieten als der konservative Schmuckhandel. Deshalb verkaufte er 1911 sein Geschäft und behielt nur eine Handvoll ausgesuchte Steine zurück, die er in der Hosentasche mit sich herumschleppte.

Selbst in der turbulenten und häufig recht undurchschaubaren Frühgeschichte des Films dürften die rasch aufeinanderfolgenden Kapitel seines Aufstiegs und Falls ihresgleichen suchen. Er schlich sich durch die Hintertür in die neue Branche ein, indem er das gewichtige Aktienpaket eines Freundes, das dieser an den Universal Studios (damals Universal Film Manufacturing Co.) hielt, zwei erbitterten Rivalen, Patrick A. Powers und »Onkel« Carl Laemmle, anbot, die beide versuchten die Gesellschaft unter Kontrolle zu bekommen. Mit Hilfe der von Selznick angebotenen Anteile behielt Laemmle schließlich die Oberhand in der chaotischen Auseinandersetzung. Doch als der Rauch sich verzogen hatte, entdeckte der verschlagene kleine süddeutsche Jude, daß sich der Edelsteinhändler aus Kiew als Generaldirektor der Gesellschaft installiert hatte – und feuerte ihn.

Aber Lewis J. Selznick hatte inzwischen genug Ahnung vom Filmgeschäft, daß er sich sofort an den Aufbau seiner eigenen World Film Corporation machte. Und bald schon zog er sich den erbitterten Haß der alteingesessenen Gesellschaften zu, denen er Stars abjagte und sie beim Einkauf von erfolgreichen Broadway-Stücken überbot. Damals zwangen die Gesellschaften die Filmtheater dazu, mit jedem »Knüller« ein Bündel weniger einträglicher Filme zu übernehmen; so konnten sie sicher sein, alle ihre Filme vors Publikum zu bringen, auch wenn sie noch so schlecht waren. Selznick gewann keineswegs' neue Freunde, als er diese Praxis unterlief und Filme mit seinem Top-Star Clara Kimball Young (das Gerücht machte sie zu seiner Mätresse) zu sehr viel höheren Verleihpreisen allein anbot. Die übrigen Gesellschaften sahen sich bald zum Nachziehen gezwungen, wodurch sie nicht selten auf ihren schlechter verkäuflichen Filmen sitzenblieben. Im übrigen genoß es Selznick Senior im Licht der Öffentlichkeit zu stehen. Jeden neuen Coup ließ er mit großen Anzeigen in der Fachpresse feiern, die er persönlich mit Lewis J. Selznick signierte. So gelang es ihm, die russische Schauspielerin Alla Nazimova[1] zur Übernahme einer Filmrolle zu überreden, indem er ihr für jeden Drehtag 1000 Dollar versprach. Natürlich waren die Fotografen zur Stelle, als der winzige Filmboß den ersten Tagesscheck überreichte. Eine besondere Sensation war ein Telegramm an den abgesetzten russischen Zaren Nikolaus, in dem er ihm einen Job im Filmgeschäft anbot: »Als ich noch ein armer kleiner Junge in Kiew war, zeigten sich einige Ihrer Polizisten mir und meinen Leuten gegenüber recht unfreundlich. Stop. Ich ging nach Amerika und machte Karriere. Stop. Höre jetzt mit Bedauern, daß Sie dort drüben ohne Job sind. Stop. Bin Ihnen und Ihren Polizisten nicht mehr böse. Stop. Falls Sie nach New York kommen sollten, kann ich Ihnen gute Filmrollen anbieten.« Natürlich kam keine Antwort vom Zar, und es ist unwahrscheinlich, daß sich Selznick der vollen Ironie seines Publicity-Gags bewußt war, denn Zar Nikolaus verabscheute den Film, den er als »öde, sinnlose, ja verderbliche Ablenkung« betrachtete.

1 (1879–1945)

Doch auch ohne Hilfe des früheren Herrschers aller Reußen war Selznick um 1920 so an die sechzig Millionen Dollar wert. Die Familie lebte in großem Stil in einer Siebzehn-Zimmer-Etage an der Park Avenue und bediente sich zweier Rolls Royces. Der einundzwanzigjährige Myron Selznick überwachte die Film-Produktion in den fünf Studios seines Vaters, vier davon an der Ostküste, eines in Kalifornien, die zusammen rund fünfzig Filme pro Jahr herausbrachten, darunter solche mit so berühmten Stars wie John Barrymore[1], Lilian Russell[2] und Olive Thomas (die man eines Tages mit einer Überdosis Drogen tot im Crillon Hotel in Paris auffand[3]), aber auch mit einigen vielversprechenden Neulingen wie Tallulah Bankhead[4] und Norma Shearer. Nach einem kurzen Gastspiel an der Columbia University stieg auch David voll ins Geschäft seines Vaters ein, wo er sich um den Verleih kümmerte.

Doch schließlich gelang es den vereinten Bemühungen der Gnome von Hollywood – außer Selznick waren sie alle inzwischen an die Westküste übergesiedelt – doch noch, dessen Imperium zu zerstören. Zukor baute eine neue Produktionsgesellschaft auf, die sich um das Massenpublikum von Selznicks Select Pictures, der Nachfolgerin der World Film Corporation, bemühte. Selznicks Kasseneinnahmen setzten zum Sturzflug an. Gleichzeitig spannten ihm die Rivalen mit verlockenden Angeboten seine Top-Stars aus, und die Geldgeber begannen ihn unter Druck zu setzen. Selznicks Konten waren hoffnungslos überzogen, so daß er ihren Forderungen nicht entsprechen konnte. Zusammen mit seinen Söhnen versuchte er verzweifelt Gelder aufzutreiben. Aber da der alte Selznick keine Möglichkeit ausgelassen hatte, sich bei andern unbeliebt zu machen, wurden sie überall abgewiesen. Das Multidollar-Unternehmen wurde deshalb wegen einer 3000-Dollar-Forderung in den Bankrott getrieben.

Die Selznick-Brüder machten sich unter schrecklichen Racheflüchen gegen die brutalen Studio-Bosse, die ihren Vater ruiniert hatten, auf den Weg nach Hollywood. Für sie war der geliebte Vater ein Märtyrer. Vor allem Myron war wie besessen von dem

1 (1882–1942)
2 (1860–1922)
3 das geschah am 10. September 1920
4 (1902–68)

Gedanken an Rache. Er gab ihm die Kraft und den Ehrgeiz, zum mächtigsten Hollywood-Agenten aufzusteigen. Auch David wollte die Familienehre unbedingt wiederherstellen, doch bei ihm trat der Gedanke an Rache bald hinter seinem persönlichen Ehrgeiz zurück. Er hatte die Leidenschaft des Vaters für riskante Transaktionen geerbt; auch er schreckte keineswegs vor piratenhaften Geschäftsmethoden zurück und versuchte alles unter seine Kontrolle zu bringen, was sein unruhiger Blick erspähte. Darüber hinaus genoß er wie der »Alte« das Interesse der Öffentlichkeit und die Selbstbeweihräucherung. Der große Unterschied zwischen Vater und Sohn bestand in der Einschätzung der Film-Branche. Als ein Kongreß-Komitee 1917 die Film-Industrie durchleuchtete, erklärte der ältere Selznick: »Für's Filmgeschäft braucht man weniger Hirn als für jedes andere.« Seine Leidenschaft galt dem Theater und den Steinchen, die er in der Hosentasche hatte (bis er sich gezwungen sah, sie zu verkaufen, als ihm der Bankrott drohte). Für ihn war der Film nur eine rasche Möglichkeit zum Reichwerden. Aber von seinen bescheidenen Anfängen als Beiprogramm auf Rummelplätzen und in Vorstadtvarietés begann er sich zu einem respektablen Medium zu mausern und Lewis J. Selznicks Rivalen gelang es, aus der Rolle von etwas abenteuerlichen Geschäftemachern in die geachteter Führer einer neuen Industrie zu schlüpfen. Auf ihre, vielleicht etwas beschränkte Art, begannen sie, stolz auf ihre Produkte zu werden und einige ahnten sogar vage, welche enormen Möglichkeiten die Zukunft hat. Und im Gegensatz zu seinem Vater teilte David Selznick diesen Stolz – und die Vision. Doch trotz seiner reservierten Haltung gelang es nur Lewis J. Selznick, der vom Film nicht mehr als Geld erwartete, eine echte Familien-Film-Dynastie zu gründen. Hollywood ist seit drei Generationen mit seinem Namen aufs engste verbunden. Nach ihm waren seine beiden Söhne führende Köpfe im Filmgeschäft, und heute setzte einer von Davids Söhnen als Produzent diese Tradition fort.

Nach einem letzten hoffnungsvollen Versuch, durch Spekulationen beim Grundstücksboom in Florida wieder zu Geld zu kommen, zogen Lewis J. und seine Frau Florence nach Kalifornien, wo sie für den Rest ihres Lebens von der Unterstützung ihrer Söhne lebten. Lewis J. Selznick setzte nie mehr einen Fuß ins Filmgeschäft, aber seine Söhne holten sich bei ihm auch weiterhin Tips und Ratschläge, bis er 1932 verstarb. Vor seiner Heirat stand David dem Vater besonders nahe. So kam Lewis J. jeden Abend ins Schlafzimmer des Sohnes, öffnete die Fenster, unterhielt sich mit ihm, klopfte Kissen und Decke zurecht und löschte dann das Licht aus. Manchmal half er David sogar beim Ausziehen. David Selznick ging 1926 nach Hollywood, wo ihm sein Mangel an Barem und der Name des unbeliebten Vaters zunächst große Probleme bereitete. Dafür verstand er etwas vom Geschäft und war von einem unstillbaren Erfolgshunger beseelt. Als er 1936 *Vom Winde verweht* kaufte, hatte er es immerhin zum Inhaber einer eigenen unabhängigen Produktions-Gesellschaft gebracht, der Selznick-International Pictures Inc., deren Studios in Culver City der Nachbar von MGM war. Schon zu diesem Zeitpunkt verdiente er 200000 Dollar pro Jahr. Jetzt nannte er sich David O. Selznick, wobei er wie viele seiner Rivalen, darunter Louis B. Mayer[1] und George S. Kaufman, durch den neu hinzugefügten Mittelbuchstaben seinem Namen einen gewichtigeren Klang zu verschaffen hoffte. Selznick behauptete, er stünde für Oliver und versuchte ständig, den Gebrauch seiner neuen Initialen *DOS* populär zu machen.

Er kam zu einer Zeit in Hollywood an, als dort gerade die Voraussetzungen für die revolutionäre Neuerung des Film-Tons gemeistert wurden. Parallel dazu verschmolzen die vielen Aktivitäten einer Vielzahl kleiner und kleinster Studios in einem halben Dutzend der großen Gesellschaften. Mit dieser »Industrialisierung« begann der phänomenale Aufstieg der Film-Branche, die innerhalb der nächsten zehn Jahre den vierzehnten Platz unter den größten Industrieunternehmen des Landes erobern sollte. Hinter der Automobil- und Stahlindustrie sowie den Öl-Gesellschaften und dem Postversandhandel brachte sie es zu einem jährlichen Geschäftsvolumen von weit über siebenhundert Millionen Dollar, die von wöchentlich achtzig Millionen Filmtheaterbesuchern in die Kassen geschwemmt wurden[2]. Dieses rapide Wachstum versprach einem jungen Mann mit David Selznicks Erfahrungen und Chutzpe ein weites Betätigungsfeld, vor allem als Produzent –

1 (1885–1957)
2 Die Zahlen stammen vom U.S. Department of Commerce, September 1936. Demnach besuchten täglich 11 425 000 Menschen in den USA ein Kino ; die jährlichen Bruttoeinnahmen der 15 378 Kinos betrugen 750 000 000 Dollar ; auf je 6 724 Einwohner kam ein Kino. Im Gegensatz dazu gab es 1972 nur noch rund 15 000 feste Häuser und Autokinos, eines auf je 13 900 Einwohner.

ihre Zahl wuchs von vierunddreißig im Jahr nach seiner Ankunft in Hollywood auf zweihundertzwanzig im Jahr 1937 an, das entspricht einer Vermehrung um achthundert Prozent! (Seltsamerweise stieg die Zahl der Regisseure im selben Zeitraum nur um zwölf Prozent). Und von den Produzenten verdienten ungefähr sechzig mehr als 75 000 Dollar pro Jahr.

Doch als David Selznick die Runde durch die Studios machte und sich um einen Management-Posten bewarb, erhielt er überall Absagen. Deshalb schraubte er seine Ansprüche zurück und bewarb sich um eine Stelle in der dramaturgischen Abteilung bei MGM, die mit fünfzig Dollar die Woche honoriert wurde. Hollywood reagierte noch immer so paranoid auf den Namen Selznick, daß David wieder abgelehnt worden wäre, vor allem wenn LB. Mayer sich hätte durchsetzen können. Doch Selznick wandte sich an Nick Schenck, und dieser bezahlte jetzt seine langjährige Dankesschuld, indem er Metro überredete, ihn anzustellen. Der Bedarf an erfahrenen Leuten arbeitete für Selznick, und bald schon »überwachte« er die Herstellung von Tim McCoy-Western (die Bezeichnungen »produzieren« und »Produzent« kamen erst später in Gebrauch). Seine unverschämte und rücksichtslose Art brachte ihn aber bald in Kollision mit Irving Thalberg, was bei Metro einer Gotteslästerung gleichkam. Er wurde gefeuert. Als nächstes versuchte er Paramount zu infiltrieren, das Studio des Erzfeindes seines Vaters, Adolph Zukor[1]. Und zu seinem größten Erstaunen stellte man ihn in derselben Funktion wie bei MGM ein. Wieder kamen ihm seine bereits als Junge gesammelten Erfahrungen im Filmgeschäft zugute und seine Unverschämtheit und sein brennender Ehrgeiz führten rasch in die schwindelnden Höhen eines Produktions-Assistenten an der Seite von B.P. Schulberg[2]. Die Selznick-Brüder boxten sich auch einen Weg in die hermetisch abgeschlossene Gesellschaft von Hollywood frei. Bald genossen sie einen besonderen Ruf als Schürzenjäger (wobei sie häufig anderen die Freundin ausspannten) und Streithähne, die jede Party unsicher machten. Dann traf David L.B. Mayers dunkelhaarige, attraktive zweite Tochter Irene. Bald begannen sie sich zum Ärger ihres Vaters regelmäßig zu sehen. Er warnte sie: »Halt dich von diesem Schmock fern, er wird genau wie sein Vater enden.« Aber

1 (1873–1976)
2 (1892–1957)

seine Abneigung schien die beiden nur noch enger zusammenzu-
schweißen. David erzählte ihr von seinem Traum, ein eigenes
Studio aufzubauen und einer »der Bosse der Film-Industrie« zu
werden. Nur höchst widerwillig gab Mayer 1930 seine Einwilligung zu Davids und Irenes Vermählung.

Ein Jahr später übernahm David Sarnoff, der Direktor von
RCA, RKO, und begann nach einem jungen Produktionsleiter
Ausschau zu halten, der das glanzlose und unprofitable Studio
wieder auf Vordermann zu bringen vermochte. Als Neuling in
der Branche hatte Sarnoff keine Vorurteile gegenüber dem Namen
Selznick. Ihn interessierte nur der wachsende Ruf des jungen
Mannes. Auf diese Weise wurde David Selznick mit neunund-
zwanzig Leiter eines Hollywood-Studios.

Bei RKO entwickelte Selznick seine Philosophie des Filmemachens und erwarb sich gleichzeitig einen ganz individuellen
Arbeitsstil. Von seiner Persönlichkeit her war er zugleich höchst
sentimental und von größter Unmenschlichkeit, abwechselnd
lethargisch und dynamisch, vor allem aber ein unvergleichlicher
Egozentriker. Seine beiden großen Leidenschaften waren die
Macht und das Filmgeschäft, und bei RKO wurde beides in so
reichem Maße angeboten, daß er vollauf zufrieden sein konnte;
wenigstens eine Zeitlang.

Bei RKO ergaben sich auch die ersten Kontakte mit George
Cukor, der bei Selznicks erster bedeutenden RKO-Produktion,
What Price Hollywood?, Regie führte. Cukor »entdeckte«
Katharine Hepburn auf der Bühne, und Selznick startete, trotz
aller negativen Meinungen über ihren Mangel an konventionellem
Leinwand-Glamor, mit *A Bill of Divorcement*[1] ihre Film-Karriere.
Danach machten die drei zusammen *Little Women*[2], eine von
Selznicks erfolgreichsten frühen Produktionen. L.B. Mayer blieb
trotz aller innerer Vorbehalte von dem rasch wachsenden

1 (1932). Dt. Verleihtitel: Eine Scheidung
2 (1933). Dt. Verleihtitel: Vier Schwestern

Ruhm seines Schwiegersohns nicht unbeeindruckt. Er bot ihm für viertausend Dollar die Woche einen Zweijahresvertrag als Produzent bei der Metro an. Außerdem wurde ihm die freie Auswahl unter den Studio-Stars und völlige Unabhängigkeit von Irving Thalberg garantiert. Mayers ursprüngliche Meinung über Selznick schien sich um hundertachtzig Grad gedreht zu haben, denn hinter diesem Angebot stand die Aussicht auf die Übernahme von Thalbergs Position, der sich nach einer Herzattacke augenblicklich in Europa erholte. Die Beziehungen zwischen ihm und Mayer wurden zusehends schlechter. Trotz der Sticheleien über Vetternwirtschaft (»Wer wird schon seinen Schwiegersohn verkommen lassen?«) und der kaum verhüllten Opposition durch Thalbergs Leute war die Verlockung, das größte Studio Hollywoods zu leiten, viel zu groß, als daß Selznick ihr hätte widerstehen können. Im Februar 1933 zog er um auf das Gelände der MGM.

Seine erste Produktion dort war *Night Flight;* dabei ging es um Postflüge in den Anden. Es sollte der erste MGM-Film werden, bei dem der Name des Produzenten im Vorspann erschien, wie in Selznicks Vertrag festgehalten worden war. Die übrigen Produzenten folgten sehr rasch diesem Beispiel, ausgenommen Thalberg, der bis zu seinem Tod auf seiner Anonymität bestand. Metro ehrte ihn aber posthum auf diese Weise in seinem letzten Film *The Good Earth* (Die gute Erde 1937). Als nächstes produzierte Selznick den Broadway-Hit *Dinner at Eight*[1]. Er nahm seinen Schwiegervater beim Wort und besetzte fast ausschließlich mit Top-Stars wie John und Lionel Barrymore[2], Wallace Beery[3], Jean Harlow[4] und Marie Dressler[5]. Mit einer solchen glänzenden »Milchstraße« und unter George Cukors kundiger Regie mußte der Film sowohl bei der Kritik wie an der Kasse ein Knüller werden. Selznick stieg in Mayers Wertschätzung fast ins Unermeßliche.

Lewis J. Selznick hatte David auch seine Vorliebe für die »Klassiker« vererbt, womit er die »romantischen« Romane des neunzehnten Jahrhunderts meinte. Schon in jungen Jahren hatte

1 1933
2 (1878–1954)
3 (1885–1949)
4 (1911–37)
5 (1869–1934)

er ihn angehalten, Listen von Büchern anzulegen, die für eine Verfilmung geeignet erschienen. Bei Metro verfügte Selznick nun sowohl über die Autorität wie auch über die Mittel, um diese klassischen Ambitionen zu verwirklichen. Er engagierte den Romancier Hugh Walpole, der eine Filmfassung von *David Copperfield* erstellte. Dabei bestand er darauf, daß sich der Drehbuch-Autor auf bisher in Hollywood unbekannte Weise eng an das Original hielt. Damit setzte er neue Maßstäbe für die Verfilmung bekannter Literaturwerke. L.B. Mayer hätte gern den jungen Amerikaner Jackie Cooper als den jungen David gesehen, aber Selznick bestand auf dem jungen Engländer Freddie Bartholomew, entdeckt von George Cukor, der auch bei diesem Film Regie führte.

Ermutigt durch den Riesenerfolg von *David Copperfield,* griff Selznick nach zwei weiteren seiner »Kindheitsklassiker«, *Anna Karenina*[1] und *A Tale of Two Cities*[2]. Später, dann aber bereits mit seiner eigenen Produktionsgesellschaft, verfilmte er noch *Little Lord Fauntleroy, The Garden of Allah* und *The Prisoner of Zenda*[3]. Inzwischen war Thalberg zur Metro zurückgekehrt, und da Selznick keine Lust hatte, im neu entflammten Machtkampf der beiden Rivalen Mayers Faustpfand zu sein, lehnte er das Angebot ab, mit zehn Prozent an den Einnahmen von Loews Inc. beteiligt zu werden. Er verließ das Unternehmen und begann sich ein eigenes Studio aufzubauen. »Ich bin darauf vorbereitet, notfalls mit weniger Geld auszukommen, falls ich in kommerzieller Hinsicht scheitern sollte«, erklärte er in seinem Kündigungsschreiben an Schenck. »Dafür werde ich Tag für Tag, Woche für Woche, Jahr für Jahr mein eigener Herr sein und meinen Instinkten, meinen Launen und meinem gelegentlichen Bedürfnis nach Muße freien Lauf lassen und über meine Zeit und mein Schicksal frei verfügen können.« L.B. Mayer war über diese Entscheidung keineswegs erfreut und prophezeite ein Scheitern der großen Pläne; es schien, als ob der alte Gegensatz zwischen den beiden wieder voll aufbrechen würde. Doch David Selznick konnte das nicht erschüttern. Ironisch kommentierte er: »Es ist natürlich eine Riesenunverschämtheit, sich einfach aus einer Anstellung bei der

1 (1935)
2 Flucht aus Paris (1935)
3 Der Gefangene von Zenda (1937)

Metro zu verabschieden.« Wer allerdings annahm, die beiden würden tatsächlich wieder zu Feinden werden, der mißverstand ihr höchst komplexes Verhältnis. Denn obwohl Mayer über den abtrünnigen Schwiegersohn sehr verstimmt war, erlaubte er ihm, Lyle Wheeler als Filmarchitekten für sein neues Studio zu engagieren (es galt als unverzeihliche Dummheit, jemand ohne Mayers Zustimmung der Metro auszuspannen). Doch David Selznick zählte schließlich noch immer zur »Familie« – und die beiden machten sofort ihren Frieden, wenn ein Außenstehender gegen einen von ihnen anging. Talent, Unverschämtheit und Glück waren die unerläßlichen Voraussetzungen für das Überleben in Hollywood. Selznick verfügte über sie in reichem Ausmaß, doch dazu kamen noch zwei weitere Qualitäten, die sonst in Hollywood nicht gerade häufig waren. Und er bediente sich ihrer mit großem Geschick. Da er aus gutem Haus stammte und eine dementsprechende Erziehung genossen hatte, besaß er nicht nur gesellschaftlichen Schliff, sondern war den meisten anderen Studiobossen auch verbal und literarisch weit überlegen. Selbst die Topmanager der jungen Filmindustrie konnten ihre Einfälle und Anweisungen nur mündlich weitergeben, da sie nie schriftlich zu formulieren gelernt hatten. David Selznick dagegen verfaßte kunstvoll »Memos«, auf die wir später noch zu sprechen kommen.

Auch seinen verschwenderischen Lebensstil hatte er von seinem Vater übernommen. Das prächtige Haus der Selznicks in Beverly Hills, das einmal John Gilbert[1] gehört hatte, war einer der gesellschaftlichen Mittelpunkte für die Film-Prominenz. Selznicks Sonderstellung kommt auch in einem Artikel von *Fortune* zum Ausdruck, in dem über die internationale Szene berichtet wird. Nur zwei Namen aus Hollywood tauchen darin auf: der der Gräfin di Frasso (geborene Dorothy Taylor) und der seine. Die Sonntagsparty der Selznicks galten als Institution. Wer eingeladen wurde, hatte den Gesellschaftsgipfel der Filmmetrópole erklommen. Jeder, der hier etwas darstellte und dazu Berühmtheiten von der Ostküste oder dem Ausland, schaute Sonntag nachmittags bei den Selznicks vorbei, spielte eine Runde Tennis, vergnügte sich im Pool, nahm ein paar Drinks und vertiefte sich in Insidergespräche. Abends wurde ein Dinner serviert und danach sah man sich häufig zusammen Filme an.

1 (1897–1936)

An einem dieser Sonntage war Orson Welles die große Attraktion. Der junge Schauspieler begann gerade, sich beim Rundfunk einen Namen zu machen. Er glänzte an diesem Abend mit seinen magischen Fähigkeiten. So hypnotisierte er Olivia de Havilland und ließ dann Selznick (scheinbar) frei über dem Boden schweben, indem er ihn mit den Fingerspitzen unter den Achselhöhlen berührte.

Selznick war bei den Einladungen für diese Sonntage sehr wählerisch. Einmal rief ihn Herman J. Mankiewicz[1] an und fragte, ob er ein befreundetes Paar mitbringen könne. »Nein, das geht nicht«, antwortete David, »sie entsprechen einfach nicht meinen Sonntagen.« Und das, obwohl Selznicks Partys eine seltsame Mischung aus gesellschaftlichen Nettigkeiten und unvorhersehbaren Exzessen waren. Gegenseitige Beschimpfungen und trunkene Handgreiflichkeiten waren keine Seltenheit. Besonders berühmt wurde der Kampf zwischen John Huston und Errol Flynn[2] auf dem Rasen von Selznicks Haus. Einer seiner Gäste beschrieb die von ihm miterlebte Sonntagsparty mit den folgenden Worten: »Ein wundervolles Baiser, serviert im Nachttopf.«

1 (1898–1953)
2 (1909–59)

3 Mit einem Fuß im Himmel

David Selznick stand seinem jüdischen Erbe mit recht gemischten Gefühlen gegenüber. Kam das Gespräch darauf, protestierte er sofort: »Ich bin Amerikaner, nicht Jude.« Sorgfältig vermied er es, in seiner Unterhaltung jüdische Ausdrücke zu benützen, und auch den jüdischen Wohlfahrts- oder Politvereinen wie beispielsweise der Anti-Defamation League blieb er fern. Seine Kritiker nannten ihn einen Snob, seine Freunde dagegen behaupteten, er wolle sich in einer hauptsächlich von Juden beherrschten Industrie keine unlauteren Vorteile verschaffen. Wahrscheinlich war es von beidem ein bißchen. Aufgrund seines reichen Elternhauses verfügte er über mehr und vielschichtigere Sozialkontakte als die meisten seiner Kollegen und Rivalen in Hollywood. Zu seinen Freunden zählten auch viele einflußreiche Nichtjuden. Der wahrscheinlich reichste Nichtjude des Landes war sogar sein Geschäftspartner – John Hay (Jock) Whitney, der elegante junge Multimillionär, dessen Vater Payne Whitney 1927 während eines Tennis-Matches gestorben war und ihm das bis zu diesem Zeitpunkt größte Vermögen in den USA hinterlassen hatte.

Hollywood gehörte zu den Lieblingsaufenthaltsorten von Jock Whitney. Sein Privatzug verkehrte regelmäßig zwischen Los Angeles und den eher traditionellen Vergnügungszentren des Establishments. Doch zu jener Zeit waren die gesellschaftlichen Aktivitäten der Filmleute nur noch ein Schatten ihrer selbst. Das lag vor allem daran, daß die Depression ihren verschwenderischen Ausschweifungen einen kräftigen Dämpfer aufgesetzt hatte. Außerdem zwang die Einführung des Tonfilms die Stars, nach den Dreharbeiten abends ihre Texte zu lernen. Norman Vincent Peale, der einige Zeit als technischer Berater an einem Film mitgearbeitet hatte, lobte Hollywoods neu gefundene Nüchternheit in den höchsten Tönen: »Es ist eine sehr ruhige, verschlafene Stadt, und man braucht ein Fernglas, um nach Mitternacht noch jemand auf den Straßen entdecken zu können. Die Filmleute sind ein angenehmes, freundliches und ihr Zuhause liebendes Völkchen. Sie haben gar keine Zeit, sich in wilde Abenteuer zu stürzen, denn in Hollywood wird gearbeitet. Hollywood steht mit einem Fuß bereits im Himmel.«

Natürlich fühlte sich der etwas prominentensüchtige Jock Whitney von den Füßen auf dem Boden mehr angezogen. Er stürzte sich kopfüber in den Partyrummel, die Premieren und die Rendezvous mit hübschen Stars und Starlets. Das große Geld der Ostküste blickte in jenen Tagen voller Mißtrauen auf die Filmleute. Whitneys Umgang mit ihnen verlieh ihnen wieder ein gewisses Prestige. Im November 1936 kam er nach Hollywood, um mit Selznick über dessen Pläne zur Verfilmung von *Vom Winde verweht* zu verhandeln. Er und Selznick saßen zusammen mit Joan Bennett und ihrem damaligen Gatten Gene Markey im *Coconut Grove,* als Dolores del Rio und Ramon Navarro, die sich ebenfalls unter den Dinner-Gästen befanden, eine improvisierte Tanz- und Gesangseinlage brachten. Ein paar Nächte später konnten die Prominentenfotografen auf dem Strip Fotos von Selznick und Whitney schießen, als diese zusammen mit Whitneys Begleiterin, der englischen Schauspielerin Wendy Barrie, das Café *Trocadero* betraten.

Der Strip war jene halbe Meile des Sunset Boulevard, der sich außerhalb der Stadtgrenzen erstreckte und damit unter der milderen Jurisdiktion der County-Verwaltung stand. Dort fand das Nachtleben Hollywoods statt, und sein Brennpunkt zu jener Zeit war *The Troc,* 8670 Sunset. Geschäftsführung und Kellner dieses Etablissements witterten den Mißerfolg so unfehlbar wie Bussarde den Tod. Wer in der einen Woche noch ganz vorn am Prominententisch speiste, hockte in der nächsten vielleicht bereits unter den Ausgestoßenen neben der Tür zur Küche. Leute wie Whitney waren allerdings gegen solche Wechselfälle des Lebens, wie sie in Hollywood an der Tagesordnung waren, gefeit: und mit ihm alle, die sich in seiner Begleitung befanden. Der Inhalt von *The Trocs* hervorragendem Weinkeller war von seinem Eigentümer Billy Wilkerson persönlich ausgewählt worden, (im Nebenberuf betätigte er sich übrigens als Herausgeber des *Hollywood Reporter),* und dazu wurde das beste Essen der Stadt serviert – beispielsweise Gerösteter Pompano Maître d' zu 1 Dollar 40, Hummer-Brochette zu 1 Dollar 50, Diamond-Back Schildkröte Maryland zu 3 Dollar 50, ein Châteaubriand für zwei zu 4 Dollar 50,

Nachfolgende Doppelseite: Scarlett schleicht sich zwischen den schlafenden Ladies hindurch, um Ashley zu suchen.

Crêpes Suzette zu 1 Dollar 50, Erdbeeren Romanoff zu 1 Dollar 50. Nicht weit davon, 8477 Sunset, befand sich *The Clover Club,* wo Selznick und die übrigen Hollywood-Größen einen beträchtlichen Teil ihrer hohen Einkommen bei Baccarat und am Roulette wieder aufs Spiel setzten. Dabei kam es nicht darauf an, wieviel man gewann, sondern wieviel man verlieren konnte ohne das Gesicht zu verziehen. Danach wurde man eingeschätzt. Mit der Präzision des Dow Jones-Index gingen die Summen der von der Bank akzeptierten persönlichen Schuldscheine hinauf und hinunter – je nach dem augenblicklichen Stand der Karriere.

Als »Broadway-Engel« mußte sich Whitney früher oder später auch für die finanzielle Seite des Filmemachens interessieren, und bald begann er in diese junge Industrie zu investieren. Zunächst engagierte er sich bei Pioneer Pictures, einem Unternehmen, das zu dem Zweck gegründet worden war, Filme nach dem von Herbert T. Kalmus entwickelten neuen Technicolor-Verfahren zu produzieren. Die neue Technik hatte noch einen langen Weg vor sich, ehe es ihr gelang, das Vertrauen der konservativen Filmgewaltigen zu erringen. Sie waren vorläufig nur bereit, für fertiggestellte Filme Aktien-Optionen zu zeichnen. Whitneys Gesellschaft begann mit *La Cucaracha,* einem 80000-Dollar-Kurzfilm über eine mexikanische Fiesta, in dem die neue Farbtechnik auf aufregende Weise zur Geltung kam. Es folgte *Becky Sharp,* eine farbenprächtige aber kommerziell unergiebige Filmversion von Thakerays *Jahrmarkt der Eitelkeiten.* Unter den Statisten befand sich auch eine gewisse Patricia Ryan, die später als Mrs. Richard M. Nixon bekannt wurde. Als ein zweiter Hauptfilm, *The Dancing Pirate,* ebenfalls ein Flop wurde, distanzierte sich Whitney von seinem Mitunternehmer, dem Produzenten Merian C. Cooper[1], und David Selznick sprang in die Bresche. Whitney und Selznick hatten seit 1929 miteinander in freundschaftlichen Beziehungen gestanden. Auf Coopers Anregung hin traten sie jetzt auch geschäftlich in Kontakt. Dadurch wurde nicht nur Whitneys Investition in Pioneer Pictures gerettet, sondern zugleich erhielt Selznick die notwendigen Mittel, um seine eigene Gesellschaft zu gründen.

Im September 1935 kündigten sie die Gründung der Selznick International Pictures an, wobei Jock Whitney dem Aufsichtsrat

1 (*1894)

54

vorstand und David Selznick den Präsidentenposten übernahm. Whitney gewann seine Schwestern Joan Whitney Payson, Flora Miller und Barbara Henry sowie seinen Cousin Cornelius Vanderbilt (Sonny) Whitney als Mitgesellschafter. Sie brachten mit ihm zusammen 2,4 Millionen Dollar auf. Der Rest kam von den Wall Street-Finanziers Robert und Arthur Lehman und John Hertz (jeder mit einer Einlage von 150000 Dollar); Davids Bruder Myron stellte 200000 Dollar zur Verfügung; außerdem beteiligte sich Dr. Attilio Henry Giannini, der als Kreditbevollmächtigter von Motion Picture Loans, einer Abteilung der Bank of America seines Bruders Amadeo Peter Giannini, so etwas wie der Pate der amerikanischen Kino-Industrie genannt werden konnte. Schließlich unterstützten Irving Thalberg und Norma Shearer mit 200000 Dollar das neue Unternehmen als stille Teilhaber. Damit stand ein Gesamtkapital von 3,25 Millionen Dollar zur Verfügung. David Selznick brachte selbst kein Geld ein, hatte aber die Verfügungsgewalt über vierzig Prozent der Aktienanteile, was ihm zusammen mit Myrons Anteil die Kontrolle über die neue Gesellschaft sicherte. Als Gegenleistung für Whitneys Engagement bei Pioneer Pictures übernahm Selznick deren Verpflichtungen zur Herstellung von Technicolor-Filmen, während Pioneer gleichzeitig sein Anrecht auf Aktien-Optionen zu Vorzugspreisen an Selznick-International abtrat.

Selznick begann sofort mit der Planung für zwei Technicolor-Produktionen. So entstand *The Garden of Allah* mit Marlene Dietrich. Seinen *Tom Sawyer* mußte er allerdings zurückstellen, da er für die Titelrolle unbedingt einen unbekannten Jungen haben wollte, ihn aber nicht fand. Als unabhängiger Produzent kam es Selznick nicht so sehr darauf an, mit neuen Ideen hervorzutreten. Vielmehr wollte er die alten mit Hilfe neuer, genialer Ausdrucksmittel auffrischen und effektiver gestalten. Intellektuell und politisch stand er mit beiden Beinen fest in der Mitte der Straße. Er beschrieb sich selbst als Anhänger des freien Unternehmertums und als Bewunderer von F. D. Roosevelt. Als solcher lagen ihm kritische Auseinandersetzungen mit den sozialen Gegebenheiten, wie sie beispielsweise in *The Grapes of Wrath* (»Die Früchte des Zorns«, 1940) oder dem *The Oxbow Incident* (»Ritt zum Ox-Bow«, 1943) versucht wurden, fern. Er fühlte sich allein der Qualität seiner Filme verpflichtet, und seine größte Begabung lag darin, andere anzuregen, beziehungsweise ihre Ideen aufzu-

John Hay (Jock) Whitney, ganz rechts außen, finanzierte die Verfilmung von »Vom Winde verweht«. Bei Atelieraufnahmen für »Tom Sawyer« ist er hier zusammen mit Henry C. Potter und Samuel Goldwyn (Mitte) zu sehen.

nehmen und zu gestalten. Selznick-International sollte, so sagte er selbst, sich auf die Produktion »weniger, aber gut gemachter Filme« konzentrieren. Seiner Meinung nach war es gleichgültig, wieviel Geld oder Zeit die Herstellung eines Filmes verschlang, denn ein intelligent und technisch einwandfrei gestalteter Film würde in jedem Fall Gewinne einspielen.

Um Weihnachten 1936 begann Selznick davon zu sprechen, mit der Verfilmung von *Vom Winde verweht* im Frühjahr des folgenden Jahres beginnen zu wollen. Man stellte ein Produktions-Budget auf und errechnete die zu erwartenden Kosten. Ein Team von Sekretärinnen erarbeitete aufgrund einer Einzelaufstellung des Riesenromans eine Vielzahl von Listen und grafischen Darstellungen, die peinlich genau die Zusammenhänge und Querverbindungen der Handlungsstruktur und der persönlichen Beziehungen zwischen den Personen darstellen sollten. Jedes einzelne Handlungselement wurde katalogisiert, jeder Auftritt der wichtigsten Charaktere festgehalten, ihre Dialoge markiert, wie sie zueinander standen, was sie trugen usw. Dazu kamen Aufstellungen über die Truppenbewegungen, die Schlachten sowie die politischen Hintergründe und Entwicklungen... Selznick war in Listen und Diagramme vernarrt.

Im Roman war Scarlett O'Hara bevorzugt grün gekleidet. Deshalb schickte man Walter Plunkett nach Atlanta, wo er eine Doppelmission erfüllen sollte. Vor allem galt es Stoffe und Machart der Bürgerkriegskostüme zu recherchieren. Darüber hinaus sollte er Margaret Mitchells Erlaubnis einholen, Scarletts Garderobe etwas abwechslungsreicher gestalten zu dürfen. Ihre Erwiderung bestand darin, daß Selznick völlig frei bei der Einkleidung Scarletts verfahren könne (da ihre eigene Lieblingsfarbe Grün war, hatte sie ihre Helden unbewußt immer wieder in grüne Kostüme gesteckt). Als die Zeitungen von Atlanta den Besuch des Kostümbildners meldeten, wurde er Tag und Nacht von Südstaatlern belagert, die ihm unbedingt die Roben ihrer Großmütter verkaufen wollten. Doch Plunkett mochte keinen alten Plunder kaufen. Sein Auftrag darin, Stoffproben mitzubringen, die man von zeitgenössischen Ausstellungsstücken in Südstaatenmuseen abtrennte. Die Proben wurden einer Textilfabrik in Pennsylvanien zur Verfügung gestellt, die im Austausch für das Recht zur Vermarktung der in *Vom Winde verweht* getragenen Modelle sämtliche Stoffe für die Produktion herstellen sollte. Plunkett

David O. Selznick vor der Atlanta-Straßen-Dekoration aus »Vom Winde verweht«.

baute im Studio so etwas wie einen »Familienbetrieb« für das Zuschneiden und Zusammennähen der Kostüme auf. Aber er beschäftigte hier nicht nur Näherinnen, die Hunderte von Kleidern und Uniformen erstellten, sondern auch Weber, die auf zwei alten Webstühlen die groben Wollstoffe der Blockadezeit fertigten; dazu hatte er Spezialisten angeworben, die die Reifen für die Röcke der Bürgerkriegszeit zusammenlöteten, außerdem Putzmacherinnen, Schuhmacher und eine alte Frau, die längst im Ruhestand lebte, aber als einzige noch wußte, wie Korsette der Zeit vor dem Bürgerkrieg ausgesehen hatten und wie man sie nachbauen konnte.

Dann war auch schon der Fünfzehn-Wochen-Kontrakt des Designers abgelaufen. Selznick bestellte ihn in sein Büro und erklärte ihm, daß der Film schon in Kürze in Produktion gehen würde. Er meinte, Plunkett solle die wenigen Wochen ohne Honorar weiterarbeiten. »Jeder Kostümbildner in Hollywood würde gern allein aus Prestigegründen an diesem Film mitarbeiten«, argumentierte Selznick, »einige haben sogar Geld für dieses Privileg geboten.« Plunkett war eine recht emotionale Künstlernatur. Dieser erpresserische Vorschlag brachte ihn völlig aus der Fassung. Stammelnd lehnte er ihn ab. Selznick wandte sich daraufhin an die anderen führenden Designer Hollywoods und forderte sie auf, Kostümentwürfe für seinen Film zu machen – und jedem stellte er insgeheim in Aussicht, Plunketts Platz einnehmen zu können. Adrian, Milo Anderson und Howard Greer sandten ihre Vorschläge ein. Doch Selznick schien nicht zufrieden zu sein. Er zitierte Plunkett wieder zu sich, eröffnete ihm, was er getan hatte, und bot ihm dann an, seinen Vertrag zu erneuern, allerdings für 400 Dollar die Woche anstelle der 600, die er ursprünglich bekommen hatte. Plunkett mußte notgedrungen darauf eingehen, wollte er weiterhin an dem Projekt beteiligt sein.

Selznick bereitete gleichzeitig einen zweiten Film vor: *A Star is Born*[1]. Er sollte sich mit den Spannungen, Intrigen und Ängsten hinter der Glitzerfassade Hollywoods beschäftigen. William Wellman, der Regisseur, und der Autor Robert Carson hatten das Originaldrehbuch geschrieben, das auf einer der großen Tragödien der Zeit beruhte. Zwei Tage, nachdem der Stummfilmstar John Bowers einem Freund erklärt hatte, er wolle sich

1 (1937)

ein Segelboot mieten, um damit für immer »in den Sonnenunter-
gang hineinzufahren«, war seine Leiche bei Malibu an Land
geschwemmt worden[1]. Der Grund für seinen Selbstmord lag im
Aufkommen des Tonfilms, der seine Karriere ruiniert hatte. (In
Selznicks Film ertränkt sich die Hauptfigur Norman Main, darge-
stellt von Freddie March, indem er in den Pazifik hinauswatet.)
Selznick erklärte sich mit dem Drehbuch sehr zufrieden, engagierte
dann aber Dorothy Parker und Alan Campbell, es umzuschreiben.
Da sie mit der Wellmann-Carson-Version in Schwierigkeiten
kamen, beauftragte er Carson, das Werk der beiden neuen
Autoren seinerseits wieder umzuschreiben. Und dann setzte er
zwei Nachwuchsautoren aus seinem Stab, Ring Lardner Jr. und
Budd Schulberg, auf die Carson-Version an, die ihrerseits eine
Revision des Parker-Cambell-Textes war, der auf dem Original-
Drehbuch von Wellman-Carson fußte. An diesem wäre wahrscheinlich kaum etwas auszusetzen gewesen, aber Selznick ging
grundsätzlich von der Annahme aus, daß eine erste Version nie
mehr sein konnte als ein Embryo, der sich durch mehrere Evolu-
tionsstufen weiterentwickeln mußte, was im Falle eines Dreh-
buches bedeutete, daß er immer mehrere Versionen verlangte.
Obwohl jedermann im Studio zum Stillschweigen verpflichtet war,
wußte bald alle Welt, was vorging. So wird die Beobachtung der
Anthropologin Hortense Powdermaker verständlich, die in ihrem
Buch *The Dream Factory* feststellte: »In Hollywood gibt es sehr
viel mehr Spannungen und Angst als in der übrigen Gesellschaft…
Die Angst greift nach jedem, sei er ganz oben auf der Manager-
ebene oder auch nur dritter Assistent.«

Da Selznick noch immer nicht wußte, wie er die wichtigsten
Rollen seines Films besetzen sollte, nützte er das große öffentliche
Interesse für sein Projekt zur Herbeiführung einer entsprechenden
Entscheidung. Er ließ Hunderte von Karten an die Eltern-Lehrer-
Vereine im ganzen Land schicken und bat um Vorschläge für die
Hauptdarsteller. Die überwältigende Mehrheit wollte Bette Davis
als Scarlett O'Hara sehen; als nächste folgten Katharine Hepburn,
Tallulah Bankhead und eine Handvoll weiterer Schauspielerinnen.
Für die Rolle des Rhett Butler standen Clark Gable und Ronald
Colman an der Spitze der Einsendungen. Da der Vertrag mit

---

1 Das war am 19. November 1936 in Santa Monica.

einem Star dem Studio die totale Verfügungsgewalt über diesen einräumte, konnte sich Selznick nicht direkt mit Bette Davis in Verbindung setzen. Er streckte also Fühler aus, um zu erkunden, ob Jack Warner vielleicht bereit wäre, ihm seinen Spitzenstar für *Vom Winde verweht* auszuleihen. Er war es.

Warner bot sogar an, sich an der Finanzierung des Films zu beteiligen, wenn Bette Davis zusammen mit Errol Flynn die Hauptrollen bekämen. Außerdem wollte er den Verleih übernehmen. Dafür verlangte er fünfundzwanzig Prozent der Bruttoeinnahmen. Das Angebot war verlockend, doch es hatte einen großen Haken – Errol Flynn. Der charmante junge Tasmanier war erst vor kurzem von Warner unter Vertrag genommen worden und hatte sofort mit *Captain Blood* (»Unter Piratenflagge«, 1935) großen Erfolg gehabt. Aber sein gutes Aussehen und die athletische heroische Erscheinung fanden auf der darstellerischen Seite leider keinerlei Entsprechung. Selznick war der Ansicht, daß Flynn mit der Rolle des Rhett Butler überfordert wäre. Der Produzent fand ganz unerwartet Unterstützung von Bette Davis. Obwohl sie die Rolle der Scarlett liebend gern übernommen hätte, war ihr dieser Preis zu hoch. Ihre professionelle Sensibilität widersetzte sich der Vorstellung, zusammen mit Errol Flynn in der Rolle des Rhett auf der Leinwand erscheinen zu müssen. Öffentlich erklärte sie, was sie von den darstellerischen Fähigkeiten ihre »Kollegen« hielt. Sofern sie gehofft hatte, damit Selznick und Warner beeinflussen zu können, schlug ihre Taktik fehl. Warner wollte auf keinen Fall das »Paket-Geschäft« fallenlassen, nur um seinem launischen Star einen Gefallen zu tun. So zerschlugen sich die Verhandlungen. Bette Davis sah sich daraufhin nach einem vergleichbaren Stoff um und stieß dabei auf eine andere Südstaaten-Story, deren Heldin Scarlett leicht einige Lektionen über Eigensinn und Hinterhältigkeit hätte erteilen können.

Jezebel[1] ging hastig mit Bette Davis in der Titelrolle in Produktion und war schon nach weniger als acht Wochen fertiggestellt. (Als *Vom Winde verweht* endlich vor die Kameras kam, sollten die Aufnahmen zweiundzwanzig Wochen dauern.) Selznick war aufs höchste entrüstet, als er sah, mit welcher Un-

---

1 Jezebel – Die boshafte Lady (1938)

verschämtheit Warner Bros. die Übereinstimmungen zwischen den beiden Stories ausschlachtete. Jack Warner hatte angeblich sogar zugegeben, daß Bette Davis im Studio grundsätzlich nur »Scarlett« genannt wurde. Und der Star selbst stellte in Interviews freimütig Vergleiche zwischen den beiden Gestalten an. Als Selznick sich dann *Jezebel* vorführen ließ, war seine Wut kaum noch zu steigern. Der Film hatte nicht nur die Grundstimmung und die allgemeine Atmosphäre von *Vom Winde verweht* kopiert, sondern ganz offensichtlich auch einige direktere »Anleihen« gemacht. In einem wütenden Telegramm führte er Klage über den »Plagiatscharakter« des Films und drohte rechtliche Schritte an, falls bestimmte Szenen nicht herausgeschnitten würden. Bevor *Jezebel* herausgebracht wurde, schnitt man eine Szene heraus, in der bei einem Tischgespräch die Chancen des Südens in einem Krieg gegen den Norden erörtert wurden. Doch niemand warf dem Film vor, ein Plagiat zu sein. Bette Davis zeigte sich in Höchstform und gab eines der schönsten Beispiele ihrer schauspielerischen Fähigkeiten. *Jezebel* wurde ein Riesenerfolg, womit Bürgerkriegsfilme endgültig den Ruch des »Kassengiftes« verloren.

Mit Bette Davis war es also nichts. Aber wie stand es mit Tallulah Bankhead? Genau wie Scarlett entstammte sie einer gehobenen Südstaatenfamilie. Sie war in Alabama als Tochter des demokratischen Kongreßabgeordneten William B. Bankhead geboren. Ihr Vater war der Vorgänger von Sam Rayburn als Sprecher des Hauses, und ihr Großvater, Senator John Hollis Bankhead, zählte zu den Helden des Bürgerkriegs. Sie hatte sich sowohl in London wie am Broadway auf der Bühne einen Namen gemacht. Das verdankte sie allerdings nicht nur ihrer schillernden, extravaganten Persönlichkeit, die ihren Rollen Farbe und Leben gab, sondern auch den Gerüchten um ihr ausschweifendes Leben. Nicht wenige mittelmäßige Stücke erlebten nur deshalb unverdient viele Aufführungen, weil Tallulah ihnen einen gewissen morbiden Glanz verlieh.

Vorhergehende Doppelseite: Ein gestelltes Gruppen-Bild für Reklamezwecke (keine gefilmte Szene) mit Scarlett und Charles, ihrem ersten Gatten, auf der Treppe von Twelve Oaks.

Einige ihrer Bühnenerfolge wurden verfilmt (*Dark Victory*/ Opfer einer großen Liebe[1], *Forsaking All Others*) – aber immer mit einer anderen Schauspielerin, denn Tallulah war es nie gelungen, sich auf die besonderen Bedingungen der Filmarbeit einzustellen. Einer der Gründe, warum sie in einem Medium, das die Persönlichkeit höher einschätzte als professionelles Geschick, nie richtig hatte Fuß fassen können, bestand darin, daß Hollywood mit seiner streng gegliederten Gesellschaft und seinen bürgerlichen Ansichten nie wußte, wie es sich ihr gegenüber verhalten sollte. Die Filmleute fühlten sich in ihrer Gegenwart nie besonders wohl in ihrer Haut. Ihre Direktheit, die sie umgebende Aura aus Sex, Drogen, Alkohol und Profanität ließen viele auf vorsichtige Distanz zu ihr gehen, die ihr sonst vielleicht ganz gern geholfen hätten. Ihr Exhibitionismus – es verging kaum eine Party, bei der sie sich nicht splitternackt am Piano produzierte –, ihre Obsession, mit der sie sich und ihrer Umwelt immer wieder auf höchst geschmacklose Art ihre Sexualität meinte beweisen zu müssen, ihre Ausflüge ins Lesbiertum und ihr Hang zum Trinken, Sniffen, Schlucken und Rauchen von allem, was sie vielleicht für Augenblicke aus ihren neurotischen Zwängen zu befreien versprach, dazu ihr Redeschwall und das pompöse Gehabe, das ihr die Illusion gab, ihrer Einsamkeit entfliehen zu können, machten sie für jeden gefährlich, der sich ihr näherte.

Und es nützte ihrer Karriere auch nicht gerade, wenn sie Irving Thalberg nach der Privatvorführung eines neuen Norma-Shearer-Films erklärte, wie schlecht seine Frau gespielt hatte. Bei einer anderen Party kündigte sie an, ein Lied singen zu wollen, das L.B. Mayer gewidmet war. Mayer schlenderte lächelnd zum Piano, und Tallulah begann zu singen:

»Mach’ mein Bett
und zünd’ das Licht an,
heut’ komm ich spät nach Haus –
bye, bye, mein jüdisches Vögelchen.«

Mayer verließ in verständlicher Wut die Party. Genau so verständlich war Mrs. Patrick Campbells[2] Bemerkung, die einmal über sie sagte: »Tallulah Bankhead geht auf sehr dünnem Eis. Jeder wartet darauf, sie einbrechen zu sehen.«

1 1939 mit Bette Davis
2 (= Beatrice Stella Tanner, 1865–1940)

Ein weiter Grund dafür, daß Tallulah der Aufstieg zum Top-Star verwehrt blieb, war die unbarmherzige Präzision der Filmkameras und ihre vergrößernde Wirkung. Unter ihr wirkten die schweren Lider und der berühmte schmollende Cupido-Mund einfach übertrieben, und ihr gestenreiches Gehabe bekam den Anstrich reiner Effekthascherei. Ihr erster Tonfilm war *Tarnished Lady*[1], der auch zugleich George Cukors Regie-Debüt darstellte. »Dieses Mädchen wird Sie schockieren«, versprachen die Kinoplakate. »Seine Persönlichkeit hat die Wirkung einer Stromschnelle.« An jedem Plakat war eine Kordel befestigt; zog man daran, bekam man einen leichten elektrischen Schlag. Aber das Publikum lachte dauernd an den falschen Stellen, und der Kritiker Richard Watts Jr. schrieb, daß *Tarnished Lady* »wahrscheinlich von Tallulahs schlimmstem Feind in einer besonders grausamen Laune erdacht worden ist.«

Selznick waren alle diese Fakten natürlich bekannt. Und natürlich wußte er auch, daß Jock Whitney eine erst vor kurzem erloschene – immer aber noch freundlich glimmende – Flamme der Schauspielerin war. Über Whitney bot er also Tallulah Probeaufnahmen an. Tallulah las den Roman und war sofort davon überzeugt, daß nur sie allein die Südstaatenmentalität verstehen und verkörpern konnte. Das war ihre große Chance. Endlich. Am 20. Dezember 1938 rauschte sie in Hollywood an, »mit einer Brise, die man bestimmt noch in Java spürte«, wie Brooks Atkinson einen ihrer Auftritte charakterisierte. Selznick begrüßte sie am Hauptbahnhof von Los Angeles. Sie trug lange Hosen und einen Nerzmantel; mit ihren langen lohfarbenen Haaren, die seit Tagen nicht gekämmt schienen, sah sie wie ein ungemachtes Bett aus. Dauernd redete sie mit nervöser, heiserer Stimme auf ihn ein. (»Hat man Sie am Telefon schon mal für einen Mann gehalten?«, war sie von dem Kolumnisten Earl Wilson einmal gefragt worden. »Nein, Sie?«, hatte sie bissig zurückgeschossen.) Ein Hinweis in Louella Parsons' Kolumne hatte Selznick gewarnt, daß ihre Anwartschaft auf die Rolle in Hollywood nicht gerade

1 1931

populär war. »George Cukor, ihr Freund, wird bei dem Film Regie führen. Jock Whitney, auch ein Freund, hat sein Geld darin. Ich fürchte also, daß sie die Rolle bekommen wird. Geschieht das wirklich, werde ich weinend nach Hause gehen, denn sie ist nicht die Scarlett O'Hara, die ich mir vorgestellt habe. Und wenn David O. Selznick ihr die Rolle gibt, wird er sich damit vor jedem Mann, jeder Frau und jedem Kind in Amerika verantworten müssen.«

Am folgenden Morgen, einem Montag, machte Tallulah in einem Kostüm, das die Garbo in *Camille*[1] getragen hatte, einen Technicolor-Test, der aus drei Szenen bestand, die man direkt dem Roman entnommen hatte, denn Selznick verhandelte noch immer mit dem Broadway-Dramatiker Sidney Howard wegen des Drehbuchs. Deshalb mußte ihr Cukor die notwendigen Stichworte geben. So wurde Tallulah Bankhead die erste, die vor der Kamera für die Rolle der Scarlett getestet wurde. Doch auf der Leinwand konnte die reife und erfahrene Frau von vierunddreißig Jahren als sechzehnjährige Südstaatenschönheit, wie Scarlett im ersten Teil des Romans ist, nicht überzeugen. Eher schien es möglich, daß Tallulah die Rolle der reiferen Scarlett, nach drei Ehen, drei Kindern und der Belagerung von Atlanta, meistern könnte. Selznick war unsicher, was er jetzt tun sollte; also versuchte er Zeit zu gewinnen. Er schickte ihr ein Telegramm – mit einer Kopie für Jock Whitney – und teilte ihr mit, daß die Tests recht vielversprechend verlaufen seien. Doch er gab auch seinen Zweifeln Ausdruck, ob sie für die Rolle der jüngeren Scarlett wirklich geeignet sei. Sollte er sofort eine direkte Antwort geben müssen, könne sie nur »nein« lauten. »Aber wenn wir das vorläufig noch offen lassen können, dann versichere ich Ihnen, daß ich eine gute Chance sehe.«

Um diese Chance zu nützen, startete Marie Bankhead Owen, die Tante Tallulahs, im Süden eine Tallulah-wird-Scarlett-Kampagne. Der gesamte Bankhead-Clan wurde mobilisiert, um Speaker Willis kleiner Tochter die ersehnte Rolle zu verschaffen. Briefe, Telegramme und Kopien von Tallulah-freundlichen Artikeln der Südstaatenpresse begannen bei Selznick einzugehen. Die Alabama Public Service Commission schrieb, daß sie eine einstimmige Resolution gefaßt hätte, die Tallulahs Kandidatur für

1 Die Kameliendame, 1936 (Regie: Cukor)

die Rolle der Scarlett unterstützte. Und die Alabama-Filiale der League of American Pen Women investierte 1,26 Dollar in ein Telegramm, in dem dasselbe gefordert wurde: »keineswegs aus Lokalpatriotismus für diese Tochter Alabamas, sondern einzig und allein wegen ihrer Eignung für diese Rolle, die sie durch ihre brillante Schauspielkunst und ihre ausdrucksvolle Persönlichkeit unter Beweis gestellt hat.« Von einer Mrs. Will C. Oates erhielt Selznick eine lange Liste mit der Unterschrift von 1500 Prominenten des Südstaates, die sich alle für Tallulah einsetzten. Unter den Presseausschnitten, die Tante Marie einsandte, befanden sich unter anderem ein Leitartikel aus dem *Montgomery Advertiser* und einer aus einem Birminghamer Blatt, in dem sich nach einer Aufzählung von Tallulahs vielen Tugenden, die sie für die Rolle prädestinierten, noch ein besonderer Hinweis fand: »Ihre Sprache ist noch immer das typische Southern – und die Hollywood-Produzenten haben in der Vergangenheit den kultivierten Südstaatendialekt ausschließlich so wiedergegeben, als ob er von Negern gesprochen wäre.«

Inzwischen ging die Tochter Alabamas ihren anderen abwechslungsreichen Beschäftigungen nach. Sie konnte darauf hoffen, daß es den vereinigten Anstrengungen ihres Talents und ihrer Freundschaft zu Cukor und Whitney gelingen würde, sie schließlich als Siegerin beim Kampf um diese so heiß begehrte Rolle hervorgehen zu lassen. Aber Whitney war viel zu sehr Geschäftsmann, um Selznick auch nur im geringsten unter Druck zu setzen. Er verlangte nur, daß dieser die frühere Freundin ernsthaft in Betracht zog. Doch Selznick war noch lange nicht soweit, eine endgültige Entscheidung treffen zu können. Während der Zeit der Ungewißheit und des Wartens heiratete Tallulah aus einem Impuls heraus den ziemlich unbekannten Schauspieler John Emery[1], der eine gewisse Ähnlichkeit mit John Barrymore hatte. Einige ihrer größten Fans wurden dadurch nicht wenig enttäuscht. So komponierte und sang Gladys Bently, eine schwarze Chanteuse aus Harlem, die Männerkleidung trug und schmutzige Songs bevorzugte, ein Klagelied auf ihr Idol, das sich so sehr erniedrigte und einen Mann heiratete . . .

1 (1905–64)

4 Die Suche nach Scarlett, Teil I

Vom Winde verweht war inzwischen in mehr als einer Million Exemplaren über den Ladentisch gegangen, und Mayer begann sich vor seinem Mitarbeiterstab laut zu fragen, ob die Metro nicht einen Riesenfehler begangen hatte, als sie den Roman zurückwies. Da sich dieser Fehler leicht dem verstorbenen Thalberg und nicht Mayer selbst anlasten ließ, konnte man diese Frage gefahrlos bejahen. (Mayer tanzte nicht gerade an Thalbergs offenem Grab, aber man sah ihn am Abend desselben Tages in einem Nachtclub hingebungsvoll Walzer tanzen.) Doch der Schaden war nicht irreparabel. In Pressekommentaren und in der Fan-Post wurde immer wieder Clark Gable als der ideale Rhett Butler gefeiert, und wenn die Public Relations-Abteilung der Metro auch nur noch ein wenig nachhalf, würde kein anderer mehr für diese Rolle in Frage kommen können. Mayer war also keineswegs aus dem Rennen, sondern hatte noch das entscheidende As im Ärmel.

Öffentlichkeitsarbeit war der Treibstoff, der in Hollywood alles vorantrieb. Sie erst schuf die künstliche Arena, in der sich der Starkult voll entfalten konnte – und sie wurde von der MGM meisterhaft gehandhabt. Die Effektivität und Sorgfalt der PR-Abteilung der Metro war legendär, ihre Macht und ihr Einfluß schienen unbegrenzt. Sie verfügte über einen Stab von sechzig Mitarbeitern und ein eigenes dreistöckiges Gebäude auf dem Studiogelände. An ihrer Spitze stand Howard Strickling, ein barscher, leicht erregbarer Mann, dessen innere Spannungen sich von Zeit zu Zeit in einem schrillen, nervösen Stottern Luft machten. Seine Ergebenheit gegenüber L.B. Mayer war total. Er rühmte sich, bereits um fünf Uhr dreißig aufzustehen, daß Mayer normalerweise gegen sechs auf den Beinen war und ihn vielleicht benötigen könnte. Mayer seinerseits vertraute ihm völlig. Er nahm ihn überallhin mit, auch auf seinen gelegentlichen Spritztouren nach Europa. Stricklings Feinde sagten ihm nach, er hätte keinerlei persönliche Bedürfnisse, sondern sähe sich voll und ganz als »Mayers Mann«. Dessen Wünsche waren ihm Befehl. Mayers Idole waren auch die seinen, und Mayers Feinde waren seine Feinde. Deshalb bewunderte er Herbert Hoover[1] und haßte Kommunisten, Intellektuelle und Homosexuelle.

1 (*1921)

Der Sohn eines Gemischtwarenhändlers im ländlichen Gardena in Kalifornien war ohne Abschluß von der High School abgegangen und hatte sich zunächst als Sportreporter eines Blattes in Los Angeles durchgeschlagen, bevor er sein eigentliches Betätigungsfeld auf dem PR-Sektor der neuen Filmindustrie entdeckte. Solange er in der Öffentlichkeitsarbeit der Metro das Sagen hatte, war es den männlichen Stars strikt verboten, auf Modeseiten zu erscheinen oder Preise als »bestgekleideter Herr« entgegenzunehmen, da sie das seiner Meinung nach »weibisch« erscheinen lassen konnte. Stricklings Herrschaft dauerte fast vierzig Jahre.

Metro konzentrierte die Öffentlichkeitsarbeit auf seine – vor allem weiblichen – Stars und weniger auf die Filme. Regisseure, Autoren und Produzenten wurden weitgehend ignoriert. Das Ziel war, sich ein Publikum heranzuziehen, das blind ergeben in jeden Film strömte, um »seinen« Star zu sehen, wobei Story und Machart des Streifens fast keine Rolle mehr spielten. (Die Metro-Verleiher sprachen beispielsweise von »einer Garbo«, »zwei Gables« oder »drei Crawfords«, die sie in die Kinos brachten.) Das Film-Geschäft war ein reiner Verkäufer-Markt. Für Neuigkeiten aus Hollywood war immer Bedarf. Die Zeitungen mit ihren umfangreichen Sonntagsausgaben boten jede Menge Platz dafür, und ihre Leser verschlangen alles, was mit dem Film und seinen Stars zu tun hatte. Arthur Schlesinger Jr. meinte, daß der Film in den dreißiger Jahren »ganz nahe am operativen Zentrum der Nation angesiedelt war. Er stärkte und stimulierte die Phantasie des Landes wie nichts sonst.« Für die Nachrichtenagenturen lag Hollywood in bezug auf Persönlichkeitsstories an zweiter Stelle hinter Washington; und verglich man das gesamte Pressematerial anhand seiner Ursprungsorte, dann nahm die Filmmetropole mit durchschnittlich zwanzigtausend Wörtern täglich hinter Washington und New York den dritten Platz ein.

Strickling war einer der beiden Metro-Angestellten, denen Mayer testamentarisch Geld hinterließ. Daran läßt sich erkennen, wie dankbar ihm Mayer dafür war, daß das verehrte Publikum bestimmte Dinge über »seine« Stars nie erfuhr; genausowenig wie es alles über Mayer erfuhr.

Als beispielsweise Jean Harlows Gatte Paul Bern[1] sich erschoß, war L.B. Mayer einer der ersten am Schauplatz. Dabei fiel ihm Berns geheimnisvoller Abschiedsbrief an die Harlow in die Hände, den er heimlich einsteckte, um einen Studio-Skandal zu vermeiden. (Die Harlow war nicht nur einer seiner großen Stars, auch Bern gehörte zum Management der Metro.) Beim Hinausgehen stieß er mit Howard Strickling zusammen, der inzwischen ebenfalls unterrichtet worden und sofort zu Berns Haus geeilt war. Als Mayer Berns Abschiedsschreiben aus der Tasche zog, war er entsetzt. Er überredete seinen Boß, es sofort der Polizei zu übergeben, der er dann erklärte, Mayer habe es nur an sich genommen, um es nicht den Reportern in die Hände fallen zu lassen.

Als nächstes eilte Strickling der Harlow zu Hilfe, die im Haus ihrer Mutter und Ihres Stiefvaters Marino Lo Bello von Presseleuten belagert wurde. Hollywoods blonde Sexbombe hatte sich in ihr Schlafzimmer verkrochen und war von dem Schock wie gelähmt. Sie berichtete ihm, daß sie das Wochenende bei ihrer Mutter verbracht habe, während ihr Stiefvater zusammen mit Clark Gable zum Fischen gefahren war. Außerdem beichtete sie Strickling, daß Paul Bern impotent gewesen wäre, doch diese Enthüllung fand im Augenblick kein besonderes Interesse, denn der PR-Mann sah neue Gefahren auf sein Studio zukommen. Wenn Gable mit Lo Bello beim Fischen war, dann mußte er bei seiner Rückkehr den Reportern unweigerlich in die Arme laufen. Und das mußte Strickling unter allen Umständen vermeiden. Er konnte nicht zulassen, daß ein weiterer Metro-Star in diese Sache hineingezogen wurde. Vor allem deshalb nicht, weil schon seit längerem Gerüchte umliefen, daß die Harlow und Gable sich während der Dreharbeiten zu ihrem neuesten Film *Red Dust* (»Die gelbe Hölle«[2]) (er war bis jetzt noch nicht in den Kinos erschienen) sehr nahe gekommen waren. Deshalb stationierte er an den beiden Zufahrtsstraßen zu Lo Bellos Haus Studiosekretärinnen, die Gable abfangen und informieren sollten. Das gelang auch,

---

1 Das geschah am 4. September 1932 in Beverly Hills.
2 1932 unter der Regie von Victor Fleming entstanden.

und der Star fuhr direkt zu sich nach Hause, während Lo Bello über den hinteren Gartenzaun kletterte und sich von den Reportern unbemerkt ins Haus schlich. Natürlich konnte der Skandal nicht völlig unterdrückt werden. Er beschäftigte die Öffentlichkeit mit all seinen schmutzigen Details über Wochen hinweg. Doch immerhin hatte Strickling seinen Boß davor bewahrt wegen Unterschlagung von Beweismaterial angeklagt zu werden. Und auch die Verwicklung von Clark Gable in diese unerfreuliche Angelegenheit war verhindert worden (Erst Jahre später kamen diese Einzelheiten ans Licht der Öffentlichkeit).

Ziemlich unbekannt blieb auch Stricklings Rolle bei der Eheschließung zwischen Clark Gable und Rhea Langham. Das Paar hatte schon einige Zeit zusammengelebt, aber als Gables Ruhm immer heller erstrahlte, übte das Studio Druck auf ihn aus, seine Geliebte zu heiraten. Strickling arrangierte eine geheime Hochzeit in Anaheim[1], wobei es ihm aufgrund seiner Kontakte gelang, die Heiratslizenz um fast zwei Jahre zurückdatieren zu lassen.

Strickling setzte alles daran, seine Stars nach außen hermetisch abzuschirmen. Die Welt war in moralischen Dingen strenger geworden, und Hollywood mußte sich anschließen. Der Hays-Office-Verhaltenskodex versuchte durch gesetzliche Regelungen die »öffentliche Moral« aufrechtzuerhalten. Natürlich ließen die MGM-Stars nicht von Heute auf Morgen von ihren schlechten Gewohnheiten, doch die Vaterschaftsklagen, Ehebruchsprozesse und Trunkenheitsdelikte, die bisher das Mahlgut der Öffentlichkeitsmühlen gewesen waren, wurden jetzt durch eine wirkungsvolle Kombination von Überredung, Druck und purer Erpressung (so drohte man beispielsweise die Anzeigen zurückzuziehen) aus den Medien herausgehalten – und in Hollywood wurden 1935/36 rund 77 Millionen Dollar für Zeitung- und Rundfunkwerbung ausgegeben.

Die Kontakte der Stars zur Presse und zur Öffentlichkeit wurden sorgfältig überwacht. Jedes Mitglied von Stricklings PR-Stab war

1 (Kalifornien)

für einen oder mehrere Metro-Stars verantwortlich. Sein Stellvertreter Eddie Lawrence, der sich mit Primadonnen besonders gut verstand, war für Norma Shearer und dann auch für Katharine Hepburn und Greer Garson zuständig, als diese zu MGM kamen. Howard Strickling selbst teilte sich mit Otto Winkler die schwierige Aufgabe, Clark Gables Öffentlichkeitsbild rein zu halten. Emily Torchia, eine junge Abgängerin der Universität von Los Angeles, kümmerte sich um die jüngeren Schauspielerinnen; sie erfand auch den »Sweater Girl«-Titel für Lana Turner[1], indem sie diese dazu überredete, ohne Bluse unter ihrem Sweater zu posieren, was damals recht gewagt schien. Kay Mulbey, eine andere junge PR-Spezialistin, wurde die Vertraute von Jean Harlow. Sogar die *Barkies,* eine Gruppe junger Hunde, die in Metro-Kurzfilmen auftrat, verfügte über einen eigenen Öffentlichkeitsmann. Er hatte vor allem die Aufgabe, sie bei Fototerminen mit Keksen bei Laune zu halten. Als Dean Dorn später aufstieg und Irving Thalberg zu Vorausvorführungen von Filmen begleitete, tauschte er die Hundenaschereien gegen Pfefferminz und Kaugummi aus. Jedesmal, wenn der Boß stumm die Hand ausstreckte, füllte er sie damit.

Wurde ein Star interviewt, war immer ein Mitglied aus Stricklings Stab zugegen. Auch andere öffentliche Auftritte waren den Stars nie ohne Eskorte erlaubt. Die Filmgrößen wurden mit Einladungen aller Art überhäuft. So lud man die jüngeren und unbekannteren zu College-Bällen und Erntefesten ein oder versuchte sie als »Liebling« des Sigma-Chi-Clubs zu gewinnen. Die älteren und erfolgreicheren wurden zu Tagungen, großen Baseballspielen und Kaufhauseröffnungen gebeten. Obwohl einige der PR-Bewacher im Laufe der Zeit enge persönliche Beziehungen zu bestimmten Stars entwickelten, vergaßen sie doch nie, alles zu tun, um ihren Schützling und ihr Studio vor unerwünschter Publicity zu bewahren. Sie achteten vor allem darauf, daß sie sich nicht auf Diskussionen über Politik, Religion oder gar Sex einließen, denn dabei war die Gefahr zu groß, in irgendein Fettnäpfchen zu treten. Die Kinder der Stars wurden in der Öffentlichkeit nur sehr selten erwähnt und noch seltener gesehen. Man war der Ansicht, daß sie ihrem Image nicht zuträglich waren. Und wurden Fotos gemacht, dann sorgten die

»Betreuer« dafür, daß Gläser und Zigaretten aus dem Blickfeld verschwanden.

Im übrigen mußte jeder der Metro-PR-Leute täglich drei Notizen für die Klatschspalten verfassen. Beispielsweise: Clark Gable hat sich nach Beendigung der Dreharbeiten an *Parnell*[1] mit Andy Devine auf Entenjagd begeben. Oder: Norma Shearer bereitet sich auf ihre Rolle als Julia vor, indem sie lyrische Rezitationsübungen absolviert. Oder: Joan Crawford ist von ihrem Europaaufenthalt zurückgekehrt usw. Dazu kamen noch pro Woche mindestens eine Story für die Nachrichtenagenturen sowie ein Zeitungsartikel. Die »Pflanzer« der Presseabteilung versuchten dann, unter den zweihundertfünfzig offiziell akkreditierten Reportern von amerikanischen und ausländischen Publikationen (darunter dreißig, die täglich eine Kolumne verfaßten) Interessenten für das Material zu finden. Einer der »Pflanzer« war das ganze Jahr über unterwegs, um die Stories und Besprechungen von Metro-Filmen Zeitungen anzubieten, die über keinen eigenen Korrespondenten in Hollywood verfügten. Diese ständige Nachrichten- und Klatschflut aus der hauseigenen Presseabteilung sollte verhindern, daß unabhängige Journalisten sich ihre eigene Meinung bildeten – und sie auch noch veröffentlichten. Der Korrespondent des *St. Louis Post-Dispatch* meinte deshalb einmal scherzhaft: »Keiner schreibt zu gut, als daß ich nicht meinen Namen daruntersetzen könnte.«

Hollywoods Nachrichtenmanipulationen – Washington erlernte diese »Kunst« erst zwei Jahrzehnte später – wirkten sich besonders heftig auf die Fan-Magazine, die »Fannies« aus. Die Studios erwarteten, daß diese ihre Artikel und Meldungen vor der Veröffentlichung zur Zensur vorlegten. Außerdem durften sie nur Fotos verwenden, die ausdrücklich vom Studio gebilligt worden waren. Das Monatsmagazin *Photoplay* unternahm einmal den Versuch, die Toleranz der Studios zu testen. Es veröffentlichte unter dem Titel »Nicht verheiratete Eheleute« einen Katalog all jener Stars, die ohne Trauschein zusammenlebten – Gable und Carole Lombard[2], Chaplin und Paulette Goddard, Robert Taylor[3] und Barbara Stanwyck usw. »Man könnte sie als unverheiratete

1 (1937)
2 (1909–42)
3 (1911–69)

Paare bezeichnen«, kommentierte das Magazin, »doch sie erscheinen überall zusammen, treten überall als Paar auf, und keine Gastgeberin würde sie getrennt einladen oder ihnen einen anderen Tischgenossen geben... Sie bauen sich nebeneinander ihre Häuser, gehen denselben Hobbies nach, betreuen gegenseitig ihre Kinder... Ja, sie versuchen sogar den andern nach ihrem Geschmack zu kleiden oder Einfluß auf seine Persönlichkeit zu nehmen. Doch vor der Öffentlichkeit werden sie lediglich als ‚gute Freunde' bezeichnet. Nichts sonst.«

Photoplay mußte rasch entdecken, wie wenig tolerant die Studios waren. Angeführt von Metro, drohten sie damit, ihre Anzeigen zu streichen und jeden Zugang zu Stars und Studios zu blockieren, sofern das Magazin nicht einen Widerruf veröffentlichte. Zerknirscht entschuldigte sich *Photoplay* in der folgenden Ausgabe über eine ganze Seite bei den erwähnten Stars. Angeblich hatten die auf diesem Artikel beruhenden Zeitungsberichte »diese Freundschaften in einem Lichte erscheinen lassen, das unseren Absichten in keiner Weise entsprach.« Der Name des Autors des betreffenden Artikels war daraufhin monatelang aus dem Magazin verschwunden.

Beim *Chicago American* bestand die Strafe für einen Mißgriff dieser Art darin, daß der Delinquent in der Lokalredaktion auf einem Stuhl stehend Lloyd Pantages ziemlich affektierte Hollywood-Kolumne vorlesen mußte. Kurz nachdem bei Mayer die Rede darüber eingesetzt hatte, *Vom Winde verweht* nicht gekauft zu haben, stand ein junger Reporter auf dem Strafstuhl und las, daß David Selznick Clark Gable für die Rolle des Rhett Butler ernsthaft in Erwägung ziehe. Andere Kolumnisten und Agenturberichte variierten dasselbe Thema wieder und wieder. Dann brachte *Photoplay* eine ganzseitige Zeichnung, auf der Gable in einem schwarzen Mantel aus der Zeit vor dem Bürgerkrieg und einer gepunkteten Halsbinde zu sehen war. Das Fan-Magazin schrieb dazu, daß es seinen Lesern einen Eindruck darüber ver-

Nachfolgende Doppelseite: »Einhundertfünfzig Dollar in Gold für Mrs. Charles Hamilton.« Die verwitwete Scarlett verursacht einen Skandal, als sie Rhett Butlers Gebot annimmt und mit ihm den Virginia Reel anführt. Während der Aufnahmen für diese Szene wurde George Cukor gefeuert.

schaffen wollte, wie Gable als Rhett wirken würde, denn er würde allgemein als Idealbesetzung dieser Rolle angesehen. Daraufhin wagte das Magazin die »Voraussage«, daß auch David Selznick sich dieser Einsicht wohl kaum verschließen könnte. Da der Einfluß der Metro auf die »Fannies« bekannt war, durfte man wohl davon ausgehen, daß diese Zeichnung kaum ohne die Zustimmung des Studios entstanden war. Wieder einmal sah es so aus, als ob Howard Strickling sich für seinen Boß hart ins Zeug legte.

Die Auswirkungen davon machten sich schon bald in Gables Fan-Post bemerkbar. Durchschnittlich bekam er zwölfhundert Briefe im Monat: fünfundachtzig Prozent stammten von Frauen. Neben den üblichen Bitten um signierte Fotos und Ratschläge, wie man zum Film kommt, waren darunter immer auch sehr viel intimere Anliegen – beispielsweise nach »einem Stückchen Kaugummi, das Sie gekaut haben.« Und natürlich ging auch eine Sturzflut von Liebesbriefen über den Star nieder, in denen oft sehr detailliert beschrieben wurde, was die Absenderin (oder der Absender) gern mit Gable tun oder auch gern von ihm antun lassen wollten. Dazu gingen jetzt Hunderte von Briefen mit der Forderung ein, er solle die Rolle des Rhett Butler übernehmen. Und auch Selznick wurde immer heftiger bestürmt, sich endlich für Gable zu entscheiden.

Im März des Jahres lotete der Produzent bei MGM die Bedingungen aus, unter denen das Studio bereit sein würde, Gable an Selznick-International auszuleihen. Er war keineswegs überrascht, als L.B. Mayer die Verleihrechte für den Film verlangte. Da allgemein bekannt war, daß Selznick mit United Artists – dem Verleiher der meisten unabhängigen Produzenten wie Samuel Goldwyn[1], Mary Pickford, Chaplin – bis 1938 einen Verleihvertrag hatte und deshalb auf keinen Fall die Forderungen seines Schwiegervaters erfüllen konnte, war klar, daß der gerissene Mayer etwas völlig anderes im Schilde führte. Ganz offensichtlich nährte er noch immer die Hoffnung, *Vom Winde verweht* als Prestigeobjekt bei MGM herausbringen zu können. Dazu mußte er auf irgendeine Weise Selznick dazu bringen, die Filmrechte an Margaret Mitchells ungeheuer erfolgreichem Roman an ihn abzutreten. Selznick aber dachte nicht einmal im Traum daran.

1 (1882–1974)

Er stellte sich gegenüber den Forderungen der Öffentlichkeit taub und begann mit Goldwyn Verhandlungen, um Gary Cooper für die Rolle des Rhett Butler zu gewinnen. Was die Rolle der Scarlett betraf, so gab es keinen öffentlichen Druck zugunsten einer bestimmten Schauspielerin. Dafür aber eine verwirrende Vielfalt von Alternativen. Die Fans schlugen von Joan Crawford bis Marie Dressler[1] fast jede der damaligen Leinwandköniginnen für diese Rolle vor. Und kaum eine der Diven war nicht felsenfest überzeugt davon, daß sie die einzig angemessene Verkörperung der Scarlett wäre. Warum nur war es ihrem Agenten noch immer nicht gelungen, auch Selznick davon zu überzeugen? Für die Presse war das natürlich ein gefundenes Fressen. Heute begeisterte sie sich für den einen Star und morgen für den andern. Sah man beispielsweise Loretta Young[2] mit George Cukor speisen, dann war klar, daß sie die Rolle bekommen würde. Eine Zeitlang hielt sich sogar das Gerücht, Margaret Mitchell selbst würde die Scarlett spielen, wozu sie schon seit Monaten heimlich Schauspielunterricht in Selznicks Studio bekäme.

Aber nach Tallulah Bankhead gab es für Selznick nur eine ernsthafte Kandidatin, die ebenfalls aus dem Süden stammte: Miriam Hopkins[3]. Sie hatte vor kurzem die Titelrolle in *Becky Sharp* (1935) gespielt, und Thackerays Heldin hatte mit der Margaret Mitchells sehr viel gemeinsam. Miriam Hopkins sprach für die Rolle vor, aber es wurde kein Kameratest gemacht. (Selznick schaute sie sich dafür in *Becky Sharp* an). Doch nach einiger Zeit verschwand auch ihr Name wieder aus den Schlagzeilen, und die Klatschspalten nannten immer häufiger den Namen der erst kürzlich verwitweten Norma Shearer, die ironischerweise Anteilsbesitzerin von Selznick-International war.

Als Irving Thalbergs Gattin hatte Norma Shearer bei MGM natürlich ganz besondere Vorrechte genossen, die von der Rollenwahl bis zur Garderobe reichten. »Wie kann ich eine Chance gegen Norma haben, wenn sie mit dem Boß schläft?«, hatte sich Joan Crawford häufig beschwert. Bei ihren Filmen wurde gegeizt. So nahm der Garten der Capulets in *Romeo und Juliet* (1936), einem ihrer letzten Filme, das gesamte Atelier 15 ein – damals das

---

1 doch Marie Dressler war bereits 1934 verstorben und auf Grund ihres Alters (*1869) uninteressant für die Rolle
2 (*1912)
3 (1902–72)

größte Ton-Studio der Welt. Die Vegetation war so üppig, daß sich die Feuchtigkeit manchmal zu Wolken verdichtete, die wie Nebel über der Szene hingen. Es dauerte fünf Wochen, bis die Balkon-Szene abgedreht war. Norma und Leslie Howard[1], der den Romeo spielte, traten so häufig auf den Balkon hinaus, daß er schließlich abgestützt werden mußte, um nicht unter ihnen zusammenzubrechen. Der Film verschlang mehr als zwei Millionen Dollar, die er an der Kasse nicht hereinbrachte. Trotzdem machte sich Thalberg sofort an *Marie Antoinette* (1938), eine weitere äußerst kostspielige Produktion, die wieder ganz auf seine Frau zugeschnitten war.

Vor der Kamera machte Norma Shearer ihrem Namen als »Studio-Königin« alle Ehre. Sie war hochmütig, kühl und anspruchsvoll. Bei der Erwähnung ihres Namens pflegte George Cukor, der Regisseur von *Romeo and Juliet,* die Hände zusammenzuschlagen und die Augen wie in stillem Gebet zum Himmel zu erheben. Sie wurde immer so ausgeleuchtet, daß ihre helle weiße Haut besonders gut zur Geltung kam. Doch je mehr sie strahlte, desto schummriger blieb der Rest der Szene. Als Mrs. Patrick Campbell den fertigen Film sah in dem sie eine kleine Rolle hatte, meinte sie: »Norma Shearer und ihr Äthiopier-Ensemble.«

Doch jetzt war Thalberg tot, und die »Studio-Königin« führte einen erbitterten Kampf mit Mayer über die Gewinnanteile aus dem ererbten Aktienpaket. Sie weigerte sich, eine neue Rolle in einem MGM-Film zu übernehmen, solange darüber keine für sie zufriedenstellende Regelung getroffen wäre. Mit *Vom Winde verweht* war das allerdings eine ganz andere Sache. Norma Shearer war auf die Rolle der Scarlett nicht weniger scharf als jeder andere Hollywood-Star. Es ging sogar das Gerücht um, daß sie sich heimlich einem Kameratest unterzogen habe – etwas, das man seit vielen Jahren nicht mehr von ihr verlangt hatte. Obwohl ihre Karriere den Gipfel überschritten hatte, ließ sich mit ihrem Namen noch immer Kasse machen. Doch Selznick fürchtete, daß sie mit siebenunddreißig für die Rolle der jungen Scarlett nicht mehr geeignet war. Um die Reaktion der Öffentlichkeit zu testen, ließ er den Kolumnisten Walter Winchell insgeheim wissen, er ziehe sie für die Rolle in Betracht. Wunschgemäß unterrichtete dieser seine acht Millionen Rundfunkhörer über

1 (1893–1943)

Selznicks Absicht. Die Reaktionen waren in keiner Weise ermutigend. Man konnte sich einfach nicht vorstellen, wie die »göttliche Norma« eine so launische und zänkische Südstaaten-Schönheit verkörpern sollte. Ihre Fans beklagten sich, daß die Rolle ihrer nicht würdig sei; andere meinten schlicht und einfach, es handle sich um eine Fehlbesetzung. In einem der Briefe hieß es: »Natürlich ist sie höchst populär, und jeder beginnt seine Stellungnahme damit, daß er sie als wundervolle Schauspielerin lobt. Doch andererseits hält sie jeder in der Rolle der Scarlett für eine Fehlbesetzung. Man ist der Ansicht, daß sie zu viel Würde und zu wenig feurige Vitalität für diese Rolle besitzt.« Der Brief stammte von Margaret Mitchell und stellt einen der wenigen Kommentare dar, die sie zur Besetzung »ihres« Films abgab.

Norma Shearer trat daraufhin öffentlich von der Rolle zurück. Einige Monate später erklärte sie Bosley Crowther von der *New York Times:* »Wir haben uns schließlich zu diesem Schritt entschlossen, wobei die Fan-Post eine gewisse Rolle gespielt hat. Sie bestärkte uns darin, daß sich das Risiko nicht lohnte. Scarlett ist eine sehr schwierige und undankbare Rolle. Die Rolle, die ich gern spielen würde, wäre die des Rhett Butler.«

Obwohl die Auswahl riesengroß war, bewarben sich fast ausschließlich ältere Stars um die Rolle; Selznick aber träumte von einem frischen Jungmädchentyp. Deshalb entschloß er sich, einen neuen Star aufzubauen. Er ließ verbreiten, daß er in ganz Amerika nach einem unbekannten Mädchen suchen wollte, das für die Rolle der Scarlett geeignet sei – »ein Mädchen, das vom Publikum nicht sofort mit einer Menge anderer Rollen identifiziert wird.« Selznick war nicht unbedingt überzeugt davon, daß eine Anfängerin die umfangreiche und komplizierte Rolle zu meistern vermochte, aber selbst wenn bei der landweiten Suche kein geeignetes Talent gefunden wurde, hielt die Kampagne doch das Interesse der Öffentlichkeit wach; das war eine klassische Hollywood-Masche, die noch nie versagt hatte. Selznick selbst hatte sie sehr erfolgreich bei mehr als einer Gelegenheit angewandt. So wurde Freddie Bartholomew (für *David Copperfield*) auf diese Weise entdeckt. Und erst kürzlich hatte

Nachfolgende Doppelseite: Rhett zu Besuch; er bringt Scarlett einen Hut aus Paris mit.

der Produzent viele Monate darauf verwandt, einen unbekannten Jungen für die Rolle des Tom Sawyer ausfindig zu machen, von Presse und Öffentlichkeit aufmerksam begleitet. Tag um Tag hatte er mit einem Schulbus, den er zu seinem Büro umfunktionierte, Schulen und Waisenhäuser in Südkalifornien abgeklappert. Als er schließlich die Suche nach dem liebenswerten Helden von Mark Twains Erzählung erfolglos abbrechen mußte, ließ er seine Scouts übers ganze Land ausschwärmen, die ihm schließlich Tommy Kelly anbrachten, den Sohn eines Gemeindeschulhausmeisters aus dem Staat New York.

Die Suche nach Scarlett gestaltete sich zur berühmtesten Talent-Suche in der Geschichte des Films. Die Vorbereitungen für *Vom Winde verweht* wurden bereits im ganzen Land mit großem Interesse beobachtet und diskutiert. Die Frage, wer die weibliche Hauptrolle übernehmen sollte, heizte diese Diskussion auf fast absurde Weise weiter an – darin spiegelte sich nicht nur die außergewöhnliche Popularität des Romans, sondern auch die Macht des Films über die Einbildungskraft einer ganzen Nation. Selznick konnte mit einigem Recht darauf hinweisen, daß durch das hitzige Für und Wider um die Besetzung der Rolle Margaret Mitchells Beschreibung ihrer Helden fast so häufig zitiert wurde wie die Bibel oder Shakespeare: »Scarlett O'Hara war nicht eigentlich schön zu nennen. Wenn aber Männer in ihren Bann gerieten, wie jetzt die Zwillinge Tarleton, so wurden sie dessen meist nicht gewahr. Allzu unvermischt zeichneten sich in ihrem Gesicht die zarten Züge ihrer Mutter, einer Aristokratin aus französischem Geblüt, neben den derben Linien ihres urwüchsigen irischen Vaters ab. Dieses Antlitz mit dem spitzen Kinn und den starken Kiefern machte stutzen. Zwischen den strahlenförmigen schwarzen Wimpern prangte ein Paar blaßgrüner Augen ohne eine Spur von Braun. Die äußeren Winkel zogen sich ein klein wenig in die Höhe, und auch die dichten, schwarzen Brauen darüber verliefen in einer scharf nach oben gezogenen schrägen Linie über ihre magnolienweiße Haut.«

Selznicks Ankündigung war kaum in den Zeitungen und Magazinen erschienen, als das Selznick-International-Studio mit Telefonanrufen und Briefen geradezu bombardiert wurde. Aus allen Teilen der Staaten, aber auch aus Europa, wo der Roman inzwischen ebenfalls seinen Siegeszug angetreten hatte, schrieben ihm Frauen, die sich für die Rolle geeignet hielten. Auf den beigelegten Fotos präsentierten sie sich in allem, von Turnüren bis zu Badeanzügen. Selznick beauftragte seinen Talentscout in New York, Oscar Serlin, Kandidatinnen an der Ostküste und im Norden der Vereinigten Staaten zu interviewen. Charles Morison war für den Westen zuständig, während George Cukor im Süden nach Scarlett Ausschau hielt. Morison, ein kleiner, geschmeidiger, weißhaariger Mann war früher als Agent in New York tätig gewesen und hatte dann das elegante *Mocambo*-Restaurant in Hollywood eröffnet. Er verfügte über ausgezeichnete Kontakte und besaß ein scharfes Auge für Leinwandtalente.

Im März machte sich Cukor in den Süden auf. In seiner Begleitung befanden sich zwei Produktionsassistenten aus Hollywood und außerdem Kay Brown aus Selznicks New Yorker Büro, die sich inzwischen mit Margaret Mitchell angefreundet hatte. Im Süden waren fast dauernd Talentsucher unterwegs, die nach frischem Mahlgut für Hollywoods Mühlen fahndeten. Aber diese Expedition war von fast mystischer Bedeutung. Wo immer sie eintraf, machte sie Schlagzeilen auf der ersten Seite. So widmete die *New Orleans Picayune* Kay Browns Besuch in der Stadt mehr Raum als Edwards VIII. Abdankung, die am selben Tag stattfand. In Atlanta nahm Margaret Mitchell Cukor auf einen Ausflug über die rot durchführten Landstraßen von Clayton County mit, an deren Rand die Dogwood- und Holzapfelbäume die ersten Blüten zeigten. Aber sie widersetzte sich jedem Versuch, in die Diskussion über den Film mithineingezogen zu werden.

Dutzende von Debütantinnen und Schauspielerinnen von kleinen Theatergruppen und Wanderbühnen sowie Mitglieder von College-Drama-Abteilungen drängten sich zum Vorsprechen für die Rolle der Scarlett. Unter den Mädchen aus der Gesellschaft von Atlanta, die zum Vorsprechen kamen, befand sich auch Catherine Campbell, die später den Zeitungserben Randolph Hearst ehelichte, und in jüngster Zeit als Mutter von Patty Hearst in die Schlagzeilen kam, nachdem sich diese der gewalttätigen »Symbionese Liberation Army« angeschlossen hatte. Die wenigen erfolgversprechenden Kandidatinnen wurden nach New York zu einem Kameratest eingeladen. Eine davon war Susan Falligant, eine attraktive Studentin der University of Georgia, die für die Reise eine Woche Urlaub genehmigt bekam. Alicia Rhett gehörte ebenfalls dazu. Cukor hatte sie in Charleston bei einer Probe zu *Lady Windermere's Fan* gesehen und war recht beeindruckt

Joan Fontaine

Alicia Rhett

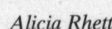

Norma Shearer

Loretta Young

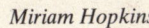

Miriam Hopkins

Catherine Campbell

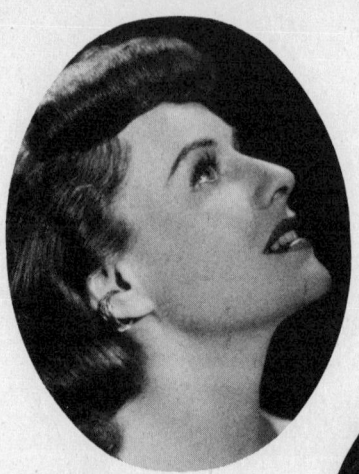

Paulette Goddard

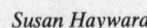

Susan Hayward

Joan Crawford

Tallulah Bankhead

Mary Anderson

Joan Bennett

Marcella Martin

Jean Arthur

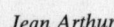

Katherine Hepburn

Bette Davis

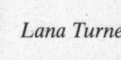

Lana Turner

Lucille Ball

von ihren schauspielerischen Fähigkeiten. Sie sollte die Rolle der India Wilkes in *Vom Winde verweht* übernehmen. Doch nach jedem neuen Vorsprechen war er fester davon überzeugt, daß seine Expedition in den Süden vergeblich bleiben würde.

Stieg er in einem Hotal ab, wurde es sofort von Dutzenden von Mädchen belagert, die unbedingt entdeckt werden wollten. Aber keine von ihnen war so hartnäckig wie eine Möchtegernschauspielerin in New York mit Südstaatenvorfahren. Nachdem man sie bereits in New York abgelehnt hatte, folgte sie Cukor nach Atlanta, wo sie ihm am Hauptbahnhof auflauerte, als er die Stadt wieder verlassen wollte. Sie sprang in den wartenden Zug und durchsuchte ihn zehn Minuten lang wie besessen. Wahllos riß sie die Türen zu Luxuskabinen auf, störte Flitterwöchner und weckte schlafende Kinder. Der Zug war ein einziges Durcheinander, und vergeblich versuchte das Begleitpersonal sie endlich zur Ruhe zu bringen. Als sie schließlich feststellen mußte, daß Cukor noch nicht an Bord war, pflanzte sie sich auf dem Bahnsteig auf, um ihn dort abzufangen. Doch der Regisseur sah sie schon von weitem und schickte einen seiner Assistenten vor, der sie ablenken sollte. Währenddessen kletterte er über den Tender in den Zug. »Ich muß Mr. Cukor ganz dringend sprechen. Wenn er mich angehört hat, wird er einsehen müssen, daß ich allein die Scarlett zu spielen vermag«, bedrängte sie den Assistenten vor einer interessiert lauschenden Zuhörerschaft. »Das ist der Wendepunkt meines Lebens.« Cukors Assistent nahm ihre Hand und erklärte ihr, sein Boß habe Atlanta mit dem Auto verlassen. »Ich würde Ihnen aber empfehlen, ihm nicht weiter nachzulaufen«, riet er ihr, als sie erneut in den Zug stürzen wollte. »Männer mögen das nicht. Je mehr sie ihn verfolgen, desto weniger Chancen haben Sie. Gehen Sie heim und vergessen Sie's. Vielleicht werden wir Sie, wenn wir zurück in New York sind, noch einmal bestellen.« Er hielt sie fest an der Hand, bis der Pfiff der Lokomotive die Abfahrt signalisierte. Im letzten Augenblick sprang er auf den anfahrenden Zug und ließ sie in Tränen aufgelöst auf dem Bahnsteig zurück.

Inzwischen war an der Zufahrt zu Selznicks Büro ein Schild aufgestellt worden mit dem Hinweis: »Scarlett Way«. Ganze Herden von Mädchen drängten sich vor den Studioeingängen und flehten um Kamera-Tests. Sie kamen in Bussen, Taxis – und Kisten. Eines Morgens wurde eine größere Kiste angeliefert, die den Hinweis trug: »Sofort öffnen!« Als man ihn befolgte, sprang ein attraktives Mädchen heraus, das sofort Richtung Selznicks Büro stürzte, wo sie einen Scarlett-Monolog zu rezitieren begann und sich gleichzeitig die Kleider vom Leib riß. Besonders bizarr bei der Suche nach Scarlett war aber ein Ereignis, das sich am Weihnachtstag 1937 ereignete. Zwei livrierte Boten schleppten ein in Geschenkpapier eingeschlagenes großes Objekt in Selznicks Haus, das wie ein überdimensionales Buch aussah. Als man es auspackte, kam der Schutzumschlag von *Vom Winde verweht* zum Vorschein, der vordere Buchdeckel sprang auf – und heraus fiel ein junges Mädchen in einem Kostüm aus der Vorbürgerkriegszeit, das Selznick mit den Worten anstrahlte: »Fröhliche Weihnachten, Mr. Selznick. Ich bin Ihre Scarlett O'Hara.« Dann versuchte es Selznick damit, daß er alle Hollywood-Studios einlud, ihm ihre sämtlichen Vertragsschauspielerinnen zu schicken, um für die Rolle der Scarlett vorzusprechen. Sollte eines der Mädchen die Rolle bekommen, garantierte er ihnen das Recht auf die weitere »Auswertung« dieser Schauspielerin. Unter den RKO-Starlets war auch eine junge Anfängerin namens Lucille Ball[1], die sich bereits einen gewissen Namen als Komödiantin gemacht hatte. Persönlich schätzte sie ihre Chancen als äußerst gering ein. Doch als kleine Vertragsschauspielerin hatte sie darüber nicht zu entscheiden. Also lernte sie brav die drei kurzen Szenen, die man ihr in die Hand gedrückt hatte und ging dann zum Vorsprechen vor Selznick persönlich.

An diesem Nachmittag ging über Los Angeles ein Wolkenbruch nieder, und sie verirrte sich auf ihrem Weg nach Culver City. So kam sie ziemlich verspätet und im übrigen vom Regen völlig aufgelöst bei den Selznick-Studios an, fest entschlossen, dem Produzenten sofort zu sagen, sie sei an der Rolle nicht interessiert. Doch Selznick war auch noch nicht da. Man drückte ihr einen Brandy in die Hand und schob sie in Selznicks Büro, wo sie sich vor dem offenen Feuer niederkniete, um sich aufzuwärmen. Als Selznick endlich kam, wirkte er aus ihrer Perspektive wie ein Riese. Sie sprach die drei Szenen, wobei Selznick ihr die Stichworte gab. »Vielen Dank, Miß Ball, das war recht gut«, meinte Selznick danach. Erst jetzt wurde ihr bewußt, daß sie noch immer vor dem Feuer kniete.

1 (*1910), seit 1933 beim Film

Jahre später erwarb Lucille Ball (zusammen mit ihrem Gatten Desi Arnaz) Selznicks altes Studio und machte es zur Heimat ihrer erfolgreichen Fernseh-Show. Jetzt war sie der Boß in Selznicks früherem Büro. Doch noch immer konnte es geschehen, daß sie sich auf dem Weg dorthin verirrte.

Der unerschöpfliche Strom junger Frauen, die zu allem bereit waren, um die Rolle der Scarlett zu bekommen, führte wohl nicht zur Entdeckung der idealen Besetzung. Aber Selznick bekam dadurch reichlich Gelegenheit, sich immer wieder seiner aggresiven Männlichkeit zu versichern. Dauernd war er hin- und hergerissen zwischen seinem zügellosen sexuellen Appetit und seiner tiefen Hingezogenheit zu Irene, zwischen dem obsessiven Verlangen, sich als Machtfaktor in Hollywood zu etablieren und der Eitelkeit auf seine physischen Qualitäten. Irene fühlte sich ihm ihrerseits tief verbunden, doch sie gab sich dabei keinen Illusionen hin. Sie sah ganz klar, daß sie ihn so nehmen mußte, wie er nun einmal war.

5 Die Suche nach Scarlett, Teil II

Mayer hatte sich mit der Tatsache nie völlig abfinden können, daß Irene, seine zweite Tochter, kein Junge geworden war. Vielleicht ließ er sie deshalb nicht ausschließlich in traditionell weiblichen Fächern wie Kochen usw. ausbilden, sondern brachte ihr auch eher männliche Fertigkeiten wie Golf, Tennis und Reiten bei. Schon vor dem Frühstück unternahm sie auf seinen Wunsch einen Ausritt über den Sand von Santa Monica, das als Strandkolonie der Filmleute erst später von Malibu abgelöst werden sollte. Doch als sie dann ein College besuchen wollte, wurde er plötzlich wieder zum eifersüchtig besorgten Vater, der seine Tochter nur als verheiratete Frau aus der elterlichen Obhut entlassen wollte. Drehte es sich um seine Töchter, entwickelte er Moral- und Anstandsvorstellungen, die dem viktorianischen Zeitalter alle Ehre gemacht hätten.

Irene war in Hollywood eine außergewöhnliche Erscheinung. Sie war ein intelligentes Mädchen und besaß außer der vom Vater ererbten Energie einen ganz eigenen Kopf. Doch ihr starkes Bedürfnis nach Selbstverwirklichung bekam nie eine Chance. Die Frauen der Produzenten hatten kaum mehr als dekorative Funktionen, und die meisten waren damit zufrieden, sich im Widerschein des Ruhms ihrer Gatten zu sonnen. Selznick fragte seine Frau wohl nach ihrer Meinung und richtete sich sogar ab und zu danach, doch er erlaubte ihr nie, sich aktiv ins Filmemachen einzuschalten. So hatte sie versucht, beim Entwerfen der Kostüme für *Vom Winde verweht* mitzuarbeiten, doch David untersagte es ihr. Eine Zeitlang munkelte man sogar, Irene hätte ihren Mann überredet, mit ihr Probeaufnahmen für die Rolle der Scarlett zu machen. Dann versuchte sie ihr Glück als Talentsucher und entdeckte bei einer New Yorker Modenschau Edythe Marrener[1], ein attraktives Hutmodell, mit dem tatsächlich Probeaufnahmen gemacht wurden. Das Mädchen entsprach äußerlich ziemlich genau der Roman-Scarlett, aber als Schauspielerin wirkte sie viel zu steif und amateurhaft, worauf sie von der Liste der Kandidatinnen gestrichen wurde. Trotzdem waren diese Probeaufnahmen für sie

1   = Susan Hayward (1918–75)

der erste Schritt auf dem Weg zum Starruhm wie wir später noch sehen werden. Da es Irene nicht gelang, sich bei Selznicks beruflichen Projekten nützlich zu machen, konzentrierte sie ihre Energien fast ganz auf den Haushalt, in dem alles so organisiert sein mußte, daß es seiner chaotischen Lebensweise entgegenkam. Die gelegentlichen Seitensprünge ihres Mannes schien sie offensichtlich mit großer Gelassenheit zu ertragen. Selznick ging an alles, was er unternahm – Liebeleien, Glücksspiele oder die Leitung seines Studios –, mit einer gewissen kindlichen Unschuld heran, wobei er den Auswirkungen auf seine Umwelt keinerlei Beachtung schenkte; auch dann nicht, wenn er anderen weh tat. Und da er Talent und Charme besaß und außerdem zu einer Zeit Produzent war, als diese absolute Macht über andere hatten, kam er damit davon.

Selznicks Direktor für Öffentlichkeitsarbeit Russell Birdwell, überall nur als »Bird« bekannt, schlachtete die Suche nach Scarlett publizistisch schamlos aus. Sein Spitzname paßte hervorragend zu seiner äußeren Erscheinung. Über einer langen Vogelnase zwinkerten zwei Luchsaugen, und sein dünner Oberkörper saß auf spindeldürren Beinchen. Der aus Texas stammende Sohn eines fahrenden Erweckungspredigers hatte sich seine ersten Sporen in der Regenbogenpresse verdient. Zwanzig Jahre lang war er, vor allem als Polizeireporter, für verschiedene Hearst-Blätter tätig gewesen – von der alten *Dallas Dispatch* bis zum *New York Daily Mirror*. Für den *Mirror* lieferte er den einzigen Augenzeugenbericht über den Start Lindberghs zu seinem historischen Alleinflug über den Atlantik. Als man ihn Selznick für den Posten eines PR-Direktors empfahl, arbeitete er als Stargerichtsreporter für den *Los Angeles Examiner*. Selznick heuerte ihn für 250 Dollar pro Woche an. Er amüsierte sich sehr, als man ihm erzählte, Birdwell behauptete, 1000 Dollar pro Woche bei ihm zu verdienen.

Birdwell lieferte die kreativen Einfälle, wenn es darum ging, Selznicks Namen möglichst häufig gedruckt zu sehen – auch ein Erbe, das er von seinem Vater übernommen hatte. Mit großem Geschick ersann er sensationelle Aufhänger, die häufig die Titelseiten füllten und nicht im Filmteil zwischen den anderen Meldungen untergingen. Einer seiner Lieblingstricks bestand darin, seinen Klatsch mit aufregenden neuen Nachrichtenmeldungen zu kombinieren. Als beispielsweise *The Garden of Allah* in die Kinos gebracht wurde, überredete er Robert Hichens, den Autor des Romans, dem vor kurzem abgedankten heimatlosen König Eduard VIII, und Wallis Simpson sein Haus am Nil, anzubieten, das passenderweise »Allahs Garten« hieß. Bei fast allen Berichten über die Abdankung und das weitere Schicksal des Liebespaares wurde dann diese Offerte mitabgedruckt.

Ungefähr zur selben Zeit, als Selznick Nancy Bruffs Bestseller *The Manatee* kaufte waren die Zeitungen voll von den Morden der berüchtigten Collier-Brüder. Als sie kurz darauf verhaftet wurden, fanden die Reporter einige Exemplare von *The Manatee* in ihrem Schlupfwinkel, was zu weitläufigen Vermutungen Anlaß gab. Irgendwie war es Birdwell gelungen, nach der Verhaftung der Mörder und noch vor dem Eintreffen der Reporter, die Bücher an Ort und Stelle zu schmuggeln. Ein andermal ließ er dreizehn Einwohner der kanadischen Stadtgemeinde Zenda zur Premiere des Films *The Prisoner of Zenda* nach New York fliegen. Auf Birdwells Zureden entschloß sich eine alte Frau aus Zenda zu Hause zu bleiben. Und natürlich sprachen die Nachrichtenagenturen von ihr als der »Gefangenen von Zenda«. Doch Birdwell mußte auch Niederlagen einstecken. So weigerte sich die Stadt Fairbanks in Alaska, ihren Namen zu ändern und sich Douglas Fairbanks Jr. zu nennen, zu Ehren des Selznick-International-Stars. Und noch fünfunddreißig Jahre später versuchte Birdwell vergeblich, die Heimatstadt seines Klienten, der Sängerin Bobbie Gentry, zu einer Namensänderung zu überreden und sich Gentry zu nennen.

Aber der Höhepunkt in der Beziehung zwischen Selznick und Birdwell war unbestreitbar die Suche nach Scarlett, die sie während einer ihrer »Brainstorming«-Sitzungen in Davids Büro skizziert hatten. Der Produzent hoffte, daß die Kampagne tatsächlich ein neues Talent zutage fördern würde. Birdwell dagegen verstand sie vor allem als wirksames Mittel, das Interesse des Publikums an dem Film zu schüren. Doch mochten ihre Ziele auch verschieden sein. Was Aufwand und Größenordnung der Kampagne betraf, waren sie einer Meinung. Für Selznick und Birdwell konnte nie etwas groß genug sein.

Doch Birdwell war nicht damit zufrieden, lediglich die Suche zu organisieren und zu publizieren, er versuchte auch selbst, eine passende Scarlett zu entdecken. Seine Wahl fiel auf einen hübschen, einundzwanzigjährigen Rotschopf, der aus Austin, Texas, gekommen war, um wie Tausende anderer junger Mädchen in Hollywood sein Glück als Filmstar zu versuchen. Doch zunächst reichte es nur zu einem Sekretärinnenposten in der PR-Abteilung der Paramount Studios. Nebenbei aber nahm sie Schauspiel- und Gesangsunterricht und klapperte regelmäßig die Besetzungs- büros der Studios ab. Eine zufällige Begegnung mit Carole Lombard brachte dann die Wende. Der immer zu einem Spaß aufgelegte Selznick-Star fand Gefallen an dem frischen, laus- bubenhaften Gesicht und überredete Russell Birdwell dazu, der Kleinen bei ihrer Karriere etwas unter die Arme zu greifen. Birdwells Einfallsreichtum hatte Carole Lombards Sinn für Humor schon immer beeindruckt, und die beiden waren für manchen Streich in der Filmmetropole verantwortlich. So hatte Birdwell die Autoritäten von Culver City einmal zur Ausrufung eines »Carole Lombard-Tages« überredet, an dem der Star als Ehrenbürgermeister regieren sollte. Ihr erster »Verwaltungsakt« bestand darin, einen Studio-Feiertag anzusetzen, worauf sämtliche Studio-Angestellten nach Hause gingen. Selznick fand das gar nicht komisch.

Von Dezember 1936 bis Mitte März 1937 wurde Margaret Tallichet, das unbekannte Mädchen aus Texas, fünfmal in Louella Parsons' Kolumne erwähnt. Einmal hieß es, sie sei mit King Vidor[1] beim Essen gewesen, dann sah man sie an der Seite von Jerry Wald[2]. Darauf folgten zwei »Verlobte« – der Selznick-Vertrags- schauspieler Alan Marshal[3] und ein deutscher Baron –, und schließlich wurde sie noch als Gast bei einer großen Chaplin-Party erwähnt. Birdwell sorgte dafür, daß ihr gesellschaftliches Leben in den richtigen Bahnen verlief, so daß sich daraus Klatsch- nachrichten gewinnen ließen. Ihr erster Leinwandauftritt bestand in einer winzigen Einstellung in *A Star is Born*, wo man sie kurz auf einem Sofa sitzen sieht. Auch das war natürlich von Birdwell inszeniert. Dann sorgte er dafür, daß sie in einem von ihm ent-

1 (1896–1981)
2 (1912–62)
3 (1909–61)

worfenen Zellophan-Badeanzug abgelichtet wurde, dessen Kanten mit blauen und roten Streifen »verziert« waren. Ohne sie hätte man nicht erkennen können, wo der Anzug aufhörte und die Haut begann. Die Sonntagsblätter rissen sich um dieses Foto.

Das alles sollte dazu dienen, Margaret Tallichet die Aufmerksamkeit von David Selznick zu verschaffen. Dieser nahm sie dann auch tatsächlich als Scarlett-Kandidatin unter Vertrag, gab ihr eine kleine Rolle in *The Prisoner of Zenda* und schickte sie dann nach New York auf eine Schauspielschule. Bevor sie Hollywood verließ, ließ Birdwell verbreiten, er habe ihren Südstaatenakzent bei Lloyds in London für eine Million Dollar versichern lassen. Als ein skeptischer Reporter seine Zweifel äußerte, zauberte Birdwell eine Police hervor, auf der die Versicherung bestätigt wurde – für einen Tag und 26 Dollar.

Birdwell versuchte, *Gone with the Wind* unter seinen Anfangsbuchstaben populär zu machen. Aber außer in den Filmmagazinen konnte sich die Beziehung *GWTW* nicht durchsetzen. Außerdem schlugen auch alle seine Versuche fehl, Margaret Mitchell in die Vorbereitungen für *Vom Winde verweht* miteinzubeziehen.

»Mein Leben ist schrecklich geworden, seit ich die Filmrechte verkauft habe«, beklagte sich die Autorin bei Selznick. Presse, Öffentlichkeit und Selznicks Leute setzten alles daran, sie zu Dingen zu überreden, die sie nicht wollte. Der Rummel um ihre Person war ihr zuwider. So bat sie in ihrer Verzweiflung Louella Parsons, jede Verbindung zu Selznicks Gesellschaft und jeden Einfluß auf die Produktion des Films zu leugnen: »Immer wieder versichern mir bestimmte Damen, daß ihre kleinen Töchter ganz wundervolle Stepptänzerinnen seien und auch die Grätsche ganz vorzüglich beherrschten – und ob ich sie nicht in *Vom Winde verweht* unterbringen könnte? (Nein, geben Sie zu, den Roman haben sie nicht gelesen.) Andere tauchen mit ihren farbigen Köchen und Butlern bei mir auf und verlangen, daß ich sie nach Hollywood schicke, um die Rolle von Mammy und Uncle Peter zu übernehmen.« Aber auch das half nichts. Die Leute lauerten ihr weiterhin auf der Straße auf und erklärten mit Nachdruck, daß Katharine Hepburn nie und nimmer die

Nachfolgende Doppelseite: Das Wiedersehen mit den Verwundeten auf dem Bahnhof von Atlanta. Ashley kommt zum Weihnachtsurlaub nach Hause.

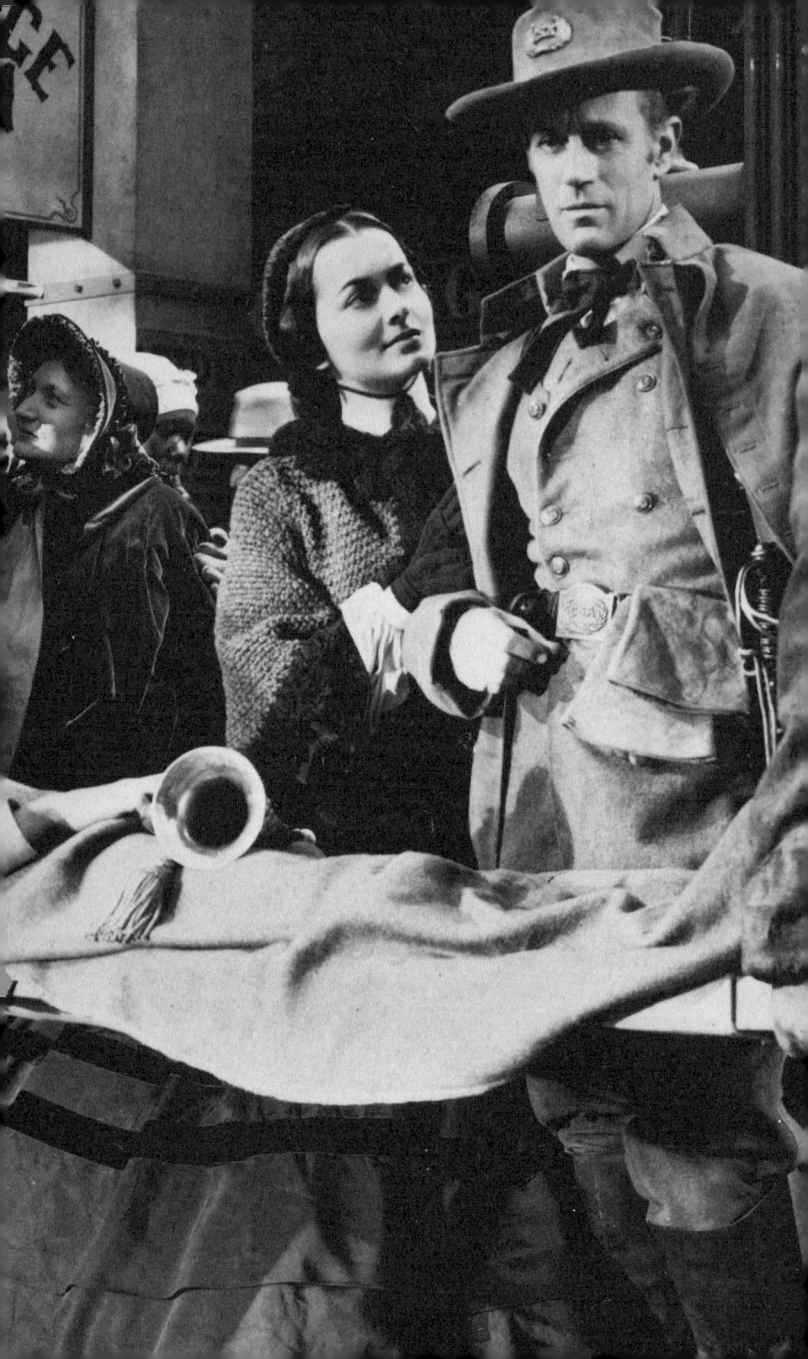

Scarlett spielen könne; die einzige, die dafür in Frage käme, sei zweifelsohne ihre Tochter. Oder sie versicherten ihr, daß Clark Gable unbedingt Rhett Butler mimen müsse. Eines Morgens wurde ihre Haustür aufgestoßen und herein kam eine Frau mit einem Topf Lampenruß. Während sie sich damit das Gesicht einschmierte, erklärte sie, wie ihrer Ansicht nach die Rolle der Mammy zu spielen sei.

Und die, die nicht persönlich vorsprachen, schickten ihr Briefe. »Ich bin davon überzeugt, daß niemand Scarlett gerecht werden kann, der sie nicht richtig versteht«, schrieb eine junge Dame. »Meiner Meinung nach sind Sie und ich die einzigen, die das wirklich tun…« Und der französische Herausgeber von *Vom Winde verweht*, Gaston Gallimard, schickte ein Telegramm, in dem er fragte: »Können Sie es nicht erreichen, daß der Film den Titel *Autant en emporte le vent* bekommt?« (Unter diesem Titel erschien der Roman in Frankreich).

Margaret Mitchells Standardantwort auf die Fragenflut und die vielen anderen Anliegen lautete immer: »Ich bin sicher, David O. Selznick, der Produzent, würde sich gern einmal mit Ihnen darüber unterhalten.« Im privaten Kreis vertrat sie die Ansicht, daß jeder einigermaßen begabte Schauspieler die Rolle des Rhett und der Scarlett übernehmen könnte. Ihrer Meinung nach war es sehr viel schwieriger, die komplexeren Charaktere von Ashley und Melanie richtig zu besetzen. Sie war auch keineswegs begeistert darüber, daß Clark Gable den Rhett spielen sollte; sie hätte Basil Rathbone[1] vorgezogen. Aber sie widerstand allen Versuchungen, sich öffentlich über die Verfilmung zu äußern. Ihre alte Freundin Susan Myrick, eine Kolumnistin des *Macon Telegraph* in Georgia, war die eine der beiden Personen, die sie Selznick als technische Beraterin für die Sprache, die Sitten und Gebräuche des alten Südens empfahl. »Sie ist das jüngste Kind eines Konföderierten-Soldaten und hat bei Gott genug Erzählungen über die alten Zeiten gehört«, schrieb sie an Selznick. »Und was sie nicht alles über die Neger weiß! Sie wuchs zusammen mit ihnen auf. Und sie liebt und versteht sie. Aber was sie mir am meisten empfiehlt, ist ihr gesunder Menschenverstand und das völlige Fehlen jeder Sentimentalität gegenüber dem ‚guten alten Süden‘.« Außerdem riet sie Selznick, Wilbur Kurtz zu engagieren,

1 (1892–1967)

einen Künstler und anerkannten Experten für Atlanta vor und während des Bürgerkriegs. Selznick heuerte sie beide an.

Trotz aller Vorbehalte gegenüber den Pressionen des Studios, konnte sich auch Margaret Mitchell der Kino-Faszination nicht völlig entziehen. Als die »Selznicker«, wie sie die Abgesandten des Produzenten nannte, den Süden nach einer Darstellerin der Scarlett durchkämmten, verschaffte sie ihnen ein Entrée bei Colleges und lokalen Theatergruppen. Das genügte Russel Birdwell, um sofort die Story zu verbreiten, die Autorin von *Vom Winde verweht* würde dem Regisseur beim Vorsprechen und bei den übrigen Vorbereitungen für den Film zur Hand gehen. Margaret Mitchell war entsetzt und floh mit ihrem Gatten nach Kentucky, wo sie sich unter einem falschen Namen in einem Hotel einmieteten. Danach wurde keine von Birdwells Anfragen und Bitten auch nur noch einer Antwort gewürdigt.

Es scheint unglaublich, daß ein so monumentales Werk wie *Vom Winde verweht* mehr oder weniger ein Zufallsprodukt ist. Als Kind hatte sich Margaret Mitchell bei einem schweren Reitunfall ihren Fußknöchel so schwer verletzt, daß sie zeitlebens daran litt. Und 1926 verrenkte sie denselben Knöchel bei einem weiteren Sturz vom Pferd erneut. Damals konnte sie sich nur an Krücken fortbewegen und war unfähig, ihre Wohnung in Atlanta zu verlassen. John Marsh, ihr zweiter Ehemann, der in der Werbung der Georgia Power Company tätig war, brachte sie auf den Gedanken, sich mit Schreiben die Zeit zu vertreiben. Seit dem sechsten Lebensjahr war das Schreiben ihre liebste Freizeitbeschäftigung gewesen. Jetzt brachte sie dieser Unfall um ihren 25-Dollar-die-Woche-Job, den sie seit vier Jahren als Reporterin bei Hearsts *Atlanta Journal* ausgeübt hatte.

Und so begann Margaret Mitchell – oder Peggy Marsh, wie sie in Atlanta bekannt war – mit einigen Vorbehalten die Arbeit an einem Roman über den Bürgerkrieg. Abgesehen von Anfang und Ende hatte sie keinerlei genaue Vorstellungen über den Handlungsverlauf. So entstand zunächst das letzte Kapitel, in dem Rhett Butler Pansy O'Hara verläßt, wie Scarlett in dieser ersten Fassung noch hieß. Darin war Melanie Permalia und Tara nannte sich Fontenoy Hall. Nur Rhett Butler hatte sofort den »richtigen« Namen. Auch die übrigen Kapitel entstanden nicht in einer bestimmten Reihenfolge. Waren sie fertig, steckte die Autorin sie in einen großen Manilaumschlag.

Peggy Marsh war winzig, gerade einen Meter fünfzig groß, hübsch und zurückhaltend. Manchmal wurde sie für schüchtern gehalten, doch unter ihrem weichen, heiteren Auftreten verbarg sich ein eiserner Wille, wie auch David Selznick erfahren mußte. Sie war reserviert ohne eigenbrötlerisch zu sein. Im Gegenteil: Sie war gern mit Freunden zusammen, tanzte gern und war eine interessante Erzählerin. Man konnte sich mit ihr über die verschiedensten Dinge unterhalten; nur über sich selbst schwieg sie sich aus. So erwähnte sie beispielsweise nie ihre erste Ehe, die nur wenige Monate dauerte. Dann ließ sie sich scheiden und heiratete John Marsh, den Trauzeugen bei der ersten Ehe. Da sie sich ihrer Sache nicht sicher war, sprach sie auch nie über den im Entstehen begriffenen Roman. Nur ihr Mann, der ihr die Idee eingegeben hatte, durfte den Inhalt der sich immer höher stapelnden Umschläge lesen. Außerdem wußten noch ein oder zwei enge Freunde von dem Projekt, darunter Lois Cole, die für die Macmillan Company in Atlanta arbeitete. Der Rest ihres Kreises hatte wohl einige Vermutungen über ihr Vorhaben, respektierte es jedoch als ihr Privatgeheimnis. Da Peggy Marsh auch während der kommenden vier Jahre dieses Geheimnis für sich behielt, wuchs nicht nur der Roman ins schier Unermeßliche, sondern auch die Neugier ihrer Umgebung.

Es bedarf keiner besonderen detektivischen Bemühungen, um die Entstehungsgeschichte des Romans bis in seine historischen Wurzeln zurückzuverfolgen.

Als die Autorin im Jahr 1900 geboren wurde, war der Bürgerkrieg vielen ihrer Bekannten und Verwandten noch frisch in Erinnerung. Und in gewissem Umfang zeigte auch noch ihre Heimatstadt Atlanta seine Spuren. Ihre Kindheit und Jugend waren begleitet von Geschichten über Krieg, Not und Niederlage, die später den Hintergrund ihres Romans ausmachen sollten. Als sie dann zu schreiben begann, unterhielt sie sich mit vielen älteren Leuten, die den Krieg noch erlebt oder gar mitgekämpft hatten. Darüber hinaus zog sie viele Zeitdokumente zu Rate, vor allem auch die Verwundetenberichte der Südstaatenarmee.

Im Jahr 1932 war Lois Cole zu Macmillan nach New York übergewechselt, doch die beiden blieben weiterhin in Verbindung. Nachfragen über die Fortschritte des Werks wurden allerdings nicht beantwortet, obwohl es inzwischen zu gut zwei Dritteln fertig war. Neben dem Anfangskapitel fehlten noch einige andere, und auch die ausgeschriebenen Teile mußten an vielen Stellen noch überarbeitet werden. Ein Titel stand auch noch nicht fest. Sie schwankte zwischen »Bugles Sang True« (»Tote the Werry Load«) und »Tomorrow is Another Day«, aber keiner davon gefiel ihr wirklich. Und nachdem sie sich wieder erholt hatte und ihre gesellschaftlichen und beruflichen Beschäftigungen wieder aufnehmen konnte, schien sie alles Interesse an dem Riesenprojekt verloren zu haben. Die Umschlagstapel wurden in einem Schrank verstaut und zwei Jahre lang nicht mehr hervorgeholt.

Dann bereiste im April 1935 Harold S. Latham, Lektor für populäre Belletristik und Vizepräsident von Macmillan, auf der Suche nach neuen Autoren den Süden. Lois Cole hatte ihn auf Peggy Marsh aufmerksam gemacht, und in Atlanta selbst hörte er von verschiedenen Leuten, daß er sich unbedingt mit ihr in Verbindung setzen sollte, wenn er unbekannte Südstaatenautoren suche. Die beiden trafen sich bei einem Imbiß, den Rich's, Atlantas größtes Buchhaus, im Athletic Club angerichtet hatte. Doch als Latham beiläufig nach ihrem Roman fragte, erwiderte sie abweisend: »Es gibt keinen Roman.« Und als Latham später noch einmal auf das Thema zu sprechen kam, fuhr ihm Peggy Marsh über den Mund: »Bitte, hören Sie doch damit auf. Ich habe nichts, was ich Ihnen zeigen könnte.« – »Also gut«, meinte Latham, »ich hör damit auf – vorausgesetzt Sie versprechen mir, zuerst zu mir zu kommen, falls Sie je etwas haben sollten, was für einen Verleger interessant sein könnte.« »Oh, ja, falls ich je ein Manuskript haben sollte, werden Sie es als erster zu Gesicht bekommen«, versprach sie in einem Ton, der das als völlig abwegig erscheinen ließ.

Doch am selben Abend klingelte in Lathams Hotelzimmer das Telefon. Es war Peggy Marsh: »Ich bin in der Halle. Könnte ich Sie eine Minute sprechen?« Als Latham in der Halle erschien, sah er neben ihr auf der Polsterbank ein riesiges Manuskript liegen. Ihr Mann, der unbeirrbar an ihr Talent glaubte, hatte sie zu dieser Sinnesänderung veranlaßt. »Hier«, sagte sie zu Latham, »nehmen Sie es, bevor ich es mir wieder anders überlege.« Damit war sie verschwunden.

Vor der Kirche. Scarlett und Melanie werden von Belle Watling (Ona Munson) angesprochen, die ihnen Gold für die Sache der Konföderierten übergeben will. Diese Sequenz entstand unter der Regie von Sam Wood.

Latham kaufte sich einen Extrakoffer für das Manuskript und machte sich auf den Weg nach New Orleans. Die kunterbunt durcheinandergewürfelten Kapitel machten die Lektüre nicht gerade einfach. Doch trotz der verblichenen Blätter mit den vielen Eselsohren und den unzähligen Korrekturen erkannte Latham rasch, daß er einen potentiellen Bestseller vor sich hatte. In New Orleans erwartete ihn ein Telegramm. Es lautete: »Senden Sie das Manuskript zurück, ich habe meine Meinung geändert.« Doch stattdessen unterbreitete Latham der überraschten Peggy Marsh ein Angebot, das Manuskript zu drucken. Zunächst reagierte sie noch ablehnend, da sie sich einerseits ihrer literarischen Qualitäten keineswegs sicher war und außerdem Angst hatte, im Süden böses Blut zu erregen. »Es könnte mir schlecht bekommen, wenn ich mich mit euch Nordstaatlern auf einen Handel einlasse, und meine eigenen Leute nicht mögen, was ich geschrieben habe«, erklärte sie Latham. Aber wieder ließ sie sich von ihrem Gatten überreden und unterschrieb einen Vertrag, worauf ihr 250 Dollar als Vorauszahlung auf die Tantiemen ausbezahlt wurden.

Die kommenden sechs Monate war sie damit beschäftigt, einige Teile des Romans umzuschreiben und verschiedene Kapitel zu vervollständigen. Außerdem überprüfte sie noch einmal die historischen Details auf ihre Richtigkeit und produzierte gleichzeitig mehr als siebzig Versionen des ersten Kapitels, bevor sie soweit damit zufrieden war, daß sie es an den Verlag schickte. Vor allem aber fand sie endlich den richtigen Titel. Er entstammte einer Verszeile, die sie eines Nachmittags in einem Gedicht von Ernest Dowson gefunden hatte: »I have forgot much, Cynara! Gone with the wind.«[1]

Als der Roman dann herauskam, wurde rasch deutlich, daß Lathams Instinkt nicht getrogen hatte. Die Besprechungen reichten von begeisterter Zustimmung bis zu gönnerhaftem Wohlwollen. J. Donald Adams schrieb auf der ersten Seite des *New*

---

1 Dowsons Gedicht trägt den Titel »Non Sum Qualis Eram Bonae Sub Regno Cynarae«

York Times-Bücherteils: »Der Roman wird in seiner erzählerischen Kraft und schieren Lesbarkeit von nichts in der gegenwärtigen amerikanischen Belletristik übertroffen.« Er bezeichnete Scarlett als »selbstsüchtig, gewissenlos, unbarmherzig, habgierig und herrschsüchtig, aber mit einem Rückgrat aus geschmeidigem Edelstahl... Eine eindrucksvolle Gestalt der amerikanischen Prosaliteratur.« Die *New York Sun* nannte das Werk »zutiefst bewegend, wirklich ein großer Roman«. Und in der *Herald Tribune Book Review* hieß es: »Die mit großer Aufrichtigkeit, Leidenschaft und durchdringendem Verständnis erzählte Geschichte, gewoben aus dem Stoff der Geschichte und disziplinierter Einbildungskraft, ist unendlich fesselnd.« Robert Nathan schrieb: »Die drei besten Romane, die ich dieses Jahr gelesen habe, waren *Vom Winde verweht*.« Für das *Time Magazine* war der Roman »nicht nur wegen seiner außerordentlichen Länge bemerkenswert.« Und Stephen Vincent Benét beschrieb ihn in der *Saturday Review of Literature* »eher als guten Roman denn als großen... die Handlung schreitet rasch und geschmeidig fort... Es ist die gut und anschaulich erzählte Geschichte des Bürgerkriegs und der Rekonstruktionszeit, sehr realistisch in den Einzelheiten und unter origineller Perspektive dargestellt.« Einige Kritiker beklagten »den Mangel an gesellschaftlichem Bewußtsein«, der sich in dem Roman ausdrücke. Der *Sunday Worker* nannte ihn gar »eine unverschämte Verherrlichung des Sklavenmarktes«. Aber selbst seine erbittertsten Kritiker konnten ihm seine darstellerische Kraft und seine romantische Faszination nicht absprechen. Die Verkaufszahlen kletterten weiterhin sprunghaft nach oben, und in dem explosionsartig anwachsenden Interesse für Margaret Mitchell geriet Peggy Marsh fast völlig in Vergessenheit.

Scarlett im Lazarett.

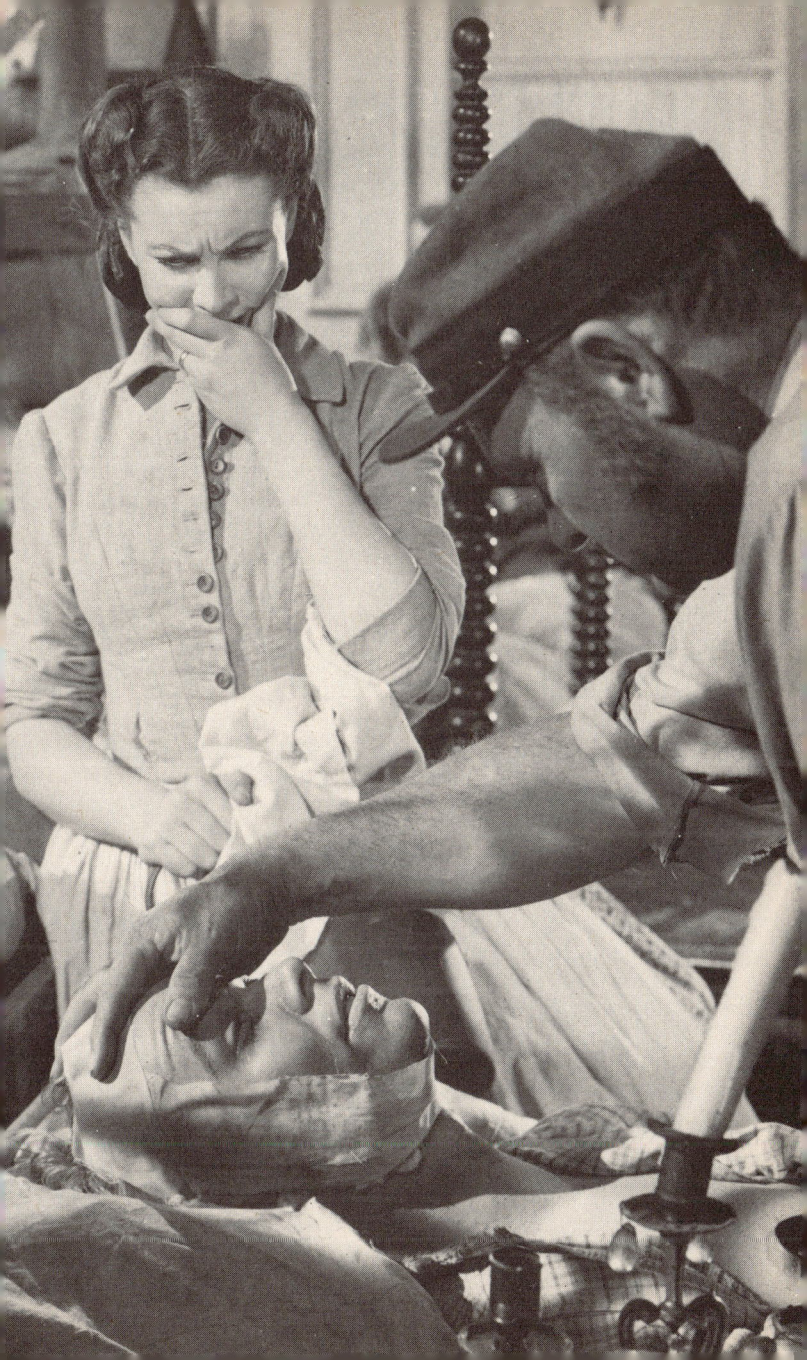

6 Ein gerissener junger Bursche

Bis Ende 1937 hatte Selznick-International sechs Filme herausgebracht. Fünf machten an der Kasse bescheidene Gewinne
*(Prisoner of Zenda, Little Lord Fauntleroy, Tom Sawyer, A Star
is Born, Nothing Sacred[1]); der sechste – »Garden of Allah« –
spielte gerade seine Herstellungskosten ein. Selznicks lobenswerte
Absicht, lieber weniger, dafür aber qualitativ hervorragende Filme
zu produzieren, war im besten Falle nur sehr teuer, da sie lange
Perioden der Vorbereitung, lange Drehzeiten und hohe Gagen für
Spitzenkräfte erforderte; aufgrund seiner persönlichen Anlagen
führte sie aber fast in die Katastrophe. Denn sein Mangel an
Disziplin und sein Unvermögen, Aufgaben zu delegieren – er
kümmerte sich um alles, die Kostüme, die Musik, das Szenenbild,
die Frisuren, die Publicity –, führten unweigerlich zu immer neuen
Verzögerungen, wodurch die Gewinne aus vorausgegangenen
Filmen rasch wieder aufgefressen wurden.

Die Rechnungsbücher des Studios legten beredt Zeugnis davon
ab. Bevor man an die Realisierung von *Vom Winde verweht* überhaupt nur denken konnte, mußten frische Kapitaltransfusionen
erfolgen. Gerade als die Geldgeber hoffen durften, bescheidene
Zinsen für ihre Einlagen zu erhalten, tauchte Selznick erneut
bei ihnen auf und bat um neue Investitionen. Die Whitneys waren
davon in keiner Weise begeistert. So war Joan Payson eines
Abends bei einer Dinner Party in Hollywood, wo Selznicks Lob
in den höchsten Tönen gesungen wurde. »Jeder hier versichert mir,
daß Mr. Selznicks Filme die besten sind und viel Geld einspielen«,
kommentierte sie trocken, »ich habe bis jetzt aber noch keinen
einzigen Dollar Rendite gesehen.«

Die Zwangslage seines Schwiegersohnes klar vor Augen, rief
L.B. Mayer ihn an und unterbreitete ihm ein Angebot, das Selznick
sofort an Jock Whitney weitergab: »Sie wären daran interessiert,
sämtliche Rechte an *Vom Winde verweht* zu kaufen, einschließlich
meiner Dienste als Produzent. Natürlich würden unsere gesamten
Einlagen plus einem beträchtlichen Gewinnaufschlag zurück-
bezahlt werden.« Selznick schien von dem Angebot sehr angetan,

---

1 Nothing Sacred (Denen ist nichts heilig, 1937) mit Carole Lombard

Epidemie. So wies Selznick einmal seinen Stab darauf hin, daß nur wenige Tropfen von Weinessig genügten, um beim Waschen von Gemüse jede Art von Krankheitserregern unschädlich zu machen. Abends zeigte man sich in den Bars rund ums Studio die im Verlauf des Tages eingegangenen Notizen. Man verglich sie, wie Football-Spieler nach einem harten Match ihre Wunden vergleichen. So hatte Susan Myrick, die zusammen mit Dialog-Regisseur Will Price dem Ensemble den Südstaatendialekt eintrichtern sollte, einmal folgenden Hinweis erhalten: »Wahrscheinlich ist es überflüssig, daran zu erinnern, daß der Yankee-Offizier in der Gefängnis-Szene (zusammen mit Clark Gable) natürlich nicht im Südstaatendialekt unterwiesen werden muß.« Und Percy Westmore, den respektlosen und klatschsüchtigen Make-up-Spezialisten von *Vom Winde verweht,* wies er darauf hin, daß Melanies Kind in einer Szene ein Jahr ist; bei seinem nächsten Auftritt aber bereits zwei: »Kümmern Sie sich freundlicherweise darum, daß es entsprechend seinem Alter aussieht.«

Die Memos sollten teilweise Selznicks literarische und stilistische Fertigkeiten demonstrieren – wie ein Kind vor einem anderen Rad schlägt, das diese Kunst nicht beherrscht. Teilweise waren sie jedoch auch ein raffiniertes Mittel, überall das letzte Wort zu behalten, denn einem gelben Stück Papier kann man nicht widersprechen. Zugleich aber bezeugen sie auch Selznicks Besessenheit der Geschichte gegenüber, vergleichbar Richard Nixons Obsessionen, der sein eigenes Büro im Weißen Haus anzapfen ließ, um alles, was dort gesprochen wurde, auf Band nehmen zu können. Selznick produzierte sich auf seinen Memos vor der Nachwelt. Manchmal bekamen die Adressaten lediglich eine Kopie, während das Original bei seinen Unterlagen blieb.

Im Juni war dann das historische Kompensationsgeschäft endlich ausgehandelt. MGM erklärte sich bereit, Clark Gable für die Rolle des Rhett Butler auszuleihen und sich gleichzeitig mit 1,25 Millionen Dollar an den Produktionskosten zu beteiligen. Dafür erhielt das Studio die Verleihrechte für *Vom Winde verweht* und über mehrere Jahre hinweg einen sich ständig verringernden Prozentsatz der Gesamtgewinne aus der Vermarktung des Films. Dieser Prozentsatz belief sich zunächst auf fünfzig Prozent und verringerte sich allmählich auf fünfundzwanzig Prozent, so daß Selznick-International schließlich fünfundsiebzig Prozent des Profits einstreichen konnte. Die Metro berechnete außerdem eine

Verleihgebühr, die ihre Einnahmen aus dem Film weiter steigerte. Ein paar Tage später berichtete Louella Parsons in ihrer Kolumne vom 23. Juni, daß Gable endlich den Vertrag für die Rolle des Rhett Butler unterschrieben habe. Vermutlich war sie heimlich mit dieser Neuigkeit von der Metro-PR-Abteilung gespickt worden. Denn offiziell wurde die Information über das Vertragspaket erst zwei Monate später veröffentlicht. Das lag daran, daß Selznicks Vertrag mit United Artists erst zum Jahresende auslief, und außerdem wollte er den Eindruck vermeiden, er stünde unmittelbar vor der Aufnahme der Produktion. Sowohl Mayer wie Selznick waren bei der feierlichen Vertragsunterzeichnung zugegen. »Mein Schwiegersohn ist ein wirklich gerissener Bursche«, freute sich Mayer. »Er wird es noch weit bringen in diesem Geschäft, vor allem nachdem wir unsere Interessen jetzt aufeinander abgestimmt haben und in Zukunft Hand in Hand zusammenarbeiten werden. Wir hatten gerade ein sehr befriedigendes Treffen. Dabei sind wir übereingekommen, daß die Vergangenheit ruhen und das neue Jahr einen völlig neuen Anfang bringen soll.« Selznick stand vage lächelnd neben ihm; vielleicht zum erstenmal in seinem Leben wußte er nicht, was er sagen sollte. Das war nicht verwunderlich, hatte er doch im Austausch gegen den von ihm gewünschten Star die Hälfte »seines« Films aus der Hand geben müssen. Das eigentliche Objekt dieses Handelns war übrigens nie gefragt worden, noch sollte es je an der später zur Verteilung kommenden überreichen Beute beteiligt werden. Bei der Metro wußte man genau, daß Gable die Rolle eigentlich gar nicht übernehmen wollte. Er war der Ansicht, daß sie seiner Leinwandpersönlichkeit nicht entsprach; in gewisser Weise hatte er geradezu Angst vor ihr. »Ein zu großer Brocken für mich«, erklärte er Selznick. »Ich möchte nichts damit zu tun haben.« Aber das System räumte den Schauspielern kein Mitspracherecht ein. Gables 7000-Dollar-Wochenhonorar beruhte auf einem Vertrag, der ihm keinerlei Möglichkeit ließ, eine Rolle einfach abzulehnen. Hätte er es versucht, hätte man ihn suspendiert, was er sich auf keinen Fall leisten konnte, da seine finanziellen Ver-

Nachfolgende Doppelseite: Scarlett im Hof des Eisenbahn-Depots von Atlanta zwischen verwundeten und sterbenden Südstaatensoldaten. Sie ist auf der Suche nach Dr. Meade, der ihr bei der Geburt von Melanies Baby beistehen soll.

pflichtungen gegenüber seiner getrennt von ihm lebenden Frau Rhea Langham viel zu groß waren. Und Mayer wußte das. Schließlich war er ein intimer Freund von Rheas Anwalt. Er sorgte dafür, daß dieser Gable ständig unter Druck hielt. Der Star hatte also gar keine andere Möglichkeit, als sich mit allem einverstanden zu erklären, wozu ihn Mayer voll väterlicher Jovialität beglückwünschte und ihm jede Hilfe zusagte. Das Studio, das ihm den Ehrennamen »The King« verliehen hatte, verlangte dafür absolute Unterwerfung. Kein Wunder, daß der Star selbst auf den höchsten Gipfeln seines Ruhms sein natürliches Mißtrauen eher noch verstärkte.

Als eine Art »Trostpreis« erklärte Mayer sich bereit, 400 000 Dollar an Rhea Langham zu bezahlen, damit sie in die Scheidung einwilligte, so daß Gable und Carole Lombard endlich heiraten konnten. Seit dem Artikel in *Photoplay* hatte sich Mayer zunehmend Sorgen über die unerwünschte Publicity dieser Romanze gemacht. Auf der Leinwand verkörperte Gable den sexuell aggressiven Typus – ein Mann, der sich in den stürmischen Zeitläufen nach der Depression zu behaupten verstand. Er begegnete Frauen und widrigen Umständen mit derselben frechen Selbstverständlichkeit, da er sich seiner Qualitäten bewußt war und genau wußte, was er wollte. Die gefurchte Stirn, das herausfordernde Hochziehen der Brauen über den halb geschlossenen Augen, das sardonische, arrogante Grinsen – alles sichtbare Zeichen dafür, daß er das Leben kannte und meisterte. Wie der sich immer höchst plastisch ausdrückende Sam Goldwyn einmal gegenüber Hedda Hopper[1] äußerte: »Wenn ein Kerl wie Robert Montgomery[2] auf der Leinwand erscheint, weiß man sofort, daß er Mumm in den Eiern hat. Erscheint aber Clark Gable, dann hört man sie gegeneinanderklacken. Das ist der Unterschied.« Im wirklichen Leben war es allerdings eher so, daß Gable zumeist von den Frauen dominiert wurde, nicht umgekehrt.

Er wurde schon kurz nach seiner Geburt in Cadiz, Ohio, Waise und verbrachte seine frühen Jahre unter der Obhut einer völlig in ihn vernarrten Stiefmutter. Die Karriere des ungehobelten theaterbesessenen Bauernjungen mit den abstehenden Ohren und den schlechten Zähnen führte über eine Vielzahl von

1 (1890–1966)
2 (1904–1981)

128

Amouren mit alternden Theatergrößen, darunter Alice Brady[1], Jane Cowl[2] und Pauline Frederick[3], die ihm Rollen in ihren Stücken verschafften und manchmal auch seine Zahnarztrechnungen beglichen. Allerdings war er auch schon zu jener Zeit mit der Schauspielerin Josephine Dillon[4] verheiratet, die vierzehn Jahre älter als er war. Und an irgendeinem Punkt dieser Beziehung trat dann jener Clark Gable in Erscheinung, wie ihn die Welt kennenlernen sollte. Mit sechsundzwanzig wurde er von Maria (Rhea) Langham aufgenommen, der dreiundvierzigjährigen Witwe eines reichen texanischen Ölmagnaten und Förderin einer Theatergruppe in Houston, die er schließlich heiratete. Sie nahm ihn zunächst mit nach New York und half ihm, am Broadway Fuß zu fassen. Dann finanzierte sie in Los Angeles die Produktion eines Broadway Hits – *The Last Mile* –, unter der Bedingung, daß Gable die Hauptrolle des Killers Mears erhielt, eines Sträflings, der einen Gefängnisausbruch anführt. Sie hoffte dadurch einen der Studio-Bosse auf ihren Schützling aufmerksam zu machen, was ihr auch gelang. Clark Gable bekam tatsächlich einen Film-Kontrakt.

Als kleiner Vertragsschauspieler bei MGM ließ er sich auf eine Affäre mit Joan Crawford ein, die es durchsetzte, daß er als ihr Partner in einem ihrer Filme eingesetzt wurde. Mayer sorgte dafür, daß die Affäre ein rasches Ende fand, da die umlaufenden Gerüchte die Karriere eines seiner größten weiblichen Stars zu gefährden drohten. Doch mit wachsendem Ruhm wuchs auch Gables Ruf als unwiderstehlicher Lady-Killer, als ob er beweisen wollte, daß er nicht nur auf der Leinwand, sondern auch im wirklichen Leben auf diesem Gebiet erfolgreich sei. Die Klatschmagazine waren voll von Anspielungen auf seine Affären mit Starlets, Broadway Showgirls und Debütantinnen. Aber seine engeren Freunde wußten, daß er bei den Fünfzig-Dollar-Mädchen im Haus von Lee Francis am glücklichsten war, denn »hier muß ich nicht dauernd die Rolle des Leinwand-Clark Gable spielen.«

1938 dauerte die Affäre mit Carole Lombard bereits zwei verhältnismäßig idyllische Jahre. Ihr leichtfertiger Humor schmeichelte seiner eher schwermütigen Veranlagung; vor allem aber

1 (1892–1939)
2 (1887–1950)
3 (1884–1938)
4 (1884–1971)

stieß sie sich nicht an seinen falschen Zähnen. Die Metro hatte jahrelang diese höchst unromantische Wahrheit über Gables Gebiß zu verschleiern versucht. Für Gable drückte sich darin offensichtlich der ganze unmenschliche Unterdrückapparat des Studio-Systems aus. So erklärte er einmal Andy Devine[1], daß er erst dann wirklich ganz oben sei, wenn er es sich gestatten könnte, »den Washington Boulevard hinabzugehen, meine Oberkieferbrücke herauszunehmen und durch L.B. Mayers Fenster zu werfen.«

Howard Strickling, der sich persönlich um Gables Publicity kümmerte, charakterisierte ihn in seinem Privatleben als harten, sportliebenden Burschen, der seine Zeit am liebsten in der Natur verbrachte. Die PR-Abteilung sprach von seiner Vorliebe für Waffen, Pferde und Sportwagen. Immer wieder wurden Stories veröffentlicht, die ihn auf langen Jagd- und Angelausflügen zeigten, wobei er bevorzugt in der Gegend des Kaibab Plateaus am Nordrand des Grand Canyon zeltete. Man fotografierte ihn hoch zu Roß oder zusammen mit seinen Freunden, dem Regisseur Victor Fleming und dem Schauspieler Ward Bond[2], auf schweren Harley-Davidson-Maschinen. Doch als man ihm seine erste Filmrolle in dem William Boyd-Western *The Painted Desert*[3] anbot, mußte er über seine Reitkünste lügen. Seine Agentin Minna Wallis schickte ihn zum Will-Rogers-Park, wo er einen Schnellkurs in Reiten absolvierte. Und was die Jagd anbetraf, kannte er kaum den Unterschied zwischen einem Drilling und einer Spritzpistole. Doch er fand Gefallen am Leben in der Natur und entwickelte sich bald auch zu einem so guten Angler und Schützen, daß viele meinten, das wäre schon Zeit seines Lebens so gewesen. Und manchmal glaubte er das sogar selbst.

Nachdem nun also die Rolle des Rhett Butler endgültig vergeben war, und die Metro den Februar 1939 als letzten Termin für die Aufnahme der Dreharbeiten festgesetzt hatte, wurde es immer dringlicher, endlich eine passende Schauspielerin für

1 einem Schauspielerkollegen
2 (1903–60)
3 1930 entstanden

die Rolle der Scarlett zu finden. Gouverneur Bibb Graves von Alabama kabelte an David Selznick: »Warum geben Sie nicht Tallulah Bankhead die Rolle, womit alle Probleme endgültig gelöst wären?« Aber Selznick hoffte noch immer, ein unbekanntes Mädchen für die Scarlett zu finden. Er beriet sich darüber mit seinem Bruder Myron, zu dem er ein ausgezeichnetes Verhältnis hatte. Myron war ebenfalls der Ansicht, daß höchste Eile geboten war. Vor zehn Jahren hatte er die Idee entwickelt, bei Verhandlungen mit den Studios die Vertretung der Schauspieler und Regisseure zu übernehmen, um so höhere Gagen und mehr Mitspracherechte für sie auszuhandeln. Dies war Teil seines Rachefeldzugs gegen die großen Bosse, die seinen Vater in die Knie gezwungen hatten. Mayer und Zukor – Lewis J. Selznicks Erzfeinde – waren dabei seine meistgehaßten Opfer. Doch dabei vergaß er nie sein eigentliches Ziel, nämlich alle Studios in ihrer Macht zu beschneiden, so daß die Stars und Filmemacher mit größeren Einkünften und mehr Freizügigkeit rechnen konnten. In verhältnismäßig kurzer Zeit gelang es ihm, die Einkommen seiner Schützlinge in astronomische Höhen zu treiben, wodurch er fast beiläufig die moderne Branche der Schauspieleragentur aus der Taufe hob. Beide Entwicklungen hatten für das Studio-System weitreichende Konsequenzen. Zu seinen ersten Klienten zählten Carole Lombard, Merle Oberon, Fredric Marchs[1], Fred Astaire und Ginger Rogers. Und auch die Suche nach Scarlett erwies sich als recht einträglich für ihn, denn sein Bruder schickte ihm eine Vielzahl unbekannter, aber vielversprechender Schauspielerinnen, die sich dann durch seine Agentur vertreten ließen. Doch Myron sollte sich bald schon revanchieren – mit Scarlett.

1 (1897–1975)

7 Ein höchst bedeutender Gentleman ausHollywood

Die Beziehungen zwischen Myron Selznick und den meisten seiner Star-Klienten waren von gegenseitiger Abneigung bestimmt. Obwohl sie ihn reich machten, verabscheute er ihre anmaßende Affektiertheit und vor allem ihr ständiges Verlangen nach Aufmerksamkeit und Zuneigung. Sie dagegen beklagten seine herablassende und brüske Art und warfen ihm vor, sich nur insoweit für ihre Karrieren zu interessieren, wie sie seinen eigenen Zielen nützten. Aber die Stars waren nun einmal Selznicks mächtigste Waffe in seinem Kampf gegen die Studios (wäre es anders gewesen, hätte er seine Klientel liebend gern auf Regisseure und Autoren begrenzt). Und für die Leinwandgrößen war Selznick die beste Garantie für immer höhere Gagen – also ließ man sich seine Animositäten eben gefallen.

Um die Spannungen möglichst gering zu halten, wurden viele der Stars von Mitarbeitern Myrons betreut. Viele Jahre lang erfüllte Frank Joyce, Myrons zuvorkommender Partner, diese Aufgabe. Nach seinem Tod im Jahr 1936 übernahm Leland Hayward seine Position. Doch Myron blieb persönlich verantwortlich für eine ganze Reihe seiner Lieblingsklienten, darunter William Powell, Fredric March und Paulette Goddard. Powell und March waren alte Freunde von ihm und Paulette Goddard war – nun, sie war eben Paulette Goddard[1].

Sie schlenderte in sein Büro, setzte sich auf seine Schreibtischkante, kreuzte die Beine und fragte: »Und – was haben Sie heute für mich?« Was sie denn gerne hätte, fragte Myron zurück. Die Neckerei endete nicht selten damit, daß man eine gemeinsame Expedition zu den eleganten Läden des Wilshire Boulevard unternahm, wo sich Paulette Goddard ein exklusives Schmuckstück aussuchte, das Myron dann bezahlen durfte. Eines Tages wollte sie plötzlich die Rolle der Scarlett O'Hara haben. Die gab es allerdings nicht auf dem Wilshire Boulevard. Doch sie hatte sich an den richtigen Mann gewandt, denn auf Myrons

1 (*1911)

Empfehlung war David Selznick sofort bereit, Probeaufnahmen mit ihr zu machen. Die Ergebnisse waren so gut, daß es fast so aussah, als ob die Suche nach Scarlett endlich zum Erfolg geführt hätte. Paulette kam in ihrem äußeren Erscheinen und Auftreten Selznicks Vorstellungen von dieser Rolle näher als jede andere Kandidatin. Sie war auf klassische Weise schöner als die Roman-Scarlett, aber ihr frischer dunkler Typus und ihr lebhaftes Temperament boten alle Voraussetzungen für eine überzeugende Verkörperung der Südstaatenschönheit. Doch leider fehlte es ihr an schauspielerischer Erfahrung. Selznick nahm sie trotzdem unter Kontrakt und engagierte für sie zudem eine englische Bühnenschauspielerin, Constance Collier[1], um sie für die Rolle fit zu machen.

Paulette Goddard war damals noch kein Kino-Star. Doch aufgrund ihrer Verbindung mit Charlie Chaplin, auf der Leinwand und dahinter, genoß sie eine große Publicity. Chaplin hatte sie während der Arbeiten an *The Kid from Spain* aus der Menge der Revuegirls herausgefischt und sie in *Modern Times* (Moderne Zeiten, 1936) zu seiner Partnerin gemacht. Damit hatte er sie nicht nur als Schauspielerin, sondern zugleich auch in der besseren Gesellschaft Hollywoods etabliert, wo er sie als seine Frau ausgab. Allerdings gab es immer wieder heftige Zweifel an der gesetzmäßigen Verankerung dieser »Ehe«. *Photoplay* hatte in seinem berühmten Artikel geschrieben: »Niemand konnte bis heute glaubhaft beweisen, daß der grauhaarige Charlie und seine junge, lebenslustige Paulette tatsächlich verheiratet sind.« Wie auch immer ihr Verhältnis sein mochte, es hatte auf jeden Fall schon bessere Tage gesehen. Sie präsidierte wohl noch immer bei Chaplins seltenen, dafür aber höchst verschwenderischen Dinner-Parties, wo sie George Bernard Shaw mit ihrer Kombination von körperlicher Schönheit und hartgesottenem Geschäftsgebaren faszinierte oder John Steinbeck ihr ganz offen zu Füßen lag, aber im übrigen gingen sie getrennte Wege.

Während der »grauhaarige Charlie« mit seinen fünfzig Jahren zuhause über den Erinnerungen seiner bunten Vergangenheit brütete, vergnügte sich seine vierundzwanzigjährige Paulette mit allem, was die Gegenwart zu bieten hatte. Sie spielte das notorische Glamour-Girl, immer eine Herde von Klatschreportern

1 (1878–1955)

auf den Fersen, die jede ihrer Bewegungen verfolgten wie Wissenschaftler den Kurs eines Raumschiffes. Eine Nacht sah man sie im *Mocambo,* die nächste im *Troc* und die übernächste im *Victor Hugo;* und jedesmal in anderer Begleitung. Ihr Geschmack war äußerst vielfältig. Er reichte von Jock Whitneys aristokratischem britischen Cousin Lord Wakefield, der mit allen Mitteln versuchte, ins Filmgeschäft zu kommen, bis zu einem Jai-Alai-Spieler, den sie in Tijuana kennengelernt hatte, jenem armseligen mexikanischen Grenzstädtchen, wo das nach außen hin respektierliche »neue« Hollywood von 1938 seinen traditionellen Lastern nachging.

Chaplin erfuhr aus Louella Parsons' Klatschspalte, daß Paulette Goddard bei David Selznick einen Fünfjahresvertrag unterschrieben habe – eine Art der Kommunikation, wie sie zwischen Eheleuten nur höchst selten vorkommen dürfte. Dort las er auch, daß Paulette damit die Rolle der Scarlett O'Hara wohl sicher in der Tasche haben dürfte. Der neue Star und sein Produzent kamen sofort unter heftigen Beschuß von Chaplin, der seiner Verärgerung freien Lauf ließ. In einer vorbereiteten Erklärung stellte er fest, daß Paulette Goddard sein Star sei und er für den Kontrakt mit Selznick keine Einwilligung gegeben hätte. Er würde es im übrigen nicht zulassen, daß sie in irgendeinem Film mitwirke, außer in seinen eigenen. Paulette erwiderte darauf, daß zwischen ihr und Chaplin keinerlei Vertrag existiere und sie folglich völlig frei in ihren Entscheidungen wäre. »Er sagte, daß ich in meinem ersten Tonfilm seine Partnerin sein sollte; er wollte eine Story für uns beide schreiben«, erklärte sie gegenüber Freunden. »Aber ich glaube nicht daran, daß diese Story je vollendet wird. Er hat mir schon dutzendemal erklärt, sie wäre fertig – doch gleich darauf zerriß er sie wieder und sagte, es wäre nicht das Richtige für uns gewesen. Er begeistert sich für eine Idee, doch bevor sie ausgearbeitet ist, hat er bereits eine neue, völlig andere.«

Es bestand tatsächlich kein Vertrag zwischen den beiden, doch

Scarlett versucht, die werdende Mutter zu trösten. Die Szene wurde so wiederholt, daß die Darsteller nur noch als Silhouetten zu sehen sind; die zweite Version fand dann Aufnahme in den Film.

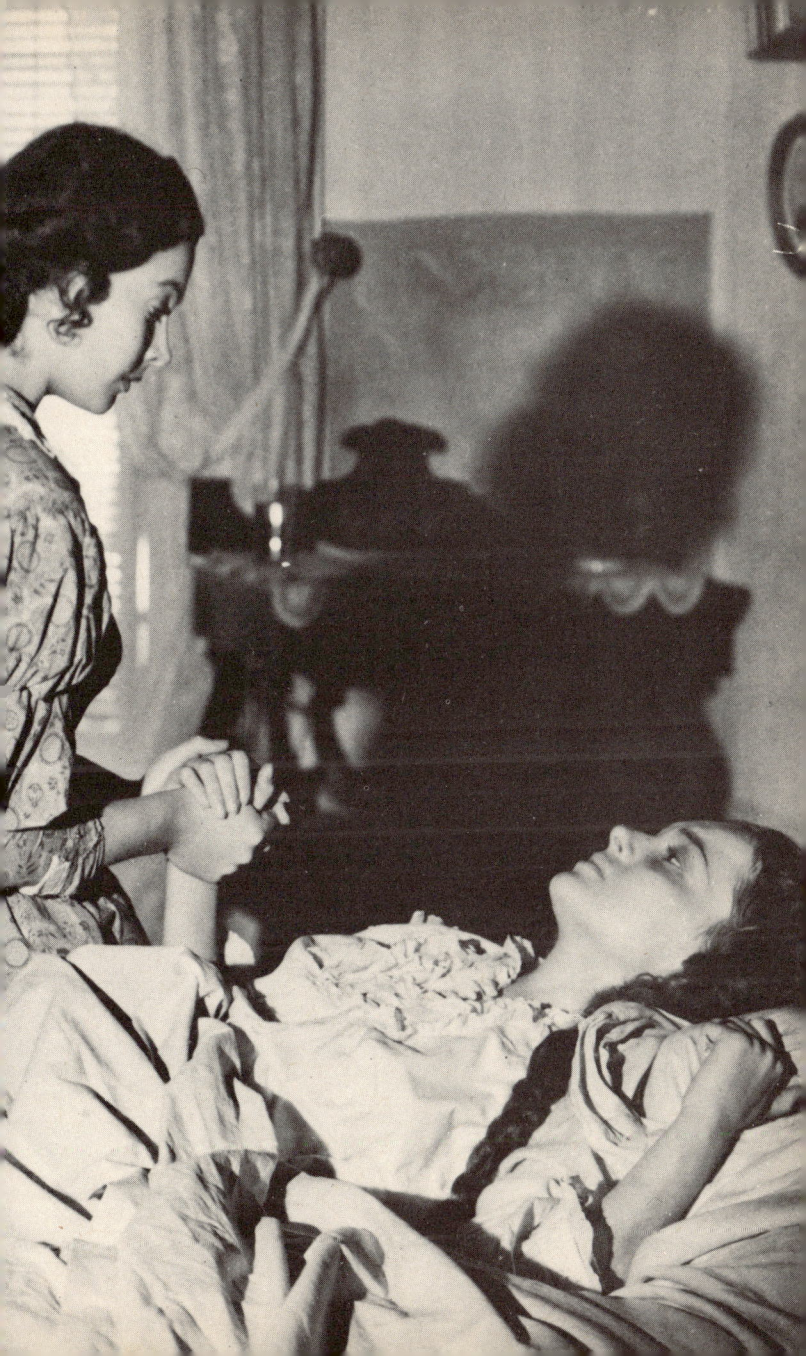

das Paar hatte ganz offensichtlich eine Vereinbarung darüber, daß es in Chaplins lang erwartetem erstem Tonfilm zusammenauftreten würde; und Chaplin hielt daran fest. Paulette Goddard war bestimmt heftig daran interessiert, die Rolle der Scarlett O'Hara zu spielen und dafür auch einige Opfer zu bringen – welche Hollywood-Schauspielerin hätte das nicht getan? –, aber sie war ganz offensichtlich nicht bereit, dafür ihre Beziehung zu Chaplin aufs Spiel zu setzen, dem sie sich auf ihre ganz persönliche Art verpflichtet fühlte. Deshalb beschwor sie Selznick, nachträglich noch Chaplins Zustimmung für ihren Kontrakt einzuholen. Man muß hier anmerken, daß Paulette Goddard kein geldsüchtiges kleines Starlet war; sie verfügte über ein ausreichendes Einkommen aus einer Reihe von Mietshäusern in Los Angeles, die sie und ihre Mutter während der Immobilienbaisse der Depression für einen Apfel und ein Ei gekauft hatten.

Chaplins Zustimmung zu erhalten war eine heikle Angelegenheit. Dabei spielten nicht nur seine Besitzansprüche gegenüber Paulette Goddard eine Rolle, sondern vor allem seine Abneigung gegenüber David Selznick, dessen Eintritt bei United Artists er noch immer als persönliche Zumutung empfand. Als Daniel O'Shea versuchte, Verbindung zu ihm aufzunehmen, machte er sich zunächst rar. Und als er dann schließlich ans Telefon kam, verlegte er sich auf Ausflüchte. So stellte er beispielsweise Selznicks Motive für den Vertrag mit Paulette in Frage. O'Shea protestierte und versuchte ihn davon zu überzeugen, daß sie rein geschäftsmäßiger Art seien. Dann wechselte Chaplin plötzlich die Taktik und erklärte, ein so langer Studio-Kontrakt könne nicht im Interesse der Goddard liegen.

Ganz plötzlich machte er dann einen neuen Schwenk: »Gut, in Ordnung, Miß Goddard ist jetzt gegangen«, erklärte er, »ich bin jetzt allein«, worauf er plötzlich nur noch Geschäftsmann war. O'Shea erfuhr nun, unter welchen Bedingungen er eventuell bereit wäre, dem Kontrakt zuzustimmen. Vor allem sollte eine »Chaplin-Klausel« eingefügt werden, durch die Paulette Goddards Mitwirkung für den geplanten Film sichergestellt wurde.

Nach der Geburt von Melanies Baby. Scarlett stößt im Entree auf Rhett Butler, der sie ausschimpft, weil sie nie ein Taschentuch bei sich hat, wenn es nötig ist. Er bietet ihr seines an.

Kurz darauf wurde O'Shea von Paulette angerufen, die offensichtlich genau über die Verhandlungen informiert war. Ob Chaplin sie unterrichtet hätte, wollte O'Shea wissen. »Nein, ich war im Kleiderschrank und habe alles mitbekommen«, antwortete das Mädchen.

Rasch hintereinander bekam Paulette zunächst eine kleine Rolle in der Selznick-International-Produktion *The Young in Heart* und wurde dann nach New Orleans verfrachtet, um dort an ihrem Südstaatendialekt zu arbeiten, bevor erneut Probeaufnahmen mit ihr gemacht wurden. Dabei übernahm ein neuer Warner Brothers-Aufsteiger, Jeffrey Lynn, die Rolle des Ashley. Er war jünger und kräftiger gebaut als Leslie Howard, entsprach aber im übrigen dessen sensitiven Typus. Er war mit einem Tournee-Theater nach Los Angeles gekommen, das mit dem Broadway-Drama *Brother Rat* die USA bereiste. In Seattle, weit im Norden, hatte er sich bereits auf seine Ankunft in Hollywood vorbereitet. Da er wußte, wieviel Wert die Studios auf gut durchtrainierte Körper legten, ging er regelmäßig früh zu Bett, machte ausgedehnte Strandläufe und hielt streng Diät. Und die Anstrengungen lohnten sich, denn er wurde als einziger aus dem Ensemble zu Probeaufnahmen eingeladen und bekam schließlich einen Studio-Kontrakt. In seinem ersten Film *Four Daughters*[1] machte er einen recht guten Eindruck; worauf ein lokaler Hersteller von Lederkleidung einen dreiviertellangen Mantel nach ihm benannte. Jetzt, sechs Monate nach seiner Ankunft, bemühte er sich um eine der führenden Rollen im meistgenannten Film Hollywoods – und das als Partner einer der meistgenannten Hollywood-Schönheiten.

Drei Wochen lang wurden Paulette Goddard und Jeffrey Lynn von Will Price in die Geheimnisse des Südstaatendialekts eingewiesen. »Versucht das Southern mit einem britischen Einschlag zu sprechen, nicht mit dem typischen Südstaaten-Akzent von heute«, beschwor er sie. »Im neunzehnten Jahrhundert war da Southern noch viel näher beim Englischen.« Die Probeaufnahmen beanspruchten einen ganzen Tag, wobei ein komplettes Kamerateam unter der Regie von George Cukor im Einsatz war. In der einen der beiden Szenen erklärte Scarlett in der Bibliothek von Twelve Oaks Ashley ihre Liebe. Die zweite Szene spielte nach

1 1938

Clark Gable mit seinem irischen Setter Queen bei den Dreharbeiten zu
»Red Dust« (»Die gelbe Hölle«), in der er unter der Regie von Victor
Fleming zusammen mit Jean Harlow die Hauptrolle spielte.

Clark Gable ist dabei, Carole Lombard zu küssen, wobei er an ein »großes, zartes, halb durchgebratenes Steak« denkt. (Aus »No Man of Her Own«/ »Entgleist«, 1932.)

dem Krieg in der Waldhütte auf Tara, wo Scarlett ihren Liebes-schwur auf sehr viel leidenschaftlichere Weise wiederholt. An die sehr viel bescheideneren Arbeits-Bedingungen bei Warners gewöhnt, wunderte sich Lynn darüber, wie aufwendig wohl die endgültigen Aufnahmen sein würden, wenn schon die Probeauf-nahmen in einem solchen Rahmen stattfanden. Äußerlich kühl und beherrscht wie immer, fühlte sich Paulette in seinen Armen fast steif und verkrampft an. Aber ihre schauspielerische Wirkung war überzeugend; ihre Leinwandkünste ließen an leidenschaftlicher Hingabe nichts zu wünschen übrig. Sie ist wirklich eine kleine Zigeunerin, dachte Lynn, und wird ganz bestimmt die Rolle bekommen. Und nachdem Selznick die Probeaufnahmen mehrmals gesehen hatte, neigte er zur selben Ansicht.

Für Lynn selbst brachte der kurze Flirt mit der begehrten Rolle so gut wie nichts. Er war zu ungeübt, um der Figur des Ashley die notwendige Komplexität verleihen zu können. Selznick erklärte seinem Stab, Lynn habe ihn »in keiner Weise beeindruckt.« Der Schauspieler ging zu Warners zurück, wo seine kurze Karriere aber bald durch den Krieg unterbrochen wurde. Als er nach mehreren Jahren zurückkam, hatte er den Anschluß verpaßt und wurde nur noch in B-Filmen eingesetzt. Schließlich verlegte er sich aufs Versicherungsgeschäft in Los Angeles, worin er auch heute noch tätig ist.

Gerade als es so aussah, als ob zwischen Paulette Goddard und der Rolle der Scarlett nichts mehr zu stehen schien, – Louella Parsons nannte sie inzwischen Scarlett O'Goddard –, wurden die Gerüchte über die rechtmäßige Eheschließung zwischen der Schauspielerin und Chaplin wieder hochgespielt. In Selznicks Büro trafen aus allen Teilen des Landes Briefe von Frauen-Vereinigungen ein, die sich schärfstens dagegen verwahrten, daß er die Rolle einer Darstellerin geben wolle, die im Verdacht stand, die Mätresse eines führenden Hollywood-Stars zu sein. Die Presse nahm sich der Sache an, so daß ein landesweiter Boykott des Films nicht mehr ausgeschlossen schien. Das Ziel dieser Verleumdungskampagne war nicht nur die Goddard, sondern auch Chaplin selbst. Sein Film *Modern Times* war aufgrund seiner »linkslastigen« Tendenzen auf heftige Kritik gestoßen. Zuerst bot Paulette Goddard den Angriffen trotzig die Stirn. Doch dann verlangte Russell Birdwell auf Geheiß eines nervös gewordenen Selznick Beweise für die Eheschließung mit Chaplin – eine Heiratsurkunde, Trauzeugen, irgend etwas: – »Wenn wir Sie in der Rolle bestätigen, wird es eine Pressekonferenz geben und alle werden wissen wollen, wann und wo Sie geheiratet haben.« Die Goddard versuchte es noch einmal mit Chuzpe: »Das geht die doch verdammt nochmal überhaupt nichts an.«

Aber Selznick ließ ihr klarmachen, daß es damit nicht getan war. Er brauchte unbedingt Munition, um die Kritiker zum

Schweigen zu bringen. Beim Jahrestreffen seiner Gesellschaft war er bereits von Fürsprechern einer Frauen-Vereinigung in die Enge getrieben worden, ohne sich wirklich verteidigen zu können. Als sich Paulette Goddard dann endlich zu einer Erklärung aufraffte, war diese alles andere als überzeugend: sie und Chaplin hätten auf einer Yacht vor Singapur geheiratet. Später war ihr Schiff von Piraten angegriffen worden, wobei die Heiratsurkunden zerstört wurden. Als Paulette Goddard im Jahr 1940 in Mexiko die Scheidung von Charlie Chaplin einreichte, war noch immer nicht geklärt, ob die beiden jemals wirklich verheiratet gewesen waren; und das ist es bis heute nicht. In seiner Autobiographie, die vierunddreißig Jahre später veröffentlicht wurde, widmete Charlie dieser »Episode« gerade eine Zeile: »Während dieser Reise«, schreibt er und meint damit die Asienkreuzfahrt, »heirateten Paulette und ich.« Damals allerdings herrschte allgemein die Ansicht, daß die beiden, nachdem sie übereingekommen waren, endgültig ihre eigenen Wege zu gehen, sich erst wenige Monate vor der mexikanischen Scheidung hatten trauen lassen, um die Angelegenheit zu einem »logischen« Ende zu führen.

Da die Goddard also keine Heiratsurkunde vorweisen konnte, wollte Selznick sie zunächst einen öffentlichen Eid über die Rechtmäßigkeit ihres Verhältnisses zu Chaplin ablegen lassen. Doch dann kamen ihm Bedenken. Ein solches Verfahren barg einfach zu viele Risiken in sich. Deshalb verfiel er auf den einfachsten und ungefährlichsten Ausweg aus dieser Sackgasse: er ließ die Suche nach Scarlett wieder aufleben.

Wir leben heute in einer Welt, die sexuellen Dingen gegenüber sehr viel weniger engstirnig denkt. Schauspielerinnen äußern sich heute offen über ihren augenblicklichen Liebhaber und finden auch nichts dabei, von ihren außerehelichen Kindern zu sprechen. Deshalb fällt es schwer, David Selznicks Befürchtungen ernst zu nehmen und zu verstehen. Eine einfache Erklärung läge in der Tatsache, daß er angesichts der großen Investitionen in diesem Projekt einfach nicht bereit war, sich wegen eines »unmoralischen« Mädchens mit der Öffentlichkeit anzulegen und so die Verfilmung von *Vom Winde verweht* aufs Spiel zu setzen. Doch es gab noch einen weiteren und tiefer reichenden Grund: Selznick teilte die allgemeine Ehrerbietung gegenüber der »Abstimmung an der Kinokasse.« Deshalb vermied er alles,

Clark Gable, Ward Bond und Victor Fleming auf ihren schweren »Macho«-Maschinen.

was das Publikum hätte beleidigen können. Wie die übrigen großen Hollywood-Produzenten akzeptierte er das allgemeingültige Leitprinzip der Filmindustrie, Gegenwartsprobleme und -konflikte von der Leinwand fernzuhalten. Die Tatsache, daß *Vom Winde verweht,* als der Film zu Beginn des Ausbruchs des Zweiten Weltkriegs in die Kinos kam, zumindest einen Teil seines Erfolgs den Spannungen seiner Zeit verdankt, ist nicht das Verdienst Selznicks, der das Projekt bereits 1936 konzipierte, als noch niemand an einen zweiten großen Krieg dachte.

Man behandelte das Kinopublikum also als mutwilliges und unvernünftiges Kleinkind, dem man am besten seinen Willen ließ. Das kleinste Aufbegehren von seiner Seite ließ ganze Produktionen wie Kartenhäuser zusammenstürzen, ohne Rücksicht auf

die bereits investierten Gelder oder die Bedeutung des Projekts. Häufig wurden fertige Filme erneut in die Schneideräume geschickt, um eventuelle anstößige Stellen »herauszuoperieren«, wobei der Sinnzusammenhang des Films nicht selten verlorenging. Diese Willfährigkeit zog natürlich immer neue Pressionen nach sich. So protestierte beispielsweise die *American Newspaper Guild* gegen eine bestimmte Szene, in der sie ihr öffentliches Ansehen beleidigt sah, oder die *Billard Association* drohte jeden Film zu boykottieren, in dem Billard-Salons als nicht unbedingt reputierliche Aufenthaltsorte dargestellt wurden. Dann beklagte sich die Flaschenindustrie, daß Hollywood eine Vorliebe für die Dosenindustrie zeige, während die Dosenindustrie meinte, die Flaschenindustrie würde besser ins Bild gesetzt. Jeder noch so kleine Protest jagte den Filmbossen Angstschauer über den Rücken. So folgten Warner Brothers einer Aufforderung der Kohlenindustrie, die Geschichte von *Black Fury* zu »entschärfen«. Und als die *Standard Oil Company* dasselbe Studio ersuchte, den tragischen Tod des Helden aus *Oil for the Lamps of China* abzumildern, gab es einen neuen Sieg der Lobbyisten.

Wären die während des Jahres 1938 entstandenen Filme (einschließlich die David Selznicks) die einzigen Zeitdokumente jener Ära, käme niemand auf den Gedanken, daß dies eine Zeit der Konfrontationen zwischen Demokratie und Diktatur, des Bürgerkriegs und internationaler Konflikte, eine Zeit der Arbeitslosigkeit, des Hungers, industrieller Umwälzungen, sozialer Spannungen und Konflikte gewesen war. Da vierzig Prozent der Einnahmen Hollywoods von ausländischen Märkten stammten, reagierten die Studios auf fremde Proteste ähnlich sensibel wie auf die aus dem eigenen Land. Nachdem Polen von der deutschen Wehrmacht überrannt worden war, weigerte sich L.B. Mayer, Filme zu produzieren, die das Deutsche Reich in irgendeiner Weise hätten beleidigen können. Dadurch wäre der gesamte mitteleuropäische Markt gefährdet worden, der zunehmend unter deutschen Einfluß geriet. Die Metro wies ihre Stars an, keinerlei

Vorhergehende Doppelseite: Atlanta in Flammen. Rhetts Wagen kämpft sich durch die brennenden Eisenbahnanlagen; an seiner Seite Scarlett, hinter ihnen auf der Pritsche Melanie mit dem neugeborenen Baby und Prissy. Diese Sequenz wurde als erste gedreht, mit Doubles.

antinazistische Äußerungen von sich zu geben. Melvyn Douglas, der aufgrund seiner politischen Aktivitäten dauernd mit Mayer im Clinch lag, bekam die Anweisung, eine von der *Anti-Nazi League* vorgetragene Anschuldigung über Judenverfolgungen durch die Nazis zurückzuziehen, da die Berliner Regierung drohte, zwei Metro-Produktionen nicht zum Verleih kommen zu lassen. Aber Deutschland war keineswegs das einzige Land, auf das Hollywood meinte Rücksicht nehmen zu müssen. Nach einem Protest der italienischen Regierung wurde das Drehbuch zu *A Farewell to Arms* so geändert, daß der Rückzug der italienischen Armee nicht mehr zur Sprache kam. Und Frankreich zwang die Columbia den ursprünglich französischen Bösewicht aus *Beau Geste*[1] zu einem Russen zu machen. Filme der Paramount wurden in Spanien verboten, weil in *The Devil is a Woman* Mitglieder der Civil Guard als bestechliche Trunkenbolde gezeigt worden waren. Und in *Blockade* gelang Walter Wagner das außergewöhnliche Kunststück, in einem Film über den spanischen Bürgerkrieg das Publikum nie darüber aufzuklären, ob Henry Fonda, der Held, zu den Republikanern oder zu den Faschisten gehörte.

Inzwischen ging der kalifornische Sommer in den Herbst über, doch die sengende Hitze schien eher noch zuzunehmen. Und immer noch keine Spur von Scarlett. Natürlich riß der Strom der Kandidatinnen nicht ab. Zu den alten Gesichtern gesellten sich immer neue, doch Selznick war unsicherer denn je. Im Oktober stellte Mrs. Ogden Reid, die Vizepräsidentin der *Herald Tribune* im Waldorf-Astoria anläßlich des achten jährlichen Frauenforums zu zeitgenössischen Problemen die Gastrednerin Katharine Hepburn als »meine Kandidatin für die Rolle der Scarlett O'Hara in *Vom Winde verweht* vor. Als sie hinzufügte, daß die Hepburn auch die Unterstützung von Margaret Mitchell genieße, klatschten die dreitausend anwesenden Damen stehend Beifall. Aus Atlanta kam am nächsten Morgen ein scharfes Dementi der Autorin. Sie habe Mrs. Reid lediglich erklärt, Miß Hepburn sehe in Reifröcken sehr gut aus. »Im übrigen kenne ich niemand aus dem Filmgeschäft, der Scarlett gleicht«, betonte sie. »Ich habe nie eine Präferenz geäußert und werde das auch nie tun.«

Doch auch ohne Mrs. Reids Unterstützung standen die Chancen von Katharine Hepburn nicht schlecht. George Cukor hatte ge-

1 Drei Fremdenlegionäre (1939)

Vorhergehende Doppelseite: »Schau dir das gut an, mein Kind. Dann wirst du deinen Enkeln erzählen können, wie der alte Süden in einer einzigen Nacht unterging.«

rade mit ihr *Holiday*[1] abgedreht und äußerte sich gegenüber Selznick voller Begeisterung über ihre darstellerischen Leistungen. Hier bot sich eine verlockende Möglichkeit, endlich aus der Sackgasse herauszukommen. Sie war eine reife und gediegene Schauspielerin, was Selznick wohl besser wußte als jeder andere. Was ihm jedoch Sorgen machte, war ihr offensichtlicher Mangel an sexueller Attraktivität. Würde es glaubhaft erscheinen, daß Rhett Butler einer solchen Frau jahrelang nachstellte? Selznick verlangte in einem seiner unvermeidlichen Memos an Cukor, daß sie bei Probeaufnahmen bewies, »wirklich jene sexuellen Qualitäten zu besitzen, die wahrscheinlich zu den wichtigsten der vielen Eigenschaften zählen, die Scarlett auszeichnen.« Aber Katharine Hepburn weigerte sich stur gegen jeden Kameratest. Sie meinte, daß vor allem Selznick ihre professionellen Qualitäten inzwischen habe kennenlernen können. Doch der Produzent machte sich auch Sorgen über ihre fortdauernde Unpopularität. Noch immer galt sie als »Kassengift« bei den Verleihern, und erst vor kurzem hatte sie ein Fan-Magazin in der Beliebtheitsskala erst auf den achtundfünfzigsten Platz gesetzt.

Selbst eine so professionelle und nach außen so selbstsicher wirkende Schauspielerin wie Katharine Hepburn verriet ab und zu den heimlichen Wunsch nach ein bißchen Hollywood-Glamour. Bei einer studiointernen Vorführung eines ihrer Metro-Filme hörte sie einmal zufällig, wie sich der Produzent über ihren zu tiefen Ausschnitt beklagte. Sobald die Vorführung beendet war, stürzte sie in die Kostümabteilung und rief hochrot und außer Atem ganz begeistert: »Meine Lieblinge, ich liebe euch alle. Ihr habt mir zu einem Busen verholfen! Ich, mit einem richtigen Busen!« Das tiefe Dekolleté, das den Brustansatz erkennen ließ, war eigentlich das Markenzeichen von Lana Turner, dem neuen Metro-Sexsymbol. Auch sie hatte, unter ihrem richtigen Namen Jean Turner, Probeaufnahmen für die Rolle der Scarlett absolviert. Dabei hatte ihr tief ausgeschnittenes grünes Kleid ihre körperlichen Vorzüge voll zur Geltung gebracht.

1 Die Schwester der Braut (1938)

Ebenso zur Geltung gekommen waren aber leider auch ihr Mangel an Schauspielerfahrung. Margaret Tallichet, frisch von einer Sommerbühne kommend, hatte ebenfalls ihren Auftritt vor George Cukors Kamera. Aber auch sie fand keinen Gefallen. Kurz darauf kaufte sie der Regisseur William Wyler für 65 000 Dollar von Selznick frei und heiratete sie.

Von Anfang an war Leslie Howard die offensichtliche Wahl für die Rolle des Ashley Wilkes. Dieser Schauspieler nahm schon seit Jahren in Hollywood eine Ausnahmestellung ein. Er galt als die Verkörperung des unaufdringlich eleganten, etwas schwermütigen Helden, so in *Petrified Forest*[1] oder *Of Human Bondage*[2]. Das Problem bestand darin, daß eine Besetzung der Rolle mit Howard jeglicher Originalität entbehrte; und im übrigen war er eigentlich schon zu alt dafür. Wieder hätte Selznick viel lieber ein neues Gesicht gesehen, strahlend vor Stolz über diese große Chance. Doch die Suche nach einem anderen Ashley hatte viel zu spät eingesetzt. In einem halbherzigen Versuch, doch noch eine Alternative zu finden, ließ er Melvyn Douglas zusammen mit Lana Turner Probeaufnahmen machen. Doch er fand, daß Douglas eine »viel zu kräftige physische Ausstrahlung« habe. Irene machte noch den Versuch, Ray Milland für die Rolle zu empfehlen, doch von ihm wurden nicht einmal mehr Kameratests gemacht.

Selznick mußte sich in das Unvermeidliche fügen und Howard schließlich die Rolle offiziell anbieten. Bestürzt mußte er feststellen, daß der britische Schauspieler überhaupt nicht daran interessiert war. Er war jetzt fünfundvierzig und hatte sich innerlich von seinem romantischen Leinwandimage weitgehend gelöst. Genau wie Selznick war er der Ansicht, zu alt für diese Rolle zu sein. Die klaren blauen Augen wirkten immer häufiger verhangen und müde; die hohe, gewölbte Stirn war von Furchen gezeichnet, und das sauber geschnittene Haar hatte sich gelichtet und war von grauen Strähnen durchzogen. Drei Jahre zuvor hatte er sich vergeblich dagegen gewehrt, an der Seite von Norma Shearer den Romeo spielen zu müssen. Auch damals hatte er sich für diese Rolle schon zu alt gefühlt, genau wie jetzt angesichts des jungen idealistischen Südstaatlers Ashley.

1 1936
2 1934

Aber Selznick wußte von Howards heimlicher Sehnsucht, den Sprung hinter die Kamera als Produzent zu schaffen, vielleicht sogar als Regisseur. Er hatte bereits eine eigene Produktions-Gesellschaft gegründet und einige Filmrechte eingekauft, darunter *They Shoot Horses, Don't They?*[1], ein Stoff, den man dreißig Jahre lang für nicht verfilmbar hielt, da ihn die Zensur bestimmt nicht durchgelassen hätte. Selznick bot ihm also ein verlockendes »Paketgeschäft« an: zuerst den Ashley in *Vom Winde verweht* und danach Ko-Produzent bei *Intermezzo*[2]. Neben all seinen anderen Aktivitäten hatte Selznick nämlich inzwischen eine junge Schwedin unter Vertrag genommen – Ingrid Bergman. Er plante mit ihr ein Remake jener schwedischen Produktion, in der er sie entdeckt hatte. Howard erklärte sich schließlich mit allem einverstanden. Resigniert schrieb er seiner Tochter: »Geld ist hier alles, wer bin ich schon, daß ich es ablehnen könnte?« Und diese Haltung bewahrte er auch während der gesamten Arbeiten an dem Film.

Nachdem Selznick sich gezwungenermaßen hatte für Howard entscheiden müssen, wollte er auf keinen Fall auch noch Katharine Hepburn in dem Film haben. Mit den beiden zusammen, beklagte er sich, »könnte man einen wundervollen Film machen – vorausgesetzt, man hätte ihn bereits vor acht Jahren herausbringen können«. Und wieder machte man sich mit verstärktem Eifer auf die Suche nach Scarlett. Einen ganz besonderen Anteil daran hatte Maxwell Arnow, der sich als Besetzungschef bei Warner Brothers einen Namen gemacht hatte, bis ihn seine streitsüchtige Natur einmal zu häufig mit Hal B. Wallis[3], dem jungen Produktionsleiter des Studios, aneinandergeraten ließ. Arnow war ein ehrgeiziger, hart arbeitender früherer Anwaltsgehilfe aus der Bronx mit einer Nase für Leinwandtalente. Beispielsweise hatte er in seiner Zeit bei Warner Errol Flynn entdeckt. Später ebnete er noch Dutzenden von Stars den Weg ins Filmgeschäft, darunter Jack Lemmon und Ernest Borgnine. Unglücklicherweise verfügte Arnow ungefähr über soviel Takt und Feingefühl wie ein wild gewordener Bulle. Bei seiner letzten Auseinandersetzung mit Wallis, der von Temperament und Position her sein Dauergegner war, ging es

1 1969 von Sydney Pollack verfilmt
2 1939
3 (*1898)

154

um die Besetzung einer kleinen Nebenrolle in *Angels with Dirty Faces* (»Chicago«).[1] Wallis wollte sie seiner augenblicklichen Freundin Lola Lane, einer der vier Lane-Schwestern zuschanzen[2], während Arnow auf einer Neuentdeckung namens Ann Sheridan bestand. Sie riefen Jack Warner als Schiedsrichter auf, der den Kampf zugunsten von Arnow entschied. Ann Sheridan[3] bekam die Rolle, die ihre Karriere startete – und Arnow verlor seinen Job. Warner hatte von den dauernden internen Streitigkeiten die Nase voll und ersetzte ihn durch einen professionell weniger fähigen, menschlich aber anpassungsfähigeren Mann, dessen Qualifikation für den Job einzig darin zu bestehen schien, daß er regelmäßig mit Warner Tennis spielte.

David Selznick wußte, daß es für einen arbeitslosen Besetzungschef augenblicklich keinen Job gab. Deshalb bot er Arnow an, die Suche nach Scarlett zu leiten – für die Hälfte seines bisherigen Gehalts und mit der Aussicht auf einen 10 000-Dollar-Bonus im Falle des Erfolgs. Arnow blieb keine Wahl. Allerdings war er mit der für ihn charakteristischen Überheblichkeit absolut sicher, den Extra-Bonus einheimsen zu können. Zufällig hatte er als letzte »Amtshandlung« bei Warner eine zurückgewiesene Scarlett unter Vertrag genommen und aufgebaut – die von Irene Selznick entdeckte Edythe Marrener, das attraktive Hut-Modell aus New York, dessen Sechs-Monats-Vertrag bei Selznick-International nicht mehr erneuert worden war. Als Tribut an zwei von ihm verehrte Männer, den Agenten Leland und den Schauspieler Louis Hayward, änderte er den Namen des Starlets in Susan Hayward. Und jetzt stand er also selbst an der Schaltstelle einer erneuten und wie sich herausstellen sollte, der letzten Suche nach Scarlett. Selznick schickte ihn in den Süden, dorthin, wo ein Jahr zuvor schon George Cukor vergeblich nach einem solchen Wunderwesen Ausschau gehalten hatte. Er sollte systematisch Colleges und kleine Bühnen aufsuchen und nebenbei jene Kandidatinnen unter die Lupe nehmen, die sich zu Hunderten brieflich bei Selznick empfohlen hatten.

Im Studio-System jener Zeit verfügten die Besetzungschefs über beträchtliche Macht. Sie waren so etwas wie grobmaschige Siebe.

---

1 (1938)
2 die anderen drei: Rosemary, Priscilla und Leota Lane
3 (1915–67)

durch die Hunderte hoffnungsvoller Nachwuchsschauspieler gefiltert wurden. Nur wenige von ihnen wurden dann zu Probeaufnahmen vor die Kamera geholt. Natürlich gab es noch andere Wege zum Starruhm, die an den Besetzungsbüros vorbeiführten, aber der Einfluß der halben Dutzend Besetzungschefs der großen Studios reichte weit. Er bestimmte nicht nur das äußere Erscheinungsbild der Stars, sondern jedes Detail ihres Leinwandcharakters. Ihr Geschmack neigte zum Konventionellen und Erprobten. Im Jahr 1937 wurden beispielsweise fünfunddreißig Mädchen und siebzehn Männer von den sieben großen Studios unter Vertrag genommen. Darunter Betty Jane Schultz, deren Name zu Betty Janes geändert wurde; dann Rebecca Wassem, die den Filmnamen Shely Davey bekam; Harry Ueberroth, der zu Alan Curtis[1] und Bud Flanagan, der zu Dennis O'Keefe[2] wurde; und schließlich Jean (später Lana) Turner. Sie alle hatten regelmäßige Gesichtszüge. Sechsundzwanzig der Mädchen waren Blondinen, die größte war etwas über einen Meter siebzig, bei einer Durchschnittsgröße von etwas über einen Meter fünfundsechzig. Die schwersten unter den Mädchen wogen knapp sechsundfünfzig Kilogramm. Arnow bevorzugte Aspirantinnen mit einer nicht zu auffälligen sexuellen Ausstrahlung: ein gut geschnittenes Gesicht mit attraktiven Augen und eine an den richtigen Stellen wohlgerundete Figur (Übertreibungen schätzte er nicht). Außerdem verlangte er, daß seine Mädchen anspruchsvolle Kleider zu tragen verstanden. Die Intelligenz spielte für ihn kaum eine Rolle; wichtig war, daß der erotische Funke übersprang. Im Spätherbst 1938 verließ Arno Hollywood und machte sich erneut auf die Suche nach Scarlett.

In New York, wo er zum erstenmal halt machte, stieß er bei einer Agentur in Manhattan auf die attraktive, gut gebaute Doris Jordan, die auf den ersten Blick für die Rolle wie geschaffen schien. Auch Selznick teilte zunächst Arnows Begeisterung. Er nannte sie in Doris Davenport um und gab ihr einen Halbjahres-Kontrakt, worauf sie nach Hollywood übersiedelte, um Schauspielunterricht zu nehmen und Probeaufnahmen zu machen. Aber der Studio-Boß verlor rasch wieder alles Interesse an ihr, so daß – genau wie bei Edythe Marrener – die Option nicht verlängert wurde. Sie blieb noch eine Zeitlang in Hollywood und brachte es

1 (1909–53)
2 (1908–68)

zu einer sehr bescheidenen Film-Karriere, deren Höhepunkt ihre Rolle an der Seite von Gary Cooper in *The Westerner* (»In die Falle gelockt«)[1] war.

Im Oktober fuhr Selznick mit dem Zug nach New York, um von dort nach Bermuda in See zu stechen. Henry Ginsberg nützte die Abwesenheit des Chefs zu einem erneuten Versuch, *Vom Winde verweht* doch noch »abzuschießen«, da er nur so glaubte, die Gesellschaft vor dem Bankrott retten zu können. Einer der leitenden Studio-Manager, die er sich als Verbündete suchte, war Maxwell Arnow. In einem geheimen Telefongespräch erklärte er ihm, daß nach seinem Kostenvoranschlag das offizielle 2,5-Millionen-Budget weit überschritten würde. Damit wäre jede Gewinnaussicht illusorisch. »Max, wir werden mit diesem Film ein Vermögen verlieren. Wenn Sie mit David sprechen, dann bitte ich Sie, ihm das zu sagen. Versuchen Sie ihn davon zu überzeugen, er solle es bei den bis jetzt entstandenen Unkosten belassen und das Projekt abschreiben.« Aber Arnow war der falsche Mann für eine solche Bitte. Er war überzeugt davon, den 10 000-Dollar-Bonus bereits in der Tasche zu haben. Im übrigen war er wie viele andere, die an dem Projekt arbeiteten, bereits im Banne dieses Films. Dazu kam noch, daß ihm nicht viel an Henry Ginsberg und seinen Sorgen lag. Für ihn versprach *Vom Winde verweht* ein Kassenschlager zu werden, was er Ginsberg auch sagte. »Max«, jammerte dieser, »der Film wird so viel kosten, daß wir noch unser letztes Hemd verlieren.« Aber Arnow ließ sich nicht beirren, und Ginsbergs Palast-Revolte verlief mangels Unterstützung im Sand. Die Vorbereitungen gewannen immer mehr Schwung, unterstützt von David Selznick, der noch vor seiner Abreise nach Bermuda den Liftboy des *Savoy Plaza* als einen der Tarleton-Zwillinge verpflichtete und ihn nach Hollywood schickte.

Sechs Wochen lang fuhr Arnow mit dem Zug und mit Taxis, sehr selten nur stand ihm ein Mietflugzeug zur Verfügung, kreuz und quer durch den winterlichen Süden. Tagsüber ließ er Mitglieder lokaler Theatergruppen und College-Studenten vorsprechen, abends besuchte er Aufführungen einheimischer Bühnen. Von St. Petersburg in Florida bis Birmingham in Alabama paradierten die Töchter Dixielands vor ihm wie Rennpferde im Ring des Auktionators. Und nachts wurden ihm telefonisch Beweise sehr

1 1940

157

intimer südlicher Gastfreundschaft im Tausch für die begehrte Rolle angeboten.

Als Gesandter eines Hollywood-Fürsten genoß er ganz besondere Privilegien. Eines Vormittags raste er im Taxi durch New Orleans, um noch den Texas & Pacific-Mittagsexpreß nach Shreveport zu erreichen. Es waren nur noch drei Minuten bis zur Abfahrt, und vor ihnen lagen noch einige sehr verkehrsreiche Straßenzüge. Die Situation schien aussichtslos. Arnow wies den Fahrer an, an der nächsten Tankstelle zu halten. Er kurbelte das Fenster herab, warf dem Tankwart einen halben Dollar zu und rief: »Rufen Sie die T & P-Station an und sagen Sie, daß ein sehr wichtiger Gentleman aus Hollywood unbedingt noch den Mittagszug erreichen muß. Er wird sich um einige Minuten verspäten.« Arnow kam erst zehn Minuten später am Bahnhof an, doch der Zug stand noch da. Er feierte das Ereignis im Speisewagen mit einem »Schaufel-Steak«, das über den Kohlen der Lokomotive zubereitet wurde. Für ihn war es das erste auf dem Rost gebratene Steak seines Lebens.

Doch nicht jeder im Süden brachte den Hollywood-Größen soviel Verehrung entgegen. Im Agnes Scott College, Atlantas renommiertem Institut für die Töchter der alten Südstaatenfamilien, wurde er recht reserviert empfangen. Frances K. Gooch, die Leiterin der Drama-Abteilung, verachtete als Rede- und Vortragskünstlerin (sie gehörte zu den Gründern der *Georgia Speech Association*) Hollywood aus tiefstem Herzen. Und als Südstaaten-Snob war es ihr doppelt verhaßt. Ihrer Meinung nach war keines ihrer Mädchen in der Sprechtechnik ausgereift genug, um in einem Hollywood-Film mitzuwirken. Und ganz sicher würden sie dort erst recht nichts dazulernen. Nur widerstrebend gab sie die Erlaubnis zum Vorsprechen, erklärte ihren Schülerinnen aber nur, daß es sich um die Besetzung von *Vom Winde verweht* handelte. Der Name der Scarlett O'Hara wurde dabei nicht erwähnt. Die Mädchen wurden nacheinander in einen Raum geschoben, wo sie eine Minute lang einen ungeprobten Text vortrugen. Und danach schob man sie genau so rasch und formlos wieder hinaus.

Vorhergehende Doppelseite: Die letzten Konföderierten-Soldaten verlassen Atlanta und überlassen es den Plünderern und Shermans Armee.

Arnow begriff rasch, daß Frances K. Gooch sich sehr viel mehr für die Rolle des Rhett Butler als für die der Scarlett interessierte. »Stimmt es, daß Clark Gable den Rhett spielen wird?« fragte sie plötzlich, als ungefähr die Hälfte ihrer Mädchen vorgesprochen hatte. An der Art, wie sie fragte, konnte Arnow erkennen, daß sie mit einer solchen Wahl keineswegs einverstanden war. Deshalb wich er aus: ja, Gable wurde in Erwägung gezogen; er hat gute Chancen. »Aber er paßt dafür doch in keiner Weise«, fuhr sie auf. »Es gibt nur einen Schauspieler in Hollywood, der diese Rolle spielen könnte, und das ist Basil Rathbone.« Darauf versuchte sie ziemlich ausführlich ihre Wahl zu erklären. Jeder, der auch nur die geringste Ahnung von der Geschichte des Südens hatte (und dazu gehörte ihrer Meinung nach niemand aus Hollywood), wußte, daß das Gebiet um Charleston, aus dem Rhett Butler stammte, nur wenige Generationen zuvor von englischen Einwanderern besiedelt worden war. Rhett Butler mußte folglich mit einem deutlichen britischen Akzent sprechen. Doch abgesehen von diesen linguistischen Überlegungen traute sie Gable einfach nicht zu, sich wie ein wirklicher Südstaaten-Gentleman bewegen zu können.

Arnow versprach, diese wertvollen Informationen David Selznick zu Gehör zu bringen. Und dann trat er so rasch es die Höflichkeit zuließ den Rückzug an. Kurz darauf erfuhr Frances Gooch, daß Gable die Rolle des Rhett Butler tatsächlich spielen würde. Ein gutes Jahr lang mußten daraufhin ihre Schülerinnen Lektionen über Hollywoods Perfidie im allgemeinen und David Selznicks im besonderen über sich ergehen lassen.

Trotz endloser Vorsprechtermine (eines der Mädchen war 750 Meilen gereist, um sich für die Rolle zu bewerben) und vieler Stunden oft unverdaulicher lokaler Theateraufführungen wurde auch Arnows Expedition zu einem Fehlschlag. Es gab Augenblicke, wo er sich seinem Ziele schon greifbar nahe wähnte, doch beim genaueren Hinsehen war es wieder nichts als eine Fata Morgana. So machte er im Publikum des »Little Theater« in Shreveport, Louisiana, eine lebhafte Brünette aus, die ihm rundum passend schien. Wie sich herausstellte, war sie ein neues Mitglied des Theaters namens Marcella Martin. Doch als sie dann die Testszenen sprach, wobei Arnow den Ashley- oder Mammy-Part übernahm, wie er es während der Reise mehrmals am Tag tat, mußte er feststellen, daß sie für die Rolle zu jung und zu süß wirkte. Trotzdem schickte er sie in die Selznick-Studios, wo sie eine der kleineren Rollen des Films übernahm.

Nachdem sich schon seine Hoffnung auf den 10000-Dollar-Bonus in Luft aufgelöst hatte, erwartete Arnow in Hollywood von einem enttäuschten Selznick empfangen zu werden. Doch stattdessen erfuhr er, daß das brennende Atlanta bereits abgedreht war, und bei Selznick-International voller Erwartung und Spannung ein neuer Name für die Rolle der Scarlett genannt wurde. Der von Vivien Leigh[1].

1 (1913–67)

8 Vivien Leigh: der über Nacht berühmt gewordene Star

Die Studios von Selznick-International lagen eine Meile östlich vom mächtigen Metro-Komplex am Washington Boulevard. Äußerlich erschienen sie jedoch Lichtjahre voneinander entfernt zu sein. MGM war eine riesige, uneinnehmbare Festung, umgeben von hohen, orangefarbenen Wällen. Selznicks Phantasie-Fabrik verbarg sich dagegen hinter einem weißen Herrenhaus mit einer von Säulen getragenen Vorhalle im Stil der Vorbürgerkriegszeit. Wie ein Rosenbusch in der kalifornischen Wüste stand es inmitten heruntergekommener Bars und schäbiger Apartment-Hotels. Rote Ziegelstufen führten von der halbkreisförmigen Zufahrt zum Haupteingang hinauf. Die Zufahrt, die an beiden Enden von Holztoren abgeschlossen wurde, umgab ein ausgedehnter Rasen, der von jungen Eichen und niedrigen Oleanderbüschen gesäumt wurde. Selznick war der Ansicht, daß die noble Fassade dem Charakter seiner Gesellschaft entsprach und benützte sie als Leinwand-Markenzeichen, zusammen mit dem Slogan: »In the Tradition of Quality.«

Sein Büro befand sich im ersten Stock; die Räume seiner engeren Mitarbeiter waren über das ganze Gebäude verstreut, einige davon waren auch in abseits gelegenen Bungalows untergebracht. Ginsberg machte sich direkt über ihm seine Sorgen über die Finanzen des Unternehmens. Tür an Tür mit ihm arbeitete der wachsame O'Shea. George Cukor ließ die endlose Prozession rollensuchender Talente in einem Pförtnerhaus neben einem der Holztore an sich vorbeiflanieren. Von dem belebten Boulevard aus kaum zu sehen, lagen hinter dem Herrenhaus die acht Ton-Studios – riesige, fensterlose hangarähnliche Gebilde, ausgerichtet in Nord-Süd-Richtung und mit gewaltigen Schiebetüren versehen. Den Abschluß bildete das größte Studio, das die Nummer 16 trug. Es wurde überragt von einem Wasserturm auf drei hohen Stahlstelzen. Er war mit Silberfarbe lackiert, von der sich die Aufschrift »Selznick-International« leuchtend schwarz abhob. Und dahinter erstreckte sich ein vierzig Morgen großes Studio-Freigelände mit Bäumen und anderer Vegetation, die unter botanischen Gesichts-

Auf dem Heimweg nach Tara. Rhett gibt Scarlett seine Pistole und einen Abschiedskuß. Dann überläßt er sie ihrem Schicksal und schließt sich der zum Untergang verdammten Südstaaten-Armee an.

punkten so schwer zu fassen war, daß sie sowohl als afrikanischer Dschungel, als typisch englische Landschaft oder als Baumwollplantage in den Südstaaten verwendet werden konnte. Das von Pfaden und unbefestigten Wegen durchzogene Gelände wurde von einem ansehnlichen Hügel überragt, der mit dichtem braunen Unterholz bewachsen war. Doch es war keineswegs so, daß sich Selznicks Reich vom Washington Boulevard nahtlos bis zu diesem Hügel erstreckte. Hinter den Studios wurde es von einer Straße und einigen Reihen kleiner Häuser durchschnitten, so daß das Freigelände vom übrigen isoliert war und über einen gesonderten Zugang am Ende einer Sackstraße namens »Ince Boulevard«, die an einer Seite des Studios entlanglief, betreten werden mußte.

Thomas H. Ince,[1] einer der Filmpioniere, war der erste Besitzer des Studiogeländes gewesen, gefolgt von Sam Goldwyn und Pathé. Danach hatte Joseph Kennedy das Studio zum Schauplatz seines kurzen Ausflugs in die Filmgeschichte gemacht, um Gloria Swanson zu gefallen. Russell Birdwell, der sich im alten Bungalow der Swanson eingerichtet hatte, behauptete, Schußlöcher in den Wänden gefunden zu haben; außerdem sei in der Decke ihres Ankleidezimmers eine primitive Abhörvorrichtung installiert gewesen. Schließlich kam das Studio in den Besitz der RKO, die Selznick Teile davon unterzuvermieten begann, als er 1935 seine unabhängige Produktionsgesellschaft gründete. Nachdem Selznick-International 1940 wieder aufgelöst wurde, kam das Studio in den Besitz der RKO zurück.

Auch Selznick hing natürlich dem allgemeinen Hollywood-Glauben an, daß jeder Schauplatz im Studio naturgetreuer nachgebaut werden konnte als das Original. So hatte er nie ernsthaft daran gedacht, *Vom Winde verweht* an den Originalschauplätzen im Süden drehen zu lassen. Stattdessen mietete er von RKO immer weiteres Studio-Gelände dazu. Darüber hinaus sollten einige wenige Außenaufnahmen in der näheren Umgebung entstehen.

1 (1882–1924)

Wenn Catalina Island in *Meuterei auf der Bounty*[1] als Südsee und die Wüste von Arizona in *The Garden of Allah* als die Sahara glaubhaft gewesen waren, dann würde das San Fernando-Tal mit seiner rot getönten Erde auch als Tara ausreichen. Kurz vor Aufnahme der Dreharbeiten kontrollierte Selznick noch einmal sämtliche Studio-Einrichtungen.

Mit einer Kombination von Schmeicheleien und schottischer Pfiffigkeit war es Bill Menzies gelungen, Selznicks Neigung zum Hinauszögern zu unterlaufen und seine Einwilligung zu bekommen, einige der Schlüssel-Schauplätze entwerfen und bauen zu lassen. Bei einigen hatte es große Schwierigkeiten gegeben. So hatte die Architektur-Abteilung eine ganze Reihe von Entwürfen für Tara vorgelegt, doch Selznick hatte sie alle verworfen. Wollte man von Selznick klare Stellungnahmen erhalten, war man oft in der Situation des Mannes, dem man Wasser in die hohlen Hände gießt. Bis man zurück in seinem Büro war, war nichts mehr davon vorhanden. Selznick wußte, daß sich die großzügige, romantische Heraufbeschwörung von Tara, die ihm vorschwebte, nicht verwirklichen ließ. Doch wie auch schon in anderen Fällen, konnte er seinen Mitarbeitern seine Vorstellungen einfach nicht begreiflich machen. Als Selznick auch den fünfundzwanzigsten Entwurf verworfen hatte, ließ sich Menzies einige Tage Zeit, bevor er erneut bei ihm auftauchte. Er zog seinen allerersten Entwurf wieder heraus, dem er lediglich die Nummer 26 gegeben hatte und sagte: »David, ich glaube jetzt hab' ich's.« – »Ja, das ist es, Bill, endlich hast du's«, stimmte Selznick zu. »Das ist Tara.« Aber bevor man diesen und die anderen Außen-Schauplätze bauen konnte (die wichtigsten Innen-Schauplätze von Tara, Twelve Oaks, der Atlanta Bazar waren bereits in Studio 16 in Arbeit), mußte auf dem Freigelände, das mit alten Dekorationen übersät war, erst einmal Platz geschaffen werden. Die teilweise noch aus der Stummfilmzeit stammenden Kulissen und Bauten abzubauen und wegzubringen wäre teuer und zeitraubend gewesen. Da hatte Menzies einen genialen Einfall: er ließ die entsprechenden Fassaden auf den alten Dekorationen anbringen, so daß sie sich für die Szenen im brennenden Atlanta benützen ließen. Auf diese Weise wurde nicht nur das Freigelände geräumt, sondern Selznick bekam auch gleich noch einige besonders wichtige Szenen

1 1935 (Munity on the Bounty)

in den Kasten. Der Produzent hatte natürlich zunächst die Einnahme Atlantas durch General Sherman als eine der erst gegen Ende der Dreharbeiten zu filmenden Sequenzen gesehen, da man die Dekorationen schließlich erst dann verbrennen konnte, wenn die übrigen Szenen, für die sie gebraucht wurden, fertiggestellt waren. Doch er erkannte sofort die Vorteile von Menzies Einfall – die Dreharbeiten würden dadurch wortwörtlich im Feuerglanz einer ungeheuren Publicity starten. Die abblätternden Überreste von *Der letzte der Mohikaner[1]*, *King Kong[2]*, *The Garden of Allah*, *Little Lord Fauntleroy* und eines halben Dutzends anderer früherer Produktionen wurden hastig repariert und neu angemalt. Da es sich um Nachtszenen handeln würde und die Details durch Flammen und Rauch nicht so deutlich erkennbar waren, genügten einige neue Fassaden, Kuppeldächer, Schilder und andere Accesoires, um aus dem bunten Gemisch hölzerner Strukturen die überzeugende Silhouette Atlantas aus der Vorbürgerkriegszeit entstehen zu lassen.

Der Einfall kam auch deshalb gerade zur rechten Zeit, weil mit der Fertigstellung von *Made for Each Other* Selznick-International seinen Vertrag mit United Artists erfüllt hatte, so daß David Selznick kaum noch weitere Verzögerungsgründe für den Drehbeginn anführen konnte. Außerdem vergrößerte sich von allen Seiten der Druck auf ihn. Nicht zuletzt die Whitneys und die übrigen Geldgeber drängten darauf, daß endlich etwas geschehe, da sie inzwischen Angst um ihre Einlagen und Renditen bekommen hatten.

Auch die Metro setzte Selznick immer heftiger unter Druck. Der gefürchtete Mannix bombardierte ihn mit Telefonanrufen, um ihn daran zu erinnern, daß Clark Gable spätestens in der zweiten Februarwoche mit der Arbeit beginnen mußte; es war höchst unsicher, ob er für mehr als die vertraglich festgelegten zwanzig Wochen zur Verfügung stehen würde. Druck kam aber auch aus der gesamten Film-Industrie, die den immer wieder hinausgezögerten Produktionsbeginn als kostspielige Konsequenz von Selznicks eitler Selbstüberschätzung zu verspotten begann. Im Gesellschaftsleben Hollywoods dominierte der Insider-Klatsch; und David Selznick dominierte den Gesellschaftsklatsch. Wenn man

1 The Last of the Mohicans (1936)
2 King-Kong und die weiße Frau (1933)

nicht gerade seinen finanziellen Ruin voraussagte, erzählte man sich Witze über ihn. Niemand in der Film-Branche überhörte die Anspielung, als Cecil B. DeMille[1] ankündigte, er wolle eine landesweite Suche nach einem besonders wild aussehenden hölzernen Indianer starten, wie man sie in fast jedem Zigarrenladen fand, da dieser für eine bestimmte Szene in *Union Pacific*[2] unerläßlich sei. Kurz darauf berichtete er, die Suche sei erfolglos geblieben, so daß er sich gezwungen sehe, ihn im Studio nachbauen zu lassen. Und Sid Grauman, Eigentümer des *Chinese Movie Theater* und eine zentrale Gestalt des Gesellschaftslebens in Hollywood, gab eine große Dinner-Pary, bei der man eine lebensgroße Wachsstatue David Selznicks bewundern konnte, die diesen als sehr alten Mann darstellte, der sich schwer auf seinen Stock stützte. Zu Füßen der Figur las man auf einem Plakat: »Selznick nach Beendigung der Dreharbeiten von *Vom Winde verweht*.«

Schließlich schickte Whitney, der jede persönliche Konfrontation mit Selznick vermeiden wollte, einen Unterhändler, der ein Ultimatum aussprach: die Dreharbeiten müßten spätestens Mitte Januar aufgenommen werden. Whitneys Mann beklagte sich über das Engagement so teurer Leute wie Menzies, Plunkett und Platt für die Produktionsvorbereitungen; dazu kamen die erhöhten Mietzahlungen, nachdem Selznick das gesamte Studio übernommen hatte, und die sonstigen normalen Kosten für die Vorbereitung der Produktion. Die laufenden Unkosten bei Selznick-International hatten dadurch eine bisher unerhörte Höhe erreicht. Selznick erkannte, worauf Whitney hinauswollte und fragte den Unterhändler etwas schnippisch: »Mit wieviel sind wir in den Miesen?« »Ungefähr mit einer Million«, war die Antwort. »Das ist alles?« wunderte sich Selznick leichthin. »Das kann ich doch mit einem einzigen Film wieder reinholen.« – »Nun, alles, was wir von Ihnen verlangen, ist diesen Film zu machen«, gab Whitneys Abgesandter zurück.

Am Abend des 10. Dezember bekamen die Lokalredaktionen der Zeitungen von Los Angeles, einige Nachrichtenagenturen und eine Handvoll ausgesuchter Hollywood-Korrespondenten anonyme Anrufe mit der Mitteilung, Selznicks Freigelände stünde in Flammen. Der anonyme Tipgeber war Russell Birdwell. Natürlich

1 (1881–1959)
2 Die Frau gehört mir (1939)

hätte eine simple Ankündigung, die Dreharbeiten zu *Vom Winde verweht* wären endlich aufgenommen worden genügt, um jede Menge Journalisten ins Studio zu locken. Aber das war einfach nicht Birdwells Stil. Alles, was er unternahm, war genau kalkuliert und sollte dazu dienen, die Verfilmung von *Vom Winde verweht* ständig in den Nachrichten zu halten. Reporter, die bei Birdwells rückzufragen versuchten, riefen ihn vergeblich an. Aber der rote Feuerschein über Culver City war ihnen genug Beweis für die Richtigkeit der Information.

Als die Presseleute eintreffen, ist die Feuersbrunst auf ihrem Höhepunkt. Wie sie dann berichteten, handelte es sich dabei um das größte Feuer der Filmgeschichte. Flammen und Rauch schlagen in einem Umkreis von rund dreißig Morgen gen Himmel. Das zundertrockene Holz der alten Dekorationen verbrennt prasselnd und fauchend. Teile davon segeln durch die Luft und werden von Feuerwehrleuten mit starken Wasserstrahlen unschädlich gemacht. Gleich drei Doubel-Paare von Scarlett und einem weißgekleideten Rhett werden dabei gefilmt, wie sie aus der brennenden Stadt mit ihren zusammenbrechenden Häuserfassaden in drei identischen offenen Wagen zu entkommen versuchen; hinter ihnen auf der Ladefläche kauern ängstlich Melanie, das neu geborene Baby im Arm, und Prissy, das schwarze Mädchen. Sämtliche vorhandenen sieben Technicolor-Kameras waren in Aktion, um das Feuer und die Flucht aus allen möglichen Perspektiven aufzunehmen. Eine Kamera fotografiert aus nächster Nähe eine hohe Ziegelwand, ursprünglich eine Dekoration aus *King Kong,* die schließlich in einer Feuerlawine in sich zusammenstürzt. Das Material fand nicht nur in *Vom Winde verweht* Verwendung, sondern auch in der Sequenz des brennenden Manderley in *Rebecca.*[1]

In einem frühen Breitwand-Versuch filmen zwei synchronisierte Kameras mit Hilfe in einem bestimmten Winkel angeordneter Spiegel dieselbe Szene. Selznick wollte dadurch die Feuer-Sequenz als breites Panorama auf die Leinwand bringen. Das bei

1 Rebecca, 1940 von Alfred Hitchcock inszeniert für Selznick Releasing Pictures

der Hollywood-Premiere des Films in *Grauman's Chinese Theatre* über zwei nebeneinanderstehende Projektoren vorgeführte Material war höchst eindrucksvoll. Doch unter den gegebenen Vorführbedingungen erschienen die technischen Schwierigkeiten einfach zu groß, so daß man die Sequenz bei den normalen Kinovorführungen ausließ. Zweiunddreißig Jahre später wurde dann das gesamte Filmmaterial fotomechanisch so reproduziert, daß es auf Breitwand gezeigt werden konnte.

Wie üblich bei dem gesamten Projekt, begann auch der Drehbeginn mit Verzögerung. Wieder einmal kam Myron Selznick zu spät. Er hatte einige Geschäftsfreunde zum Dinner eingeladen und darüber anscheinend die Zeit vergessen. David weigerte sich, ohne seinen Bruder anzufangen. Das gab den Verantwortlichen für das Spektakel genügend Zeit, ihren persönlichen Ängsten und Vorahnungen nachzuhängen. Ernest Grey, der verantwortliche Feuerwehrchef von Culver City, hatte beispielsweise, seit er das erstemal von dem Plan erfuhr, unter Alpträumen gelitten, das Feuer könne außer Kontrolle geraten und nicht nur das Studio, sondern gleich ganz Culver City verwüsten. Die studioeigene Feuerwehr war durch zweihundert Freiwillige aus Selznicks Mitarbeiterstab verstärkt worden. Doch Grey, der das Schlimmste befürchtete, hatte jede in der Umgebung verfügbare Feuerwehrabteilung herbeizitiert. Der normalerweise recht heiter und ausgeglichen wirkende Lee Zavitz, der die technischen Vorbereitungen für die Feuersbrunst geplant und überwacht hatte, schaute ebenfalls sehr ernst. Zavitz war der erfahrenste »Pulver-Mann« und Zerstörungsexperte des Studios. Aber der Brand von Atlanta sprengte alle bisher bekannten Dimensionen. Er hatte in den Dekorationen auf drei Ebenen jeweils zwei nebeneinanderliegende Rohrsysteme installieren lassen (eines zu ebener Erde, eines im zweiten Stock und eines unter dem Dach). Sie waren in regelmäßigen Abständen mit Sprinklern versehen. Durch das eine Rohrsystem wurde eine Mischung aus zwanzig Prozent Erdgas und achtzig Prozent Destillat gepumpt und entzündet. Wollte man die Flammen zurückdämmen, stellte man die Pumpe ab und ließ gleichzeitig aus den Sprinklern des benachbarten Rohrsystems eine Mischung aus Wasser und Löschsubstanz ab. Sollten sie wieder höher aufschlagen, kehrte man den Prozeß um. Das alles wurde über eine Steuerkonsole kontrolliert, die wie eine kleine Klaviertastatur aussah. Selznick hatte darauf bestanden, sie selbst zu bedienen. Für jedes der drei Rohrsysteme gab es eine Reihe von Knöpfen, über die sich gezielt die Sprinkler an- bzw. abschalten ließen.

Aber auch Bill Menzies und der Produktions-Manager von *Vom Winde verweht,* Ray Klune, hatten Sorgen. Sie hatten die Idee ausgebrütet und gegen Eddie Mannix durchgesetzt, der den unentschlossenen David Selznick davon zu überzeugen versucht hatte, der Brand von Atlanta ließe sich billiger und effektvoller mit Modellen inszenieren.

Und auch Selznick selbst war nicht frei von ängstlicher Spannung. Umgeben von seinen getreuesten Gefolgsleuten und Freunden, darunter Daniel O'Shea und seine Mutter, stand er auf einem hohen Beobachtungsstand und versuchte seine Unsicherheit hinter einer Flut unnützer letzter Anweisungen zu verbergen. Was, wenn Mannix doch recht gehabt hätte? Oder wenn sich die Befürchtungen des Feuerwehrchefs bewahrheiteten? Fast eine Stunde lang harrte er voller Nervosität auf seinem Ausguck aus. Während er in die Nacht hinausstarrte, um endlich eine Spur des sehnsüchtig erwarteten Bruders zu entdecken, wirkte er wie ein Elefant in einem Baumhaus. Doch dann meinte er nicht mehr länger warten zu können.

Da bei dieser Sequenz keine Schauspieler beteiligt waren, gehörte sie zum Aufgabenbereich des zweiten Aufnahmeteams und so war es Menzies, der mit dem ersten »Action!«-Ruf die Dreharbeiten zu *Vom Winde verweht* begann. Selznick drehte die Öl-Sprinkler auf und das Feuer wurde entzündet. Es dauerte nicht lange, bis das Freigelände einem Inferno glich.

Selznick beobachtete die vielen Morgen brennender Gebäude mit gemischten Gefühlen. Doch dann überwog das sich von den Eingeweiden her ausbreitende Gefühl des Triumphes und der Macht. Mannix hatte unrecht gehabt, genau wie der Feuerwehrchef, ja wie ganz Hollywood. *Vom Winde verweht* würde ein ungeheuer erfolgreicher Film werden, und diese Feuer-Sequenz eine seiner dramatischsten Passagen. Doch gleichzeitig ergriff der ernüchternde und etwas erschreckende Gedanke Besitz von ihm, daß dieses Feuer den unwiderruflichen Beginn der Dreharbeiten signalisierte. Jetzt gab es kein Zurück mehr, obwohl man noch immer keine Darstellerin für die Hauptrolle gefunden hatte. Doch wieder einmal kam das Glück Selznick zu Hilfe. Denn aus der Asche der ausgedienten Dekorationen entstieg nicht nur Margaret Mitchells Atlanta, sondern auch ihre Scarlett O'Hara.

Das Feuer wurde im Verlauf der Nacht achtmal entzündet und wieder gelöscht. Erst nach der letzten Nahaufnahme sank die letzte Dekoration in sich zusammen, und die Flammen züngelten vergeblich gegen das jetzt aus allen Sprinklern strömende Wasser an. Eine von der See her kommende leichte Brise trieb die schwarzen Rauchwolken auf Beverly Hills zu, wo sie sich über den Villen der Film-Aristokratie langsam auflösten, während diese Gin-Rummy spielte und sich wahrscheinlich über Davids Größenwahn unterhielt. Jetzt erst erschien Myron Selznick auf dem Beobachtungsstand, zusammen mit einigen seiner Dinner-Gäste. David trat wütend auf ihn zu, doch Myron wischte seine Vorwürfe mit einer Handbewegung zur Seite. »Hier, Genie, möchte ich dir Scarlett O'Hara vorstellen.« Myron nannte seinen Bruder öfter »Genie«, vor allem wenn er betrunken war wie jetzt. David Selznick sah sich einem Paar großer, fesselnder grau-grüner Augen gegenüber, einer Kaskade nußbraunen Haars unter einem schwarzen Hut mit Krempe und einer zierlichen, attraktiven Figur, die wegen der kalten Nachtluft in einen Nerzmantel gehüllt war. Ihre Stimme war von stählerner Geschmeidigkeit, jeder Konsonant wurde mit präziser Emphase geformt; ihr Lachen dagegen kam aus vollem Hals, ein Trick, den sie mit vielen ausgebildeten Schauspielerinnen teilte.

Jahre später romantisierte David Selznick dieses erste Treffen mit Vivien Leigh als geradezu epiphanischen Augenblick der Geburt Scarletts – eine Szene aus seinem Film *A Star Is Born.* »Mein erster Blick sagte mir, daß sie die Richtige war«, schrieb er in einem Illustriertenartiekl über ihre »Entdeckung«. »Zumindest was ihre äußere Erscheinung betraf, zumindest wie ich mir Scarlett O'Hara immer vorgestellt hatte... Diesen ersten Augenblick werde ich nie vergessen.« Zweifellos war Selznick vom ersten Eindruck Vivien Leighs fasziniert, was unter den gegebenen Umständen kein Wunder war. Doch die Vorgeschichte dieses Treffens ist sehr viel komplexer und langwieriger als seine Version des Geschehens.

Ganz Hollywood wußte zumindest zwei Dinge über Vivien Leigh: erstens, daß sie eine Affäre mit Laurence Olivier hatte; und zweitens, daß sie zumindest indirekt vor nicht allzu langer Zeit die Ursache für einen von L. B. Mayers legendären Wutausbrüchen war.

Im Jahr 1937 entschloß sich die MGM, Filme in England zu produzieren. Das erste Unternehmen dieser Art war *A Yank at*

Oxford[1] mit Robert Taylor und Mareen O'Sullivan. Um der neuen Tochtergesellschaft zu zeigen, wie ernst ihm die Sache war, wollte Mayer persönlich die Metro bei den Dreharbeiten vertreten. Als er in London eintraf, mußte er feststellen, daß der dortige Produktionschef Michael Balcon[2] ein (zumindest für Mayer) unbekanntes Mädchen, das frisch von der Schauspielschule kam, mit der zweiten Hauptrolle betraut hatte (sie spielte den College-Vamp, der Taylor der O'Sullivan auszuspannen versucht) und ihr außerdem zuviel bezahlte. Mayer befahl, sie unverzüglich mit einer bekannteren Schauspielerin zu besetzen. Der hoch gebildete und sensible Balcon vertrat die Meinung, daß er als Verantwortlicher doch zumindest seine Wahl rechtfertigen dürfe. Er verwies darauf, daß das Mädchen ein vielversprechendes Talent sei, das man unbedingt fördern sollte; im übrigen sei ihr die Rolle auf den Leib geschrieben. Aber Balcon hatte noch nie persönlich mit Mayer zu tun gehabt. Beim ersten Zeichen von Widerspruch fiel Mayer unbeherrscht schreiend über den Briten her und machte ihm Vorwürfe über seine Arbeit. Sie befanden sich wohl allein im Büro Balcons, doch Mayers Ausbruch war auch draußen zu hören. Der beleidigte Balcon legte seine Arbeit nieder, aber das Mädchen, eben Vivien Leigh, behielt seine Rolle. Der Film allerdings führte sich beim amerikanischen Publikum schlecht ein. *A Yank in Oxford* wirkte irgendwie befangen – »von der Metro in England und in Ehrerbietung gedreht«, wie Alistair Cooke in seiner Kritik vermerkte. Selznick hatte sich den Film angesehen und kurz genau das Mädchen für die Rolle der Scarlett in Erwägung gezogen, das ihm später von seinem Bruder vorgestellt wurde. Doch damals hatte er sich gegen sie entschieden, unterstützt von George Cukor, der Londoner Reportern erklärte, sie wäre wohl sehr attraktiv, doch es mangle ihr an Temperament für die Rolle...

Ihr Leben lang fiel Vivien Leigh wegen ihrer exquisiten Manieren auf. Als sie Jahre später in *Endstation Sehnsucht[3]* die weibliche Hauptrolle spielte, nörgelte Marlon Brando: »Warum nur müssen Sie immer so verdammt höflich sein? Warum sagen Sie zu jedem guten Morgen?« Die Antwort hieß Indien. Vivien Leigh wurde als Vivien Mary Hartley 1913 in Darjeeling am Fuß des

1 1938
2 (* 1896)
3 A Streetcar named Desire (1951)

Himalayas geboren und zwar in eine Gesellschaft hinein, die der nicht unähnlich war, in der Scarlett O'Hara aufwuchs – was ihr später die Einfühlung in diese Rolle sehr erleichterte. Das lag nicht nur daran, daß in beiden dieser Welten eine weiße Oberschicht eine zahlenmäßig überlegene farbige Unterschicht dominierte. Vielmehr war es so, daß in Britisch-Indien ein Mädchen noch immer nach den strikten Moralvorstellungen des viktorianischen Zeitalters erzogen wurde, selbst im Jahre 1913. Also kaum anders als in den amerikanischen Südstaaten vor dem Bürgerkrieg. Mit sechs machte sie sich auf die übliche Reise in die Heimat der Vorfahren, um dort in einem Klosterinternat zur Schule zu gehen. Die langen Ferienmonate im Sommer verbrachte sie aber weiterhin in Indien. Diese Erfahrungen trugen zu ihrer zugleich unabhängigen wie auch zuvorkommenden Haltung bei, die sich in Hollywood immer wieder bezahlt machen sollte.

Nachdem sie verschiedene europäische Schulen besucht hatte, trat sie mit achtzehn in die *Royal Academy of Dramatic Art* ein. Aber ihre Heirat mit dem Londoner Anwalt Herbert Leigh Holman (daher ihr Künstlername) und die Geburt einer Tochter unterbrachen die Ausbildung. Als sie zweiundzwanzig war, sie hatte im vorausgegangenen Jahr einige winzige Rollen in britischen[1] Filmen sowie eine Bühnenrolle gehabt, machte sie zum erstenmal in dem bedeutungslosen sentimentalen Drama *The Mask of Virtue* von sich reden. Der führende Londoner Kritiker James Agate feierte sie begeistert. Am nächsten Morgen wurden sämtliche Anschläge überklebt: »Vivien Leigh – das Mädchen, das über Nacht berühmt wurde.« Alexander Korda[2], der Direktor von London Films, sah sie in der zweiten Aufführung und hatte sie innerhalb einer Woche durch einen Fünfjahresvertrag an sich gebunden. Die Regenbogenpresse, die sich an solchen Über-Nacht-Sensationen nie genugtun konnte, besorgte dann den Rest.

Ihr Debüt als Korda-Vertragsschauspielerin gab sie in dem Film *Fire Over England*[3]. Sie und Laurence Olivier spielten darin ein elisabethanisches Liebespaar. Dann setzte Korda sie zusammen in *The First and the Last*[4] ein, der Leinwandfassung eines Gals-

1 exakt 10 Filme vor GWTW
2 (1893–1956)
3 1937
4 anderer Titel: 21 Days und 21 Days Together

Der Star ist nicht gerade begeistert. Clark Gable gelingt nicht mehr als ein etwas dümmliches Grinsen, während Louis B. Mayer den »Ausleih-Vertrag« unterzeichnet, der ihn zur Übernahme einer ungeliebten Rolle verpflichtet. David O. Selznick schaut ihnen über die Schulter.

worthy-Romans. Darin tötet ein junger Mann versehentlich den verbrecherischen Gatten seiner Geliebten und verbringt mit ihr drei Wochen, bevor er sich der Polizei stellt. Es war unvermeidlich, daß sie überall als romantisches Paar gefeiert wurden – die attraktive, begabte Nachwuchsschauspielerin und der elegante, beliebte Top-Star. Und ebenso unvermeidlich schien es, daß das Leben der Kunst folgte, und die Romanze zwischen den beiden Realität wurde. Im Herbst 1937 spielte Olivier in der Old Vic-Inszenierung des *Hamlet* in Elsinore die Titelfigur und Vivien Leigh war seine Ophelia. Auf den Zinnen von Schloß Kronberg, dem Aufführungsort, fiel die Entscheidung. Bei ihrer Rückkehr nach London informierten sie ihre jeweiligen Partner über ihr Liebesverhältnis, und im darauffolgenden Winter reichte Vivien Leigh die Scheidung gegen ihren Gatten Herbert Leigh Holman ein, mit dem sie fünf Jahre zusammengelebt hatte, und Olivier versuchte eine Annulierung seiner einjährigen Ehe mit der Schauspielerin Jill Esmond zu erreichen.

Dann bekam Olivier das Angebot, die männliche Hauptrolle in der Sam Goldwyn-Produktion *Wuthering Heights* (»Stürmische Höhen«, 1939) zu übernehmen. Zunächst lehnte er ab; er wollte einfach nicht glauben, daß Hollywood für einen ernsthaften britischen Schauspieler geeignet wäre. Dann aber überlegte er es sich anders und erklärte sich unter einer Bedingung zur Übernahme der Rolle des Heathcliff bereit – Vivien solle die Cathy spielen. Aber dafür war bereits Merle Oberon verpflichtet worden. Man bot Vivien die Isabella Linton an, doch sie lehnte ab. Entweder die Cathy oder gar nichts. Der Regisseur des Films, William Wyler, beschwor sie: »Sie werden als ersten Part in Hollywood nie eine bessere Chance bekommen.« Olivier setzte sich daraufhin mit Myron Selznick, seinem Agenten in Los Angeles, in Verbindung, um für Vivien Arbeit in Hollywood zu finden. Die Antwort war nicht gerade sehr ermutigend: Myron kabelte zurück, sie solle zuhause bleiben. Trotzdem weigerte sich Vivien noch immer, die Rolle der Isabella zu spielen. Olivier aber konnte sich der Verlockung des Heathcliff und Hollywoods hohen Gagen nicht mehr länger entziehen und machte sich widerstrebend nach Hollywood auf, die Geliebte allein zurücklassend.

Vivien Leigh schien ein Arbeitslosendasein in Hollywood aber schon nach wenigen Tagen erstrebenswerter als eine lange Trennung von Olivier und so reiste sie ihm bereits zehn Tage später

Endlich ist »Scarletts Stunde« gekommen. Vivien Leigh nach der Vertrags-unterzeichnung in Selznicks Büro, zusammen mit dem Produzenten (Mitte), George Cukor, Olivia de Havilland und Leslie Howard (rechts).

nach. Während der Atlantik-Überquerung las sie *Vom Winde verweht.* Und als sie drei Tage vor dem »Brand von Atlanta« in Hollywood ankam, erklärte sie Olivier, sie wolle unbedingt die Rolle der Scarlett spielen. Die Film-Magazine hatten gerade einmal wieder eines von Selznicks regelmäßigen Dementis publiziert, nach dem Paulette Goddard keineswegs endgültig die Rolle in der

Tasche hatte. Es war für Vivien also noch nicht zu spät, sich in das Rennen einzuschalten. Olivier machte sie mit Myron Selznick bekannt, der sie an seinen Partner Nat Deverich weiterempfahl. Deverich, ein früherer Jockey, hatte sein Entrée in den Hollywooder Studios seinen Kenntnissen von Pferden und Rennen zu verdanken. Nicht wenige der Film-Manager hatten durch ihn Bekanntschaft mit dem Sport der Könige geschlossen, darunter auch Myron selbst, dessen Pferd »Can't Wait« 1937 im Kentucky Derby den dritten Platz belegen konnte.

Deverich wandte sich an O'Shea, einen weiteren Rennsport-Begeisterten, der bei David O. Selznick nachfragte: war er einverstanden, wenn er Oliviers Mädchen, diese Vivien Leigh, George Cukor vorstellte, um ein Paar Probeaufnahmen zu machen? Sie ist eine wirklich begabte Schauspielerin... Selznick schien vergessen zu haben, daß er sie schon einmal für die Rolle abgelehnt hatte, und so kam Vivien Leighs Name auf die kurze Liste der Scarlett-Anwärterinnen, die in der Woche nach dem »Brand von Atlanta« vor der Kamera getestet werden sollten. Nachdem die Dreharbeiten zu der Szene beendet waren, fragte Selznick sie über einem Glas, ob sie wirklich an Probeaufnahmen interessiert sei. Vivien hielt es für das Beste, ihn nicht darüber aufzuklären, daß sie bereits einen festen Termin für einen Kamera-Test bekommen hatte.

Nachdem er am Montag nach dem »Brand von Atlanta« die vielen Zeitungsausschnitte genossen hatte, die über diese Sensation berichteten, feuerte Selznick ein Memo an Henry Ginsberg hinaus, in dem er »einen genauen Zeitplan für die verbleibenden Besetzungstests für den Film verlangte. »Nach diesen Probeaufnahmen muß die Besetzung der Scarlett endgültig feststehen.« Auf der Liste standen noch vier Schauspielerinnen. Trotz aller Handicaps schien Paulette Goddard in Selznicks Augen noch immer die vielversprechendste Kandidatin zu sein. Dann gab es noch Joan Bennett[1], die sich in letzter Minute offenbar durch eine schwarze Perücke qualifiziert hatte. Sie gehörte nicht nur zu Selznicks engerem Bekanntenkreis, sondern war als blondes Dummchen in Dutzenden von Filmen bekannt geworden. Doch Selznick sah in ihr erst eine Alternative für die Rolle der Scarlett, nachdem sie in *Trade Winds,* einer Südsee-Saga, als betörende Brünette aufgetre-

1 (*1910)

ten war. Er forderte sie auf, für die Rolle vorzusprechen, doch sie bestand auf Probeaufnahmen.

Mit dreiunddreißig war Jean Arthur[1] die älteste der Bewerberinnen. Im Laufe der Jahre hatte sie öfter versucht, den Sprung vom Broadway nach Hollywood zu schaffen, doch sie besaß ein »schwieriges Gesicht«. Fast jeder Star hat vor der Kamera eine »gute« und eine »schlechte« Seite, aber Jean Arthurs Gesicht war ein Spezialfall. »Die eine Hälfte Engel, die andere Pferd«, hatte Harry Cohn[2] es formuliert. Als sie nach dem vergeblichen Versuch die Rolle der Scarlett zu bekommen von Frank Capra[3] in *Mr. Smith Goes to Washington* (1939) eingesetzt wurde, mußten die Dekorationen alle so gebaut werden, daß sie bei ihren Auftritten immer nur die »gute« Seite zu zeigen brauchte. Selznick hatte vor seiner Heirat mit Irene Mayer ein Verhältnis mit ihr gehabt. Doch selbst wenn das Angebot von Probeaufnahmen zunächst nicht mehr als eine sentimentale Geste war – nach dem Vorsprechen schien diese originelle und interessante Schauspielerin tatsächlich eine weitere Alternative für die Rolle der Scarlett zu bieten.

Nach den üblichen Vorbereitungen unter der Anleitung von Will Price und Susan Myrick stand jede der Aspirantinnen unter George Cukors Regie einen Tag vor der Kamera. Es wurden drei Schwarz-Weiß-Testszenen in vollem Kostüm aufgenommen.

Den Anfang machte Jean Arthur. Sie war eine Schauspielerin, die mit großen inneren Problemen zu kämpfen hatte. Wurden die Kameras abgeschaltet, stürzte sie in ihre Garderobe, verriegelte die Tür und brach in Tränen aus. Rief man sie für die nächste Szene, wirkte sie oft völlig kraftlos und gab vor, noch nicht fertig zu sein. Hatte man sie dann endlich vor die Kamera gezogen, verwandelte sich das augenscheinlich nervöse Wrack aber in eine selbstsichere und professionelle Darstellerin. Einige Tage später war Joan Bennett an der Reihe, gefolgt von Paulette Goddard, die braungebrannt und selbstsicher von einem Bermuda-Trip zurückkam. Sie hatte ihn zusammen mit den Whitneys und deren britischem Cousin unternommen und zeigte stolz ein neues, fünf Zentimeter breites, mit Diamanten und Rubinen besetztes Armband, das ihr schmales braunes Handgelenk zierte.

1 (*1905)
2 (1891–1958)
3 (*1897)

Sechs Tage vor Weihnachten war es dann für Vivien Leigh soweit. Und damit war für George Cukor, der sich seit dem Ausscheiden von Katharine Hepburn in vorsichtiger Neutralität geübt hatte, das Rennen gelaufen. Die Leidenschaftlichkeit ihrer Darstellung und ihr unmittelbares Einfühlungsvermögen in Scarletts Charakter überzeugten und begeisterten ihn. Wo andere Schauspielerinnen schüchtern oder verführerisch oder zögernd wirkten, ging Vivien Leigh die Szenen mit Temperament und Schwung an.

Für Selznick wurden die Probeaufnahmen so geschnitten, daß er die vier Bewerberinnen nacheinander jeweils in derselben Szene beurteilen konnte. Genau wie Cukor war auch er von Vivien Leighs intensivem Spiel beeindruckt. Sie war wirklich eine Entdeckung. Daß ihr britischer Akzent immer wieder die Oberhand über den Südstaatendialekt gewann, erschien ihm ein vergleichsweise kleines Problem. Sehr viel mehr Sorgen machte ihm ein anderes Dilemma: wie würde das Publikum auf die Ankündigung reagieren, daß eine Engländerin die Scarlett spielen würde? Könnten sich daraus nicht irreparable Folgen für die Publicity des Films ergeben? Die weit verbreitete isolationistische Einstellung der amerikanischen Öffentlichkeit in jener Zeit konnte solche Befürchtungen durchaus rechtfertigen. Außerdem war mit dem vereinten Widerstand des Film-Establishments in Hollywood zu rechnen. Die Leute hatten die Nase voll von ausländischen Schauspielern, die ihnen die guten Rollen wegschnappten.

Seine zweite große Sorge war Vivien Leighs Affäre mit Olivier. Was da alles auf ihn zukommen konnte, wurde ihm an jenem Morgen klar, als die potentielle Scarlett ihm erklärte, daß sie als erstes für Larry und sich ein Haus suchen würde, in dem sie während der Filmarbeiten zusammen leben konnten. »Oh, nein, nicht schon wieder«, stöhnte Selznick mit dem Gedanken an Paulette Goddard und die durch sie heraufbeschworenen Komplikationen. Vivien versuchte ihn dadurch zu beruhigen, daß sie ihm erklärte, sie beide lebten in Scheidung und planten sobald wie möglich zu heiraten. Während der nächsten fünf Tage begutachtete er Viviens

Scarlett stößt im Herrenhaus von Tara auf einen Deserteur der Nordstaaten-Armee und schießt ihn mit Rhetts Pistole nieder. Der Deserteur wurde von Paul Hurst gespielt, einem Charakter-Darsteller, der Hunderte von Gangster-, Verbrecher- und Polizistenrollen gespielt hat.

Probeaufnahmen an die dreißig Mal allein oder im Vergleich mit denen der anderen Bewerberinnen. Dann ließ er Vergrößerungen von den Close-ups der Schauspielerinnen machen und starrte sie stundenlang unschlüssig an. Und er besprach sich wieder und wieder mit seinen engsten Mitarbeitern, um die Für und Wider der darstellerischen Leistungen gegeneinander abzuwägen. Er ließ Kopien der Probeaufnahmen Jock Whitney nach New York schicken und bat ihn um seine Meinung. Aber Whitney erklärte, das müsse er als Produzent entscheiden. Selznick erzählte später, er habe damals immer darauf gewartet, daß sich irgend jemand gegen Vivien Leigh und für eine der anderen Kandidatinnen stark machen würde. Er wußte, daß jetzt einfach eine Entscheidung fällig war. Und als von außen kein Anstoß kam, entschloß er sich am Weihnachtsabend die Ablehnung der Öffentlichkeit und der Film-Industrie zu riskieren und ihr die Rolle zu geben. Seiner Ansicht nach war die Tatsache, daß Vivien Leigh Engländerin war, gefährlicher als ihre Affäre mit Olivier. Wenn man die Sache geschickt steuerte, würde es bei der relativen Unbekanntheit der beiden möglich sein, die Romanze weitgehend geheim zu halten.

Die Suche nach Scarlett hatte aber noch ein juristisches Nachspiel, da Selznick und Korda, der Vivien Leigh unter Vertrag hatte, heftig um die »Ausleihbedingungen« des potentiellen Stars feilschten. Vivien Leigh hörte die Neuigkeit am Weihnachtstag 1938, als sie zusammen mit Olivier bei Cukor zu einer Lunch-Party eingeladen war. Zunächst erklärte ihr der Regisseur nur, die Rolle sei jetzt besetzt, und sie nahm schon an, er meine damit eine ihrer Konkurrentinnen. Doch dann sagte Cukor: »Sieht ganz so aus, als ob wir uns für Sie entschieden hätten.« Vivien Leigh und Olivier wurden auf Verschwiegenheit eingeschworen und setzten dann ihre Runde durch die anderen Häuser der Hollywood-Prominenz fort. Bei Merle Oberons Party für Myron Selznick trafen sie auf Alexander Korda, der Vivien zur Seite nahm. Er erklärte ihr, daß sie seiner Meinung nach einen großen Fehler mache, da sie für diese Rolle völlig ungeeignet sei. Doch gleichzeitig erfuhr sie, daß die Verhandlungen für eine Übernahme ihres Vertrags durch Selznick bereits begonnen hatten.

Da Korda wußte, daß Selznick unter heftigem Zeitdruck stand, quetschte er höchst vorteilhafte Bedingungen aus ihm heraus. Außer den Einnahmen aus dem Verkauf des Vertrags bekam er die Garantie, Vivien Leigh in ihrem dritten Film nach *Vom Winde verweht* wieder für ein eigenes Projekt einsetzen zu dürfen. Sollte er sich getäuscht haben, und sie würde tatsächlich zum internationalen Top-Star, so brauchte er sich zumindest finanziell keine Vorwürfe zu machen. Außerdem bestand er darauf, bei der offiziellen Verkündigung der Besetzungsliste an prominenter Stelle genannt zu werden. Selznick war seinen Forderungen gegenüber machtlos. Verbittert meinte er zu Jock Whitney: »Dieser Glückspilz von Ungar wußte bestimmt nicht, was er tat, aber wir verhelfen ihm jetzt zu einem Vermögen.«

Was die *New York Times* einmal »die aufregendste und nachhaltigste Publicity-Kampagne Hollywoods« genannt hatte, sollte für alle Zeiten das erfolgreichste künstlich manipulierte »Nicht-Ereignis« der Filmgeschichte bleiben. Nie wieder ist es gelungen, auf ähnlich umfassende und tiefgreifende Weise und über so lange Zeit hinweg ein Ereignis im Bewußtsein der Öffentlichkeit zu halten, das eigentlich gar keines war. Zwei Jahre lang interessierte sich ein isolationistisches Amerika mehr für ein Mädchen, das die Scarlett O'Hara spielen sollte, als für Neville Chamberlains Besuch in München, den »Anschluß« Österreichs oder die neuesten Entwicklungen des Spanischen Bürgerkriegs. Selznick verfügte über einen unerhört erfolgreichen Bestseller-Stoff zu einer Zeit, in der Hollywood so etwas wie ein Heiligtum und die Stars Nationalidole waren. Die Suche nach Scarlett brachte ganz neue Qualitäten des »amerikanischen Traums« hervor – ein Versprechen nach sofortigem Ruhm und Reichtum ohne harte Arbeit und tugendhaftes Leben, wie es die protestantische Ethik bisher gefordert hatte. Doch seit der großen Depressionszeit war dieser Traum endgültig ausgeträumt.

Insgesamt waren während der Suche nach Scarlett 1400 Bewerberinnen interviewt und neunzig getestet worden. Bei 92 000 Dollar Auslagen – einschließlich der Kosten für knapp 43 000 Meter Schwarz-Weiß- und knapp 4000 Meter Farb-Film – war das ein gutes Geschäft, wenn man daran denkt, daß dadurch Selznicks Projekt in der Öffentlichkeit lebendig blieb, bis er es endlich in Angriff nehmen konnte. Im Preis inbegriffen war David O. Selznicks nationaler Ruhm; in Zukunft war sein Name aus der Filmgeschichte nicht mehr wegzudenken. Das Ziel dieser Suche war es neben anderem gewesen, eine unbekannte Darstellerin für die Rolle zu finden. Und auch darin war sie weitgehend erfolgreich, denn Vivien Leigh war dem amerikanischen Publikum tatsächlich so gut wie nicht bekannt. Im übrigen war die ganze Kampagne so populär, daß sie sogar zum Thema einer satirischen Broadway-Komödie von Clare Booth Luce werden konnte. In *Kiss the Boys Goodbye* startet ein dünkelhafter Hollywood-Produzent eine landesweite Suche nach einem Mädchen, das in seinem Südstaaten-Epos die Rolle der Heldin Velvet O'Toole übernehmen könnte.

Bevor die Dreharbeiten überhaupt begonnen hatten, war schon so viel über den Film publiziert worden, daß man damit ein Buch hätte füllen können, das Margaret Mitchells Roman an Umfang bei weitem übertroffen hätte. Als beispielsweise der Kameramann Lee Garmes[1] in London ein Telegramm Selznicks erhielt. in dem ihm die Mitarbeit an *Vom Winde verweht* angeboten wurde, fiel er aus allen Wolken. Nach allem, was er über den Film gelesen hatte, mußte er doch schon längst abgedreht sein. Aber nein, das alles war erst der Anfang.

1 (*1898)

9 Die größte Pleite in Hollywood

Die Selznick-Brüder hatten völlig unterschiedliche Vorstellungen von Gastfreundschaft und Gesellschaftsleben. Myron war viel zu sehr Einzelgänger, um den Hollywood-Nabob zu spielen. David dagegen tat es mit großem Genuß. Er und Irene lebten auf großem Fuß und hielten sich eine komplette Dienerschaft, die eine Zeitlang sogar zwei Schichten von Köchen umfaßte, so daß der Hausherr zu jeder Tages- oder Nachtzeit warm speisen konnte. Myron führte dagegen am Strand von Santa Monica ein fast mönchisches Leben. Seit seiner Scheidung lebte er allein mit ein oder zwei Bediensteten, und das gesellschaftliche Leben in seinem Haus begrenzte sich auf gelegentliche Poker-Partien oder Trinkgelage mit einigen Freunden. Gab er doch einmal eine größere Gesellschaft, beauftragte er Collier Young, einen wohlerzogenen Südstaatler und einer von Myrons Agenten, mit ihrer Organisation. David nannte ihn einen »Flüchtling F. Scott Fitzgeralds«.

Kurz nach Weihnachten ließ Myron Collier Young zu sich rufen. Er fand beide Brüder im Schutz eines Windschirms im Hof von Myrons Haus am Strand sitzen. Er bekam eine Gäste-Liste ausgehändigt, zusammen mit dem Auftrag, in Myrons Lake Arrowhead Ferienhaus ein Neujahrs-Wochenende vorzubereiten.

Am Nachmittag des letzten Tages 1938 fuhr ein gemieteter Bus die Gäste durch die Orangenhaine von San Bernardino auf die dahinterliegenden Berge zu. Während eine kleine Combo im Fond Hits wie *Alexander's Ragtime Band* spielte, wurden Drinks serviert. Als den Eingeladenen langsam die darin enthaltene Anspielung dämmerte, kühlte sich die fröhliche Stimmung schlagartig ab. Unter den männlichen Gästen befanden sich David Niven[1], Arthur Hornblow Jr.[2], Errol Flynn, alles Angehörige des inneren Kreises um die Selznicks, also nichts, was irgendwie ungewöhnlich gewesen wäre. Aber unter den Damen sah man Vivien Leigh, Paulette Goddard, Joan Bennett, Miriam Hopkins und dazu ein oder zwei unbekanntere Kandidatinnen für die Rolle der Scarlett. Die

1 (*1909)
2 († 1980)

Atmosphäre bekam eine gewisse gereizte Gespanntheit, die sich auch nicht legte, als sich die Selznick-Brüder offensichtlich über einen kleinen privaten Spaß amüsierten. Hatte David etwa vor, die Gewinnerin der so heiß ersehnten Krone auf besonders diabolische Weise bekanntzugeben, obwohl man in Hollywood allgemein der Ansicht war, sie bereits auf Vivien Leighs Haupt zu sehen? Die Spannung löste sich auch nicht, als man schließlich in Myrons Ferienhaus anlangte. Sie überlagerte nicht nur den Silvesterabend, sondern auch noch das ganze Wochenende. Aber die Selznicks ließen die Katze nicht aus dem Sack. Nur wenn man sich allein oder zu zweit von der übrigen Gesellschaft absonderte, lockerte sich die Stimmung etwas auf. Einige der männlichen Gäste kehrten hinkend und mit Kratzspuren nach Los Angeles zurück. Vor den Schlafzimmerfenstern der Damen waren sinnigerweise Dornbüsche gepflanzt.

Es war vor allem Alexander Kordas beharrliches Feilschen zu verdanken, daß zwischen Selznicks Entscheidung für Vivien Leigh und der offiziellen Bekanntmachung zwanzig Tage vergingen. Allerdings war die Sache zu diesem Zeitpunkt kaum noch ein Geheimnis, denn inzwischen erschien die Schauspielerin regelmäßig im Studio zu Make-up-Tests, Kostümanproben und Treffen mit Will Price und Susan Myrick, die sie in Südstaaten-Dialekt und – Benimm unterwiesen. Vivien machte im übrigen kein Hehl aus ihrer Abneigung gegenüber Hollywood. »Hier mißt sich alles nur am Finanziellen«, schrieb sie beispielsweise ihrem ehemaligen Gatten. Außerdem fühlte sie sich gar nicht wohl in ihrer Haut, wenn sie an ihren Sieben-Jahres-Vertrag dachte. Aber schließlich ging es ihr genau wie Laurence Olivier mit seiner Heathcliff-Rolle – die darstellerischen Möglichkeiten und das enorme Honorar reizten sie so sehr, daß alle Zweifel zum Schweigen gebracht wurden. Außerdem gab ihr George Cukor ein gewisses Gefühl der Sicherheit. Da auch er stark vom Theater geprägt war, stand er ihr näher als die große Mehrheit der Filmleute. Dieses Vertrauen läßt sich aus einem weiteren Brief an Holman herauslesen, in dem sie den Regisseur als »sehr intelligenten und einfallsreichen Mann« bezeichnet, der »sein Handwerk perfekt zu beherrschen scheint.«

Carreen und Suellen schauen entsetzt zu, wie ihr Vater vom Pferd geworfen und getötet wird.

Selznick war es inzwischen gelungen, Olivia de Havilland[1] von Warner Brothers für die Rolle der Melanie »auszuleihen«. Darüber soll später noch ausführlicher die Rede sein. Damit waren alle Hauptrollen seines Films jetzt endlich besetzt. Da er nicht der Mann war, mit irgend etwas hinterm Berg zu halten, verkündigte er die Neuigkeit in einer 750-Worte-Verlautbarung, die vor allem wegen ihrer geschickten Umschreibungen interessant ist. Darin war von Vivien Leighs Filmarbeiten in England die Rede, ohne daß sie als Engländerin bezeichnet wurde. Außerdem erfuhr man, daß sie in Indien als Tochter eines französischen Vaters und einer irischen Mutter geboren worden war (wodurch ihre Herkunft noch weiter verschleiert wurde) und in England, Frankreich, Deutschland und der Schweiz die Schule besucht hatte. Vivien Leighs wirkliche Nationalität wurde dadurch immer undurchsichtiger. Genauso elegant umschiffte Selznick die Erwähnung ihrer bevorstehenden Scheidung und ihr Zusammenleben mit Laurence Olivier, indem er sie als Mrs. Leigh Holman, die Gattin eines Londoner Rechtsanwalts vorstellte. Hollywoods Moralkodex wurde so in jeder Hinsicht Genüge getan. Und wie üblich wurden auch keine Altersangaben gemacht. So erfuhr niemand, daß Vivien Leigh acht Jahre älter war als Scarlett zu Beginn der Handlung – und Leslie Howard gar zweiundzwanzig Jahre älter als Ashley Wilkes.

An jenem Abend, an dem die Entscheidung über die Besetzung der Scarlett endlich fallen sollte, befand sich Margaret Mitchell in der Lokalredaktion ihrer alten Zeitung, der *Atlanta Constitution,* um an der Gestaltung der Story mitzuwirken. Erst kurz vor Redaktionsschluß begann Selznicks Presse-Erklärung per Telegramm im Büro der *Western Union* in der Peach Street einzutreffen, wo John Marsh sehnsüchtig darauf wartete. Da die Erklärung für eine einzige Übermittlung zu lang war, wurde sie Teil für Teil durchgegeben. Marsh konnte sie also auch nur bruchstückweise bei der *Constitution* abliefern, wo sie sofort in Satz gegeben wurde. Sechsmal insgesamt mußte er den Weg von der Peach Street in die Redaktion machen, bis die gesamte Erklärung vorlag. Ein langjähriger Mitarbeiter der Zeitung erzählte Margaret Mitchell, daß er sich nur an eine Gelegenheit erinnere, als eine so lange Story noch kurz vor Redaktionsschluß in Bruchstücken ins Haus geflattert kam. Es war entweder die Meldung über den Untergang der

1 (*1916)

»Titanic« oder der »Lusitania«; so ganz genau konnte er sich leider nicht mehr erinnern. Im Zeitungsarchiv fand sich nur ein einziges Foto von Olivia de Havilland – ein höchst braves »Pin-up«-Foto, das sie im Badeanzug zeigte. Als die Mitchell meinte, es wäre wohl nicht so ganz das Richtige für diese Gelegenheit, immmerhin spiele sie doch die Rolle der Melanie, versuchte der verantwortliche Redakteur sie zu trösten: »Wir könnten dazuschreiben, daß Shermans Leute ihr den Rest ihrer Kleider weggenommen haben.«

Als Margaret Mitchell dann später am Abend aus dem ganzen Land Anrufe von Reportern erhielt, die sie nach ihrer Meinung zu Selznicks Wahl fragten, äußerte sie lediglich, daß Vivien Leigh wirke, als ob sie »über sehr viel Geist und Temperament verfügt, im Gegensatz zu vielen der farblosen Hollywood-Mädchen«. Selznick war einerseits erleichtert, daß die Autorin seine Scarlett nicht öffentlich gerügt hatte, doch er ärgerte sich auch darüber, daß sie ihr nicht ihren vollen Segen gab. Offiziell interpretierte er die Bemerkung als Zustimmung zu seiner Wahl. Aber er wurde unverzüglich korrigiert.

Das Herunterspielen von Vivien Leighs Nationalität trug offensichtlich Dividenden in der öffentlichen Meinung: eine Gallup-Umfrage, die nach der Ankündigung vorgenommen wurde, zeigte fünfunddreißig Prozent Zustimmung und sechzehn Prozent Ablehnung; zwanzig Prozent waren unentschlossen, und neunundzwanzig Prozent erklärten, sie hätten trotz der von jeder Zeitung und jeder Radiostation zwischen Atlantik und Pazifik verbreiteten Meldung noch nichts davon gehört. Die schrillsten Proteste kamen von Hedda Hopper, die in ihrer Kolumne Selznick beschuldigte, jede amerikanische Schauspielerin durch diese Wahl beleidigt zu haben. Andererseits waren die »Töchter der Konföderation«[1] so erleichtert darüber, daß keine Nordstaaten-Yankee-Schauspielerin die Rolle bekommen hatte, daß sie in einer mehrheitlich gebilligten Resolution Vivien Leigh offiziell akzeptierten.

Am Tag der offiziellen Verlautbarung erhielt Joan Bennett eine große Schale mit Orchideen und ein Schreiben von Selznick mit den einleitenden Worten: »Scarletts Stunde ist endlich gekommen. Unglücklicherweise ist die Entscheidung gegen unsere Joanie gefallen. Ich bin dankbarer als Worte zu sagen vermögen für Deine Bemühungen und Leistungen, die ganz außerordentlich waren...«

1 Daughters of Confederacy

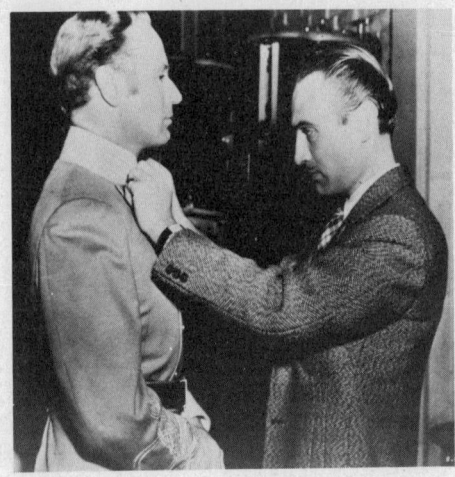

Walter Plunkett, der für »Vom Winde verweht« die Kostüme entwarf, richtet an Ashleys Südstaaten-Uniform den Kragen.

Paulette Goddard – im Glanz eines neuen Diamant-Kolliers – wurde von Selznick während Douglas Fairbanks Juniors Dinner-Party für Elsa Maxwell[1] zur Seite genommen. Seine tröstenden Worte schienen aber fast überflüssig, da sie inzwischen so intensiv mit ihrer neuen Rolle in Chaplins *Der große Diktator*[2] beschäftigt war, daß der Verlust der Scarlett-Rolle ihr so gut wie nichts ausmachte.

Mit Jeffrey Lynn traf Selznick bei einer Probevorführung zusammen. Er erklärte ihm: »Es tut mir leid, Jeffrey, aber ich konnte einfach dem Namen Leslie Howard nicht widerstehen.« Doch nachdem Scarlett jetzt endlich inthronisiert war, verschwendete er keine weitere Zeit mehr darauf, die von ihm geschlagenen Wunden zu heilen. Er kehrte den enttäuschten Hoffnungen und abknickenden Karrieren den Rücken und konzentrierte seine ganze Energie auf die weitere Besetzung des Films. Zu jener Zeit stellte Selznick mit allen Mitteln der zwanzigjährigen Joan Fontaine[3] nach, die bei RKO unter Vertrag war. Obwohl sie über die Willensstärke und die Raffinesse einer sehr viel älteren Frau verfügte

1 (1883–1963)
2 The Great Dictator (1940)
3 (*1917)

und ihn sich mühelos vom Leib hielt (oder vielleicht gerade deswegen?), bot er ihr Probeaufnahmen für die Rolle der Melanie an. Aber Joan Fontaine meinte zu jenem Typus zu gehören, aus dem man Scarletts macht, nicht Melanies. »Wenn es nur um die Melanie geht, warum versuchen Sie es dann nicht mal mit meiner Schwester?« gab sie ihm von oben herab zu verstehen.

Ihre Schwester, Olivia de Havilland, war von Warner Brothers unter Vertrag genommen worden, um die Hermia in Max Rein-

Anprobe der Kostüme fürs Barbecue: Evelyn Keyes (Suellen O'Hara), Mary Anderson (Maybelle Merriweather), Leslie Howard (Ashley Wilkes), Ann Rutherford (Carreen O'Hara) und Alicia Rhett (India Wilkes).

hardts Film-Version des *Sommernachtstraums[1]* zu spielen. Besser bekannt war sie allerdings als die »dauernd verfolgte Unschuld« in Errol Flynns übermütigen Mantel-und-Degen-Filmen. Von *Captain Blood,* seinem ersten, bis zu *Robin Hood[2],* dem zuletzt abgedrehten und erfolgreichsten, hatte sie in fast jedem diese Rolle gespielt. Trotzdem: warum nicht Olivia de Havilland, dachte Selznick. Ihre zerbrechliche Schönheit entsprach durchaus seinen Vorstellungen von Melanie. Da aber Jack Warner bekannt dafür war, daß er seine Stars höchst ungern an andere Studios verlieh, mußten die ersten Kontakte heimlich erfolgen. Ohne· Warners Wissen stahl sich die Havilland deshalb von Burbank über den Hügel nach Culver City, um bei Cukor vorzusprechen. Ein paar Tage später wurde das Vorsprechen in Selznicks Haus wiederholt. Während Selznick mit verschränkten Armen lauschte, las Cukor sehr gefühlvoll Scarletts Dialoge. Beim Anblick des untersetzten, brillentragenden Regisseurs, der sich in Selznicks holzgetäfeltem Arbeitszimmer in hingebungsvoller Leidenschaft an die Vorhänge klammmerte, konnte Olivia, die ihrer Rolle entsprechend ein schwarzes Samtkleid mit bravem Spitzenkragen trug, nicht länger an sich halten, und brach in unterdrücktes Lachen aus. Doch auch das konnte ihr nicht mehr schaden, denn nachdem sie ihre Szene beendet hatte, sagte Selznick: »Gut, Sie sind unsere Melanie. Sie sind genau das, was wir brauchen. Jetzt haben wir nur noch das Problem, Warner zu überzeugen.« Dann führte Selznick sie ins Spielzimmer, der auch als Vorführraum diente. Dort zeigte er ihr die Probeaufnahmen von sechs anderen Melanie-Kandidatinnen. Olivia erkannte Elizabeth Allen, Andrea Leeds, Frances Dee und Ann Shirley (deren wirklicher Name Dawn O'Day war und die es von der Kinder-Komparsin zum Kinderstar gebracht hatte). Ihrer Meinung nach hätten sie alle ganz ausgezeichnet für die Rolle gepaßt, doch in ihrem eigenen Interesse behielt sie sie natürlich für sich.

Für Olivia de Havilland bedeutete die Rolle der Melanie die Hoffnung auf »Erlösung« in zweifacher Hinsicht. Zunächst einmal konnte sie dadurch der nicht gerade schmeichelhaften Typisierung entgegentreten, die ihr an der Seite von Errol Flynn aufgezwungen worden war. Eine Zeitlang hatte sie diese Kostümrollen durchaus

---

1 A Midsummer Night's Dream (1935)
2 The Adventures of Robin Hood (Robin Hood, König der Vagabunden, 1938)

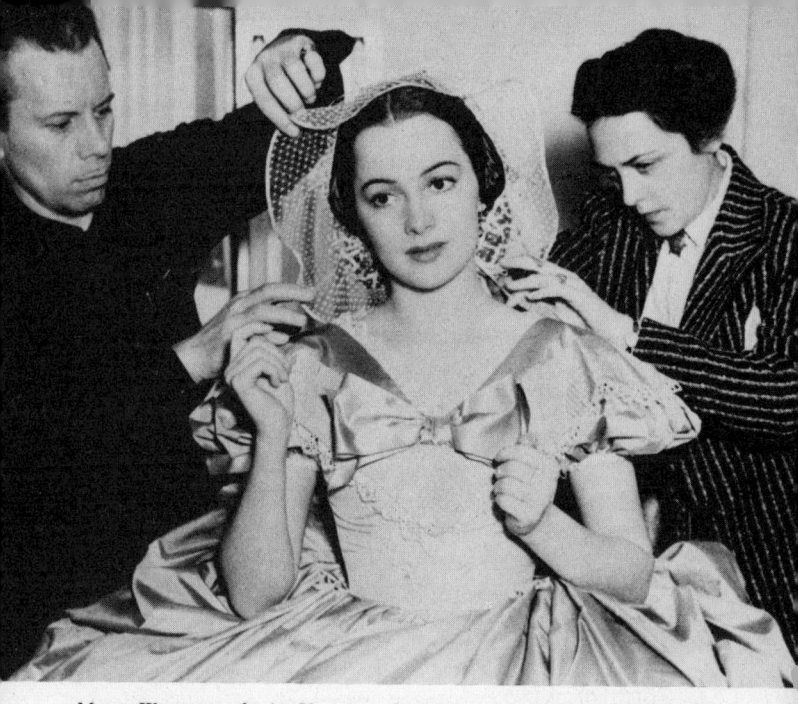

Monty Westmore, der im Vorspann für Make-up und Frisuren verantwortlich zeichnet, befestigt zusammen mit seiner Assistentin Hazel Rogers den Haarschleier, den Melanie zur Hochzeitsfeier von Scarlett mit Charles Hamilton trägt.

genossen, vor allem da sie dem Helden auch privat recht zugetan war. Aber während sie auf der Leinwand ein wild bewegtes Leben führte und die Jahrhunderte so häufig wechselte wie ihre Roben, trat ihre Karriere auf der Stelle. Im übrigen wuchs mit Flynns Ruhm auch sein Ego. Wenn sie in ihrem einzigen großen Auftritt in einem dieser Filme, normalerweise bat sie ihn darin um Hilfe gegen den Sheriff von Nottingham, gegen indische Meuterer oder sonst eine filmische Verkörperung des Bösen, endlich einmal meinte, das Publikum für sich zu haben, begann er am Degengriff herumzufummeln oder mit seinen langen Lederhandschuhen nach imaginären Fliegen zu schlagen und ihr so die Show zu stehlen. Doch damit nicht genug. In ihren Liebesszenen starrte er immer auf ihren Haaransatz anstatt in ihre Augen, weil seine Frau Lily Damita ihm erzählt hatte, seine Augen wirkten zu klein. Doch Erlösung versprach sie sich durch die neue Rolle auch von den Warner Brothers selbst, in deren Gesellschaft die männlichen Stars wie Gagney, Robinson und vor allem Paul Muni[1], den eine gewisse fremdländische Exotik umgab, die erste Geige spielten. Da blieb nur noch Platz für einen einzigen weiblichen Star, und der schien genauso unverrückbar fest auf seinem Platz zu stehen wie die Freiheitsstatue: Bette Davis.[2]

Doch zwischen Olivia und der ersehnten Rolle stand noch immer Jack Warner. Als sie ihn in seinem Büro aufsuchte, fand sie ihn beim Spiel mit einer elektrischen Eisenbahn; ganz offensichtlich ein Weihnachtsgeschenk für seinen Sohn. Überall auf dem Boden waren Gleise verlegt, und Züge ratterten geschäftig unter Stühlen und Tischen hervor oder verschwanden unter der Couch. Schauspieler hatten Warner schon immer nervös gemacht. Sie gehörten zu einer mysteriösen, fremdartigen Rasse von Menschen, die er einfach nicht begreifen konnte. Sein Respekt galt Produzenten und Autoren, denen er auf seine Weise sogar vertraute. Von Schauspielern dagegen verlangte er absoluten Gehorsam. Wagte es einer von ihnen, eine Rolle abzulehnen, zog der sich seinen allerhöchsten Zorn zu und riskierte die schwerste Strafe – die vorläufige Suspendierung und Verbannung vom Studio-Gelände, was fast noch schlimmer war als die damit zusammenhängenden finanziellen Einbußen. Denn das Studio war das Zentrum jeder Schauspielerexistenz. Während der Dreharbeiten verbrachte er hier zwölf Stunden am Tag und sechs Tage in der Woche. Hier traf er seine Freunde, aß seine Mahlzeiten, plazierte seine Wetten, traf seine Verabredungen, empfing Reporter und Fans und gab seinem Affen noch auf vielerlei andere Art Zucker. Doch auch außerhalb des Studios hatte ein Schauspieler nach Warners Pfeife zu tanzen, wobei er zu keinerlei Konzessionen bereit war. Während er den kleinen, kreuz und quer durchs Zimmer schießenden Zügen hinterherhetzte, fragte er sie: »Warum wollen Sie ausgerechnet die Melanie spielen? Scarlett ist doch die Hauptrolle – und die ist vergeben.« Aber Olivia ließ sich nicht beirren. Sie beharrte darauf, daß sie an der Rolle der Melanie und nicht an Scar-

1 (1895–1967)
2 (*1908)

196

Vivien Leigh steht in Position, während an Komparsen noch in letzter Minute Änderungen an Kostüm und Make-up vorgenommen werden.

lett interessiert sei. »Oh, das können Sie doch nicht im Ernst meinen, das wird doch der größte Flop der Geschichte«, erwiderte Warner und beendete damit die Audienz. »Im übrigen«, und damit enthüllte er das eigentliche Motiv seiner Abneigung gegenüber dem Ausleihen seiner Stars an andere Studios, »kommen Sie dann zurück und stellen immer neue Ansprüche.«

Normalerweise wäre das das letzte Wort in einem solchen Fall gewesen. Doch unter ihrem nachgiebigen Äußern war Olivia recht gerissen und einfallsreich. Vielleicht war sie die zarteste Blüte in Jack Warners Garten, doch sie war in flüssigem Stahl gehärtet. Als sie beispielsweise herausbekam, daß die Kostüm- und Schmink-Abteilungen vor allen anderen die Drehbücher der geplanten Produktionen zu sehen bekamen, um sich auf eventuelle Schwierigkeiten rechtzeitig vorbereiten zu können, bearbeitete sie die jeweiligen Abteilungs-Verantwortlichen, die ihr dann heimlich die Drehbücher ausliehen, so daß sie sich vor der Konkurrenz über die Rollen informieren und aufs Vorsprechen vorbereiten konnte. In der augenblicklichen Situation konnten ihr diese Helfershelfer

197

allerdings kaum von Nutzen sein, aber Olivia hatte bereits jemand auf dem Korn, der alle Voraussetzungen dafür mitbrachte – Warners Frau. Sie wußte, welch großen Einfluß sie auf ihn hatte und arrangierte darum eine höchst eindrucksvolle Sympathiekundgebung über einer Tasse Tee beim Beverly Hills Brown Derby, wobei sie an ihre Solidarität als frühere Schauspielerin appellierte.

Mrs. Warner und David Selznick vereinigten daraufhin ihre Kräfte, um Warners Opposition zu brechen. Während Selznick ihn dadurch zu bestechen versuchte, daß er ihm Stars aus seiner Mannschaft anbot – Warner schielte ebenso gierig nach den Kassenmagneten anderer Studios wie er die eigenen eifersüchtig bewachte –, wandte Mrs. Warner eher weibliche Überredungskünste an. Mit seinem gewohnten Realismus sah sich Selznick aber gleichzeitig nach einer Alternative um. Vor einem Jahr hatte ihn eine junge Schauspielerin namens Marsha Hunt, die bei der Paramount unter Kontrakt war, beim Vorsprechen für die Rolle der Melanie stark beeindruckt. Ganz spontan entschloß er sich, sie noch ein zweites Mal zum Vorsprechen einzuladen. Als sie ihre Szene beendet hatte, applaudierte Cukor begeistert, und Selznick nahm sie väterlich in die Arme: »Ich habe meine Melanie gefunden!« Glücklich erregt über Selznicks offensichtliche Begeisterung, sah sich Marsha Hunt schon geistig Abschied nehmen von ihrer Rolle als unbestrittene Königin jener seichten Teenager-Liebesfilme, in denen sie bei Paramount eingesetzt wurde. Sie waren eine Art Vorläufer der »Strand-Filme« der frühen sechziger Jahre, die ebenfalls auf den Teenager-Markt zielten. Aber Selznick verpflichtete sie zur Geheimhaltung unter dem Vorwand, sie zuerst noch an der Seite Vivien Leighs sehen zu wollen. Erst danach sollte die Entscheidung öffentlich bekannt gemacht werden. Aber ganz offensichtlich nährte er noch immer die Hoffnung, Olivia de Havilland von Warner Brothers loszueisen. Und tatsächlich kapitulierte J. L. Warner kaum vierundzwanzig Stunden später. Wieviel davon Mrs. Warner gutzuschreiben ist, bleibt ungeklärt. Aber den Ausschlag dürfte wohl Selznicks unwiderstehliches Angebot gemacht haben, ihm die Option auf James Stewart[1] zu überlassen, Metros immer heller strahlenden Stern. Stewart mußte sich daraufhin sofort verpflichten, in der Warner Brothers-Produktion *No Time for*

1 (*1908)

Comedy[1] aufzutreten, und parallel dazu wurde Olivia de Havilland für *Vom Winde verweht* engagiert. Marsha Hunt las die Neuigkeit am nächsten Morgen im *Hollywood Reporter,* während sie auf Selznicks Anruf wartete, der nie kam.

Warners Befürchtungen sollten sich als nur zu berechtigt erweisen. Nachdem Olivia de Havilland den rasch zu Kopf steigenden würzigen Wein des Starruhms gekostet hatte, war sie für die strenge Studio-Disziplin verloren. Immer häufiger zog sie es vor, bestimmte Rollen abzulehnen, die sie wieder in das alte Klischee als Errol Flynns dankbares Liebchen gezwungen hätten, und riskierte dafür die Suspendierung durch Warner. So unwahrscheinlich es auch klingen mag: sie wurde dadurch zum Mittelpunkt all jener Bestrebungen, die die absolute Autorität der Studios über ihre Stars zu unterminieren versuchten. Indem sie vor Gericht über Warner einen entscheidenden Sieg errang, beschleunigte sie den Autoritätszerfall der Studios und setzte außerdem einen Prozeß in Gang, der das gesamte System verändern sollte.

Als 1943 ihr Kontrakt mit Warner Bros. auslief hatten sich die sieben Suspendierungen Olivia de Havillands zu insgesamt neun Monaten summiert, die Warner der Laufzeit des Vertrags zuschlagen wollte. Olivia ging vor Gericht, und nach drei Instanzen in achtzehn Monaten entschied der Superior Court of California zu ihren Gunsten: ein Sieben-Jahres-Vertrag ist lediglich für sieben Jahre bindend. Warner brachte den Streitfall vor das Appellationsgericht und warnte gleichzeitig alle anderen Hollywood-Produzenten, daß seine Prozeßgegnerin bei ihm noch immer unter Vertrag stand, um ihr so jede Hoffnung auf anderweitige Beschäftigung zu nehmen. Er argumentierte damit, daß man die Monate der Suspendierung nicht als Arbeitszeit im Sinne des Vertrags anrechnen könnte. Doch wieder entschied das Gericht zugunsten von Olivia. Der Richter führte aus, daß es unzulässig sei, die Zeit der Suspendierung den vertraglich festgelegten sieben Jahre zuzuschlagen, denn das würde »einer Leibeigenschaft gleichkommen«. Aus dem Krieg zurückkehrende Stars, wie beispielsweise James Stewart und Melwyn Douglas[2], hatten allen Grund, sich bei Olivia de Havilland für ihre Hartnäckigkeit zu bedanken. Ihre Verträge waren nämlich kurz vor dem Auslaufen, und so konnten sie jetzt

1 Keine Zeit für Komödie (1940)
2 (1901–81)

aufgrund dieses Urteils neue Bedingungen zu Nachkriegshonoraren aushandeln, wobei sich sogar Gewinnbeteiligungen erzielen ließen.

Doch das lag an jenem Tag noch in weiter Ferne, als die junge Olivia an einem regnerischen Januarmorgen des Jahres 1939 bei Selznick-International ihre Arbeit aufnahm. Allerdings hätte man die Entwicklung vielleicht anhand jener beharrlichen Entschlossenheit vorherahnen können, mit der sie über alle Hindernisse hinweg die Rolle der Melanie für sich erkämpfte. Sie machte sich sofort daran, ihren Akzent und ihr Äußeres entsprechend der neuen Aufgabe zu verändern. Als Cukor ihr zwei verschiedene Haartrachten vorschlug – die eine mit Ringellöckchen, die ihr sehr schmeichelte, die andere, sehr viel strengere, mit locker über die Ohren gezogenen Haaren, die für die Zeit eher authentisch war, entschied sie sich spontan für die Authentizität und gegen den Glamour. Zufrieden mit sich und ihrer künstlerischen Wahrheitsliebe zeigte sie ihrem augenblicklichen Beau die Kostümaufnahmen. Doch dieser war entsetzt über diese »Einstellung«. »Was haben sie bloß mit dir gemacht«, fuhr er sie an. »Und außerdem sieht es aus, als ob du flachbrüstig wärst!«

Olivia de Havillands Beau zu dieser Zeit war Howard Hughes[1]. Zu den Ungereimtheiten ihrer Persönlichkeit zählte nämlich auch ihr hektisches Liebesleben. Seitdem sie bei Warner unter Vertrag war,unterhielt sie romantische Beziehungen zu einer ganzen Reihe von Hollywoodgrößen – zumindest wurde ihr das nachgesagt. Darunter, um nur drei der bekanntesten zu nennen, James Stewart, Fredric March und Regisseur Anatole Litvak[2]. Ihre Beziehung zu Hughes begann damit, daß sie seine Einladung annahm, in seinem Flugzeug von einem Drehort in der Wüste zurück nach Los Angeles zu fliegen. Hughes selbst war nicht an Bord, und Olivia hatte ihm auch nie schöne Augen gemacht. Aber Louella Parsons bekam Wind von der Sache und berichtete darüber in ihrer Klatschspalte, wobei sie gleich zwei falsche Vermutungen äußerte: Hughes hätte das Flugzeug selbst geflogen, und Olivia wäre demnach als vorläufig letzte in der langen Reihe von Hughes »Verlobten« zu betrachten. Am selben Tag, an dem diese aus den Fingern gesogene Story erschien, klingelte bei Olivia de Havilland

1 (1905–76)
2 (1902–74)

das Telefon. »Hier spricht Howard Hughes«, stellte sich der Anrufer vor, »nachdem wir jetzt also verlobt sind, wollte ich Sie fragen, was Sie von einem Treffen halten?« Sie nahm seine Dinner-Einladung an, borgte sich von ihren Freunden in der Kostümabteilung des Studios eine Robe und warf ein Pelzcape über. Sie hatte keine Ahnung, daß Hughes' Vorstellungen von einem Rendezvous sich meilenweit von denen anderer Hollywoodkavaliere unterschieden. Er haßte Gesellschaftskleidung, er haßte überlaufende Mode-Restaurants und vor allem haßte er das Rampenlicht der Öffentlichkeit. Als sich Olivia de Havilland im Winter 1938 regelmäßiger mit ihm zu treffen begann, lernte sie ganz neue Milieus kennen: abgelegene Speisehäuser und verschwiegene Bars, die kaum einer kannte. Schon ihr erster Abend hatte den Akzent gesetzt. Zuerst sahen sie sich in seinem mit grünen Stuck verzierten Büro an der Romaine Street zwei Filme an und speisten dann in einem Steak-Haus am Olympic Boulevard. Doch wichtiger als das alles war das aufregende Gefühl, mit Hollywoods legendärem jungen Mann zusammenzusein (damals war er dreiunddreißig) und ihn von seinen Plänen sprechen zu hören. Er wollte sich in den nächsten Jahren jeweils eine bestimmte Zeitspanne ihm besonders reizvoll erscheinenden Beschäftigungen widmen – den Naturwissenschaften, dem Filmemachen und dem Flugwesen.

Nachdem der Beginn der Dreharbeiten nun endgültig auf den 26. Januar festgesetzt worden war, begannen ganze Prozessionen von Schauspielern aller Altersklassen und Bekanntheitsgrade, sowohl aus den Theatern wie aus den Filmstudios, vom Broadway und aus der Provinz, von der Metro und aus den Studios der »Poverty Row« durch Selznicks Studio zu strömen, und sich um die Nebenrollen zu bewerben. Zunächst sollte Lionel Barrymore den Dr. Meade spielen, doch da der Schauspieler inzwischen an den Rollstuhl gefesselt war, ging die Rolle an Harry Davenport[1]. Billie Burke[2] hatte ihr Herz an die Rolle von Tante Pittypat verloren, und obwohl Selznick sie für zu jugendlich und attraktiv hielt, gab er schließlich ihrem Drängen nach und bestellte sie zu Probeaufnahmen. Um Scarletts geschäftiger, dicklicher Tante zumindest äußerlich zu ähneln, hatte sie sich in ein dick gepolstertes Kleid gezwängt, ein Gummidoppelkinn verpassen lassen und die Wangen

1 (1866–1949)
2 (1885–1970)

durch Einlagen aufgebläht. Als sie ins Studio stapfte, wirkte sie wie ein überdimensionierter Erntedank-Truthahn. Die dicke Vermummung machte ihr unter den heißen Studio-Scheinwerfern besonders schwer zu schaffen und sie wäre fast ohnmächtig geworden. Über Dialogstellen und Kleidungsstücke stolpernd schaffte sie es mit Müh und Not, die Szene durchzuhalten, ohne allerdings George Cukors Anweisungen im geringsten zu befolgen. Ein paar Tage später bekam die beherzt agierende Laura Hope Crews[1] die Rolle.

In manchen Fällen war die Entscheidung so offensichtlich, daß selbst Selznick die Sache nicht hinauszuzögern vermochte. So konnte eigentlich nur Thomas Mitchell[2] Scarletts Vater Gerald O'Hara spielen. Selznick mußte einer speziellen Vertragsklausel zustimmen, nach der der Schauspieler nicht reiten mußte, denn er fürchtete sich entsetzlich vor Pferden. Sehr problematisch erwies sich dagegen die Besetzung von Belle Watling, der »Madame« aus Atlanta. Als sich Selznick während einer zu Ehren von Großherzogin Maria gegebenen Dinner-Party darüber beklagte, verfiel seine alte Verbündete Mrs. Jack Warner plötzlich in Südstaatendialekt, worauf ihr der Produzent Probeaufnahmen anbot, natürlich im Scherz. Daraufhin versuchten sich auch die anderen Damen mit sehr unterschiedlichen Ergebnissen in dieser Kunst. Die Großherzogin wirkte etwas pikiert. Auch ohne Mrs. Warner wurde die Liste der für diese Rolle getesteten Damen ziemlich lang, darunter Joan Blondell, Loretta Young und Gladys George[3]. Jede von ihnen brachte gewisse Qualitäten dafür mit, aber Selznick war einfach nicht damit zufrieden. Er suchte nach etwas, das er nicht definieren konnte, war aber sicher, es sofort zu erkennen, wenn er es vor sich sah. Ein plötzlicher Einfall ließ ihn an Kay Brown telegrafieren, sie solle sich mit Tallulah Bankhead in Verbindung setzen und anfragen, ob sie bereit wäre die Belle als »Stunt«- oder »Cameo«-Rolle zu spielen. Da er sich vorstellen konnte, daß die temperamentvolle Tallulah ihre Zurückweisung als Scarlett noch nicht verwunden hatte, warnte er die Agentin: »Erwähnen Sie um Himmels willen nicht meinen Namen. Sagen Sie einfach, es wäre Ihre Idee, und Sie hätten mit mir darüber noch gar nicht gesprochen.«

1 (1880–1942)
2 (1895–1962)
3 (1900–54)

Doch Kay Brown entschied sich, den Auftrag einfach zu ignorieren, und Selznick kam auch nie wieder darauf zurück. Aber wieder einmal sollte ihm seine außergewöhnliche Intuition zu Hilfe kommen.

In der Kostümabteilung erschien eine junge Frau, die auf Anweisung des Produzenten als Belle Watling hergerichtet werden sollte. Es war die New Yorker Schauspielerin Ona Munson[1], die auf den ersten Blick ungefähr soviel mit einer Südstaaten-»Madame« zu tun hatte wie Hitler mit dem Heiligen Nikolaus. Sie war groß, sommersprossig und trug einen kurzen Bubikopf; außerdem war sie deutlich flachbrüstig. Aber wenn Selznick auf Probeaufnahmen bestand, war es weder Sache des Kostümbildners noch des Schminkmeisters, sich darüber Gedanken zu machen. Also machten sie sich ans Werk – und auf der Leinwand war die Wirkung elektrisierend. Man sah eine üppige rubenshafte Gestalt mit kremiger Ingreshaut, glänzendem Rothaar und einer atemberaubend geschwungenen Nackenlinie, auf der die edlen Steine voll zur Geltung kamen. Es war die Szene, in der Belle vor der in ein Lazarett verwandelten Kirche mit Melanie zusammentrifft. Hinter der Kamera hervor markierte Will Price Melanies Dialoge, auf die Belles tiefe und heisere Stimme antwortete, die von sexuellen Obertönen vibrierte. Als am Ende dieses perfekten und fesselnden Auftritts in dem kleinen Studio-Vorführraum wieder die Deckenbeleuchtung aufflammte, blieb es eine Weile still. Dann hörte man Selznicks Stimme: »Ja, das ist Belle!«

Selznicks Einstellung gegenüber Schwarzen auf der Leinwand entsprach dem gängigen »Pragmatismus« Hollywoods. So bestand beispielsweise Mae West[2] darauf, in jedem ihrer Filme eine schwarze Zofe zu haben. Als der Regisseur Henry Hathaway[3] sie einmal nach dem Grund dafür fragte, erklärte sie: »Hören Sie! Sie sollten immer daran denken, daß jeder vierte Zuschauer auf der Galerie schwarz ist. Sie sind mein Publikum, und ich will ihnen zeigen, daß ich demokratisch denke.« Schwarze hatten genau markierte Positionen – in der Küche oder auf der Plantage. Selznick hatte wohl den Ku Klux Klan aus *Vom Winde verweht* eliminiert, da er fürchtete, daß dies »als unbeabsichtigte Werbung

1 (1903–55)
2 († 1980)
3 (*1898)

Vorhergehende Doppelseite: Verzweifelt über die 300 Dollar Steuer, die sie für Tara bezahlen soll, wendet sich Scarlett an Ashley um Hilfe. Er spricht vom Untergang einer Kultur, während sie ihn bestürmt, mit ihr nach Mexico zu fliehen.

für intolerante Organisationen in diesen faschistisch orientierten Zeiten verstanden werden könnte«, wie er Sidney Howard schrieb. Aber er schien keinen Anstoß an Margaret Mitchells eher verdecktem Rassismus zu nehmen, der unterschwellig suggerierte, der Süden wäre ideologisch Sieger geblieben, da sich bis in die Gegenwart weder auf sozialem noch auf ökonomischem Gebiet die Abhängigkeit der Schwarzen von den Weißen geändert habe.

In Städten wie Detroit und Chicago war die Gettosituation der Schwarzen zu jener Zeit bereits sehr deutlich sichtbar geworden. Man kann wohl nicht behaupten, daß Produzenten wie Selznick durch ihre Gleichgültigkeit die Aussöhnung zwischen den Rassen verhindert hätten, doch ihre Filme haben auf jeden Fall keinerlei Beitrag zu einem besseren Verständnis geleistet. Vielleicht ist dies eine der größten verpaßten Gelegenheiten der Filmindustrie, doch zu jener Zeit vertrat man in Hollywood die Ansicht, daß die Übermittlung von Botschaften Sache der Nachrichtenagenturen sei. Fünfunddreißig Jahre später war dann der Platz der Schwarzen auf dem Polizeirevier und im Bordell. Eine neue Produzenten-Generation hatte das schwarze Publikum entdeckt und vermarktete es mit der traditionellen Skrupellosigkeit Hollywoods in einer Serie gewalttätiger und sexgeladener Bullen-und-Dealer-Reißer. Die darin auftauchenden Klischees des aggressiven und sexuell brutalen jungen Schwarzen und seiner hinreißenden, aber knochenharten Gespielin waren noch weniger glaubhaft oder gar repräsentativ als die komischen schwarzen Butler und fetten Mammys, die Selznick in *Vom Winde verweht* auf die Leinwand brachte.

Nachdem er erfahren hatte, daß sie der Star unter den Amateurschauspielern der Dienerschaft des Weißen Hauses sei – und immer auf der Suche nach einer guten PR-Story –, ließ er Elizabeth McDuffie, die Köchin der Präsidentenfamilie, zu Probeaufnahmen für Scarletts Mammy einladen – »mit den besten Wünschen von Mrs. Franklin D. Roosevelt«. Doch es war unvermeidlich, daß schließlich Hattie McDaniel[1] diese Rolle bekommen sollte. Diese

1 (1895–1952)

206

ungeheuer eindrucksvolle schwarze Schauspielerin mit dem kaum zu bändigenden Temperament hatte ihre Laufbahn als Sängerin bei Prof. George Morrison's Colored Orchestra begonnen. Sie wurde die erste Schwarze, die vor Rundfunkmikrophone trat. Danach war sie nach Hollywood gekommen und konnte sich rasch als die Leinwand-Mammy durchsetzen, eine Rolle, mit der sie sich ihr Leben lang zufriedengab.

Butterfly McQueen kam von der Bühne. Als sie für die Rolle der Prissy unterschrieb, trat sie gerade in dem Benny Goodman / Louis Armstrong-Musical *Swingin' On a Dream* auf, das vom *Sommernachtstraum* angeregt war. Die Welt der schwarzen, quiekenden, komischen Küchenmädchen und Zofen hätte ihre ganz persönliche Domäne werden können. Sie spielte diese Rolle in vier aufeinanderfolgenden Filmen und kündigte dann an, nie wieder in diesem Klischee auf der Leinwand erscheinen zu wollen. Dabei blieb sie, und damit ruinierte sie ihre Film-Karriere. Butterfly McQueen verzichtete sogar lieber auf einen Auftritt in einer Jack Benny-Show, eine Prissy noch einmal wiederaufleben zu lassen. In seiner Autobiographie erinnerte sich Malcolm X an seine ungeheure Verblüffung, als er als junger Mann Butterfly McQueen in der Rolle der Prissy auf der Leinwand erscheinen sah. Es ist durchaus vorstellbar, daß die Schauspielerin selbst diesen Auftritt später mit ähnlich gemischten Gefühlen betrachtete.

Was aber wurde aus den von George Cukor und Arnow wie exotische Vögel aus dem Süden nach Hollywood verschleppten Schönen, über die noch vor kurzem jede Zeitung berichtete? Marcella Martin wurde zu Cathleen Calvert, Mary Anderson zu Maybelle Merriwether und Alicia Rhett, wie wir bereits sahen, zu India Wilkes. Evelyn Keyes, ein weiteres Südstaaten-Starlet, wurde bei Cecil B. De Mille ausgeliehen, um Scarletts Schwester Suellen zu spielen. Und Ann Rutherford, besser bekannt als Andy Hardys Freundin, spielte die andere Schwester Careen.

In jenen Tagen rannte ein junges Starlet, das man für eine kleine Nebenrolle in Betracht gezogen hatte, weinend und aufgelöst einem überraschten Produktionsassistenten in die Arme und erklärte schluchzend, David Selznick sei in seinem Büro tätlich geworden. Evelyn Keyes, ein munteres, gut gebautes Blondchen aus einem Arbeiterviertel Atlantas, wurde mit solchen Situationen besser fertig. Als Selznick zum Angriff überging, rannte sie einfach so lange um seinen riesigen Mahagoni-Schreibtisch, bis der

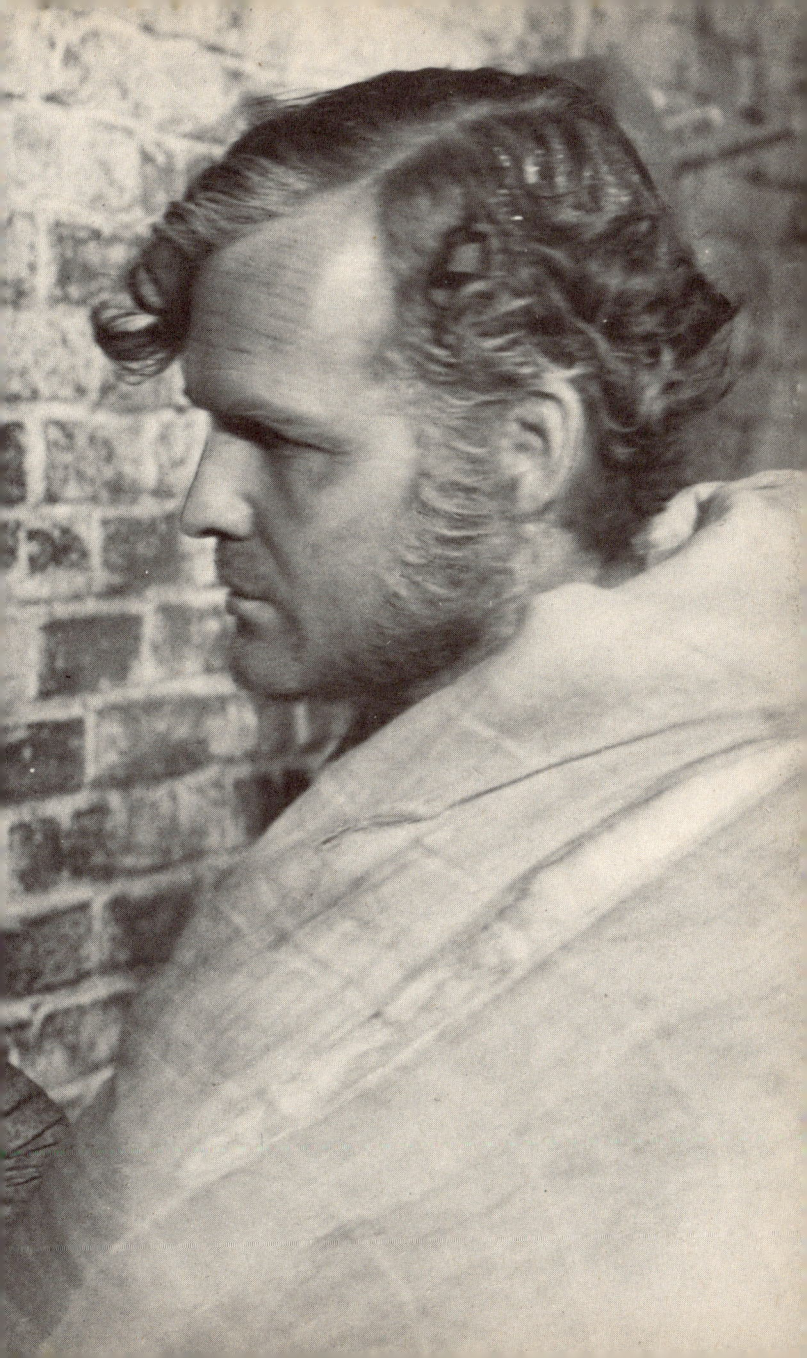

hitzige Produzent außer Atem kam und sie sich davonmachen konnte. Ein paar Jahre später kam sie durch ihre Heirat mit John Huston (dabei spielte Jennifer Jones, Selznicks damalige Mätresse, sogar die Ehrenjungfrau) in den engeren Kreis um Selznick, und obwohl dieser nie auch nur die geringsten Anstalten machte, seine Annäherungsversuche wiederaufzunehmen, vermied sie es peinlich, mit ihm allein in einem Zimmer zu sein.

Selznick fühlte sich sexuell sehr viel stärker zu Frauen hingezogen als umgekehrt. Er war sensibel genug, um zu begreifen, daß er physisch nicht gerade der ideale Ladykiller war, vor allem nicht in einer Umgebung, die so viel Wert auf gutes Aussehen legte. Deshalb nahm er als Studio-Boß Zuflucht zum »droit de seigneur«, wobei er die vielen Zurückweisungen gegen die gelegentlichen Erfolge in Kauf nahm. Für ein junges Starlet gehörte der lüsterne Studio-Chef zum täglichen Leben; und nicht wenige Karrieren jener Tage nahmen ihren Anfang in einem Techtelmechtel auf der Studio-Couch.

Es gehörte zu Selznicks großen Vorzügen, daß er sich bei Zurückweisungen nicht rächte, wie viele seiner noch mieseren Kollegen. Evelyn Keyes auf jeden Fall bekam ihre Rolle. Zur selben Zeit stand Joan Fontaine, die bereits die Rolle der Melanie zurückgewiesen hatte, als Titelheldin von *Rebecca,* der Film-Version von Daphne Du Mauriers Roman, zur Debatte. Als sie auch weiterhin seine Avancen zurückwies, war Selznick zunächst in Versuchung, ihr die Rolle doch nicht zu geben. Doch dann siegte sein Produzentenverstand, denn die Probeaufnahmen sprachen nun einmal sehr stark für sie. »Ich kann's nicht tun, wir müssen diese Fontaine einfach haben, holen Sie sie mir«, wies er einen seiner Assistenten an. Und dann war da doch jene andere Affäre, die sich kurz nach der Premiere von *Vom Winde verweht* abspielte. Selznick nahm damals eine überaus attraktive rothaarige High School-Schülerin unter Vertrag, die kurz vor dem Abschluß stand: Rhonda Fleming. Allerdings hatte sie dem Produzenten nie erzählt, daß sie eines der außergewöhnlichsten Schulmädchen war, denn sie hatte bereits einen Ehemann und ein Baby. Eines Morgens gegen ein Uhr rief

Vorhergehende Doppelseite: Frank Kennedy (Carroll Nye), einer von Scarletts Beaus und ihr nächster Gatte, kehrt aus dem Krieg heim.

Selznick bei ihr an. Völlig überrascht hörte er am anderen Ende der Leitung eine Männerstimme. Er verlangte Rhonda zu sprechen. »Wer war der Mann?« wollte er von ihr wissen. »Mein Mann«, erwiderte Rhonda. »Sie haben mir nie gesagt, daß Sie verheiratet sind«, schmollte Selznick. »Sie haben mich nie danach gefragt«, meinte Rhonda. Am folgenden Morgen warf Selznick ihr die Geheimnistuerei über ihre Ehe vor, aber die ganze Episode hatte keinerlei negative Auswirkungen auf ihre Karriere bei Selznick-International. Rhonda erfuhr nie, was er eigentlich gegen ein Uhr morgens von ihr wollte. Allerdings hütete sie sich auch, ihn danach zu fragen.

Noch später sollte seine romantische Schwäche für Phyllis Isley, eine junge Schauspielerin, die er in Jennifer Jones[1] umbenannte, teilweise schwerwiegende Einflüsse auf seine Entscheidungen als Produzent ausüben. Aber bis zu jener schicksalshaften Begegnung, und insbesondere in diesen ersten Tagen des Jahres 1939, unmittelbar vor Drehbeginn für *Vom Winde verweht,* siegte seine Leidenschaft fürs Filmemachen immer über die für die Frauen. Der Film war Selznicks eigentliche Mätresse, was seine Frau Irene auch sehr genau wußte, nicht die jungen Dinger, die er durch sein Büro hetzte. Und nur dem Film war er absolut treu. Normalerweise kam er gegen Mittag ins Studio, das er oft erst in den frühen Morgenstunden des nächsten Tages wieder verließ, häufig erst, nachdem er vor Erschöpfung an seinem Schreibtisch zusammengesunken war, so daß ihn einer seiner Mitarbeiter heimfahren mußte. Selznick regierte sein Unternehmen wie ein absoluter Monarch. Seine Formulierung, daß er als Produzent »die Funktion habe, für alles die Verantwortung zu tragen«, enthält zugleich die Rechtfertigung wie auch die eigentlichen Intentionen seiner gesamten Filmkarriere. Er bestand darauf, persönlich jedes der vielen komplizierten Details einer Produktion zu begutachten und abzusegnen. Das bedeutete, daß der gesamte Film von der ersten Konzeption bis zur Abnahme ausschließlich in seinem Kopf existierte – und nirgendwo sonst.

In diesen letzten chaotischen Tagen vor Drehbeginn umkreisten ihn seine Mitarbeiter wie Satelliten ihren Planeten. Ständig mußte er irgend etwas genehmigen oder unterschreiben, andere wollten seine Meinung hören oder fragten nach seinem Rat. An

1 (*1919)

einem solchen Nachmittag, während die Sonne die weiße Fassade des Selznick-International-Hauptgebäudes in grelles Licht tauchte, verlangte beispielsweise das Besetzungsbüro nach ihm, um zwei »Featured Extras« zu beurteilen (das sind Nebenrollen, die in einer Einstellung entweder allein oder zusammen mit einem der Stars des Films auftreten). Dann legte Walter Plunkett die neuesten seiner Kostüm-Entwürfe vor, die sich schließlich für die neunundfünfzig wichtigeren Rollen auf rund vierhundert beliefen; anschließend traf Bill Menzies tägliche Ration von Einstellungs- bzw. Dekorationsskizzen ein (nachdem er rund zweitausendfünf- hundert davon angefertigt hatte, trug er Schwielen an den Fin- gern); und zu all dem flatterten noch die überarbeiteten Dreh- buchseiten von Sidney Howards Skript auf Selznicks Schreibtisch, die er seinerseits noch einmal durchlas und korrigierte. Und na- türlich kamen auch von der Buchhaltung wieder einige Warnungen über die ständig steigenden Kosten. Als es dann endlich Nacht wurde, setzte er sich zusammen mit seinem Chef-Cutter Hal Kern an den Schnitt von *Made for Each Other*.

Und als ob *Vom Winde verweht* nicht wirklich genügend Arbeit und Aufmerksamkeit verlangen würde, traf Selznick parallel dazu die Vorbereitungen für drei weitere Produktionen. Die eine war *Intermezzo,* die zweite *Rebecca,* mit der sich der britische Regis- seur Alfred Hitchcok in Hollywood einführen sollte. Geplant war auch ein College-Musical in Technicolor, *Prom Girl,* mit Ginger Rogers in der Hauptrolle und der Musik von Rogers und Hart – und natürlich einer landesweiten Suche nach den sechs schönsten College-Mädchen als Revue-Girls. Doch dieser Film kam nie zu- stande.

Als Chef war Selznick einerseits grob, anspruchsvoll und tyran- nisch, doch er verstand es auch, seine Mitarbeiter anzuregen und zu ermutigen, ja, sie mit Tricks zu Höchstleistungen anzuspornen und zu unterstützen. Olivia de Havilland war von der »verschwo- renen Gemeinschaft« beeindruckt, die an *Vom Winde verweht* arbeitete – trotz aller Spannungen. Und Menzies erklärte einmal Selznick, er habe die Fähigkeit, Menschen über sich hinauswach- sen zu lassen. Mehr als einer seiner Mitarbeiter machte in Holly- wood Karriere, weil er unter seinem Druck Außerordentliches ge- leistet hatte. Ohne Selznick blieben diese Leistungen jedoch meist Einzelfälle.

Selznick trieb seinen Stab oft an die Grenze der physischen und psychischen Belastbarkeit. Während er den Morgen durchschlief, erwartete er von seinen Mitarbeitern, die mit ihm zusammen bis spät in die Nacht hinein gearbeitet hatten, daß sie wie gewohnt in ihren Büros erschienen – mit der Aussicht auf einen weiteren langen Arbeitstag, der wieder bis in die frühen Morgenstunden dauern konnten. Neue Sekretärinnen fühlten sich zunächst von der Aussicht auf sehr viel Überstundenzuschläge angezogen; dazu kamen weitere Privilegien wie das Essen aus dem *Hillcrest Country Club* in Beverly Hills und die Chance, zu Selznicks Gefolgschaft auf seinen Fahrten nach New York zu gehören, wobei man immer Erster Klasse fuhr und wohnte. Doch nach den ersten erschöpfenden Arbeitsnächten erschien das Überstundengeld plötzlich gar nicht mehr so wichtig, und die feinen Dinners mußte man sowieso zumeist im Laufen runterschlingen, weil Selznick wieder eines seiner Marathon-Memos diktieren wollte. Und selbst die New York-Trips erwiesen sich häufig als große Enttäuschung, denn Selznick verlangte von seinen Sekretärinnen, daß sie ständig auf ihren Zimmern telefonisch erreicht werden konnten. Die Legende berichtet, daß zwei der Mädchen einmal zweieinhalb Wochen im *Sherry Netherland Hotel* gesessen und auf seinen Anruf gewartet hatten, der nie kam. Dann bekamen sie Order, wieder die Koffer zu packen und nach Kalifornien zurückzufahren – ohne auch nur einmal ihre Nase aus dem Hotel gestreckt zu haben.

Selznick war natürlich viel zu sehr mit sich selbst beschäftigt, um auch nur zu merken, welch mörderisches Tempo er seinem Stab abverlangte. Und seine Mitarbeiter waren viel zu vorsichtig, um laut zu protestieren, da jeder wußte, wie despotisch Studio-Leitungen zu reagieren pflegten. Seine engsten Mitarbeiter versuchten seine Exzesse als weiteres Privileg ihrer hohen Stellung zu verstehen und zu akzeptieren; nur ganz selten wagten sie milde Einsprüche. Eines Nachts, nachdem sie noch spät an Besetzungsproblemen von *Vom Winde verweht* gearbeitet hatten, schleppte Selznick Dan O'Shea in einen Nacht-Club, wo sie bis gegen fünf Uhr früh tranken und weiter diskutierten. Schließlich erhob sich O'Shea und wollte sich verabschieden, da er in weniger als fünf Stunden wieder an seinem Schreibtisch erwartet wurde. Da er

Nachfolgende Doppelseite: Rhett zieht als Gefangener der Yankees seinen Bewachern beim Kartenspiel das Hemd aus.

schon eine ganze Reihe solcher nächtlichen Sitzungen hinter sich hatte, wußte er, daß sie ihn keineswegs von seiner morgigen Arbeit dispensierten. »Oh, so früh brauchen Sie doch nicht schon zu arbeiten«, meinte Selznick und versuchte ihn zurückzuhalten. »Ich habe nicht vor, vor zwölf im Studio zu erscheinen.« »Das mag schon sein«, erwiderte O'Shea, »aber Sie arbeiten auch nicht für einen solchen Hundesohn wie ich.«

Kurz darauf wurden Menzies und einige andere Mitglieder des Produktionsstabs nach einem langen Arbeitstag zu einer Konferenz bestellt. Als sie gegen neunzehn Uhr in Selznicks Büro erschienen, war es leer, doch sie fanden eine Anweisung vor, die Ihnen zu warten befahl. Also setzten sie sich, unterhielten sich, rauchten und lauschten Menzies' Anekdoten. Alle lechzten nach etwas zu essen und zu trinken – vor allem letzteres. Ziemlich genau zwei Stunden später stürmte Selznick endlich herein und stürzte sich ohne ein Wort der Entschuldigung, wie gewöhnlich, sofort in die Diskussion. Und dann erschien auch noch ein Ober aus Chasen's Restaurant und stellte ein Tablett auf Selznicks Schreibtisch. Der Produzent setzte die Besprechung ruhig fort, während er als einziger aß und trank. Menzies war so wütend, daß er in Zukunft erst zu Selznicks Abendkonferenzen ging, nachdem er etwas zu sich genommen hatte.

10 Blende auf: Vorderansicht Tara-
   Totale

»Geraten Sie bitte nicht in Panik, wenn Sie das scheinbar noch sehr bescheidene endgültige Drehbuch zu Gesicht bekommen«, schrieb David Selznick am Vorabend des Drehbeginns an Jock Whitney. »Ich habe alles so genau in meiner Vorstellung, daß ich Ihnen den Film fast Einstellung für Einstellung vom Anfang bis zum Ende erzählen könnte.« Doch in Wahrheit war es nun einmal so, daß nach zweieinhalbjähriger Vorbereitungszeit das Drehbuch noch ein einziges Chaos darstellte. Das war bei Selznick nicht ungewöhnlich. Als die Außenaufnahmen zu *The Garden of Allah* in der Wüste von Arizona gedreht wurden, konnte das Drehbuch mit der Kamera kaum Schritt halten. Nacht für Nacht wurden per Telex ein paar Drehbuchseiten vom Washington Boulevard zur Yuma-Eisenbahnstation übermittelt, damit man am nächsten Morgen überhaupt weiterdrehen konnte. Bei *Vom Winde verweht* lag die Sache allerdings anders. Man hatte nicht etwa kein Drehbuch, sondern man hatte zu viele.

Nachdem Selznick die Filmrechte für den Roman erworben hatte, bestand eine seiner ersten Handlungen darin, den Dramatiker und Pulitzerpreisträger Sidney Howard, der für einige seiner Stücke auch selbst die Drehbücher geschrieben hatte (*Dodsworth, They Knew What They Wanted, The Silver Cord*), für das Script zu engagieren. Howard schrieb nicht nur sehr gut, sondern auch sehr rasch. Er schloß sich in sein Zimmer ein und produzierte pro Tag fünfundzwanzig Seiten geschliffene Dialoge. Diese übertriebene Disziplin war für Selznicks chaotische Natur nicht gerade eine Empfehlung. Aber er war sich bewußt, daß Howard einer von den zwei Spitzenautoren war, die nicht bei einem der großen Studios unter Vertrag standen. Der andere war Ben Hecht[1], und als dann der unvermeidliche Bruch mit Howard tatsächlich eintrat, wandte sich der Produzent prompt an Hecht. Selznick ahnte zum erstenmal Böses, als er hören mußte, daß Howard Kalifornien nicht mochte und sich weigerte, dort zu arbeiten. Vor kurzem erst

1 (1894–1964)

hatte er für Sam Goldwyn *Dodsworth* in seinem Apartment in der achtundachtzigsten Straße in Manhattan geschrieben, und dorthin wollte er sich auch mit *Vom Winde verweht* zurückziehen. Selznick versuchte vergeblich, ihn zu einer Sinnesänderung zu veranlassen. Er beklagte sich bei Kay Brown, die die Verhandlungen führte: »Es war noch nie besonders erfolgreich, wenn ich einen Schreiber mit dem Drehbuch alleingelassen habe, ohne ständige Besprechungen mit mir und normalerweise auch dem Regisseur.« Aber Howard erklärte sich lediglich bereit, zu Vorgesprächen mit Selznick und Cukor nach Hollywood zu kommen. Aber danach wollte er sich für die eigentliche Arbeit wieder in den Osten zurückziehen. Ein Freund Margarets Mitchells lernte ihn in Hollywood kennen und schickte ihr folgende Beschreibung: »Er ist groß, mit schottischem Einschlag – ein kleines Oberlippenbärtchen – drückt sich sehr überzeugend aus – mit einer Tendenz zur Zerstreutheit – und sehr liebenswürdig.« Der Dramatiker schickte ihr ebenfalls eine Botschaft: er war froh, daß sie nicht selbst nach Hollywood gekommen war. Nach den Besprechungen rief Howard Selznick an, um sich zu verabschieden, dabei versprach er, eine erste Drehbuchfassung in zwei Monaten vorzulegen. »Und das wird er auch, er ist ein professioneller Schreiber«, äußerte er sich später gegenüber einem seiner leitenden Mitarbeiter.

Man mag sich fragen, warum Selznick auf täglichen Kontakten zu einem so anerkannten Autor bestand. Obwohl er es wahrscheinlich nicht zugegeben hätte, hing auch Selznick der allgemeinen Ansicht Hollywoods an, daß der Drehbuchschreiber lediglich das Medium für die Botschaft des Produzenten zu sein hatte. Er war der Handwerker, der hauptsächlich die Ideen des Produzenten aufzunehmen und aufs Papier zu bringen hatte. Diese Ansicht wurde von vielen Autoren sogar geteilt. Zum Teil, weil es ihnen an persönlichem Mut, an Vertrauen in ihre schöpferischen Kräfte oder ganz einfach an Talent mangelte – manchmal auch an allen dreien. So hatten sie sich mit den Worten von Sancho Pansa angewöhnt, lediglich zu kitzeln, wo sie eigentlich hätten kratzen sollen. Sie forderten und erhielten enorme Honorare, wofür sie ihre kreativen Kräfte zügelten und ihre Unabhängigkeit verkauf-

Scarlett hat sich aus den Vorhängen von Tara ein Kleid geschneidert. Sie hofft, darin auf Rhett Eindruck zu machen, damit er ihr die 300 Dollar borgt.

ten. »Die Hälfte meines Honorars für ein Filmdrehbuch bekam ich dafür, daß ich dem Produzenten zuhörte und mich ihm unterwarf«, bekannte Ben Hecht einmal in einem Interview. »Die Filmbranche bezahlt ebensoviel für Gehorsam wie für Kreativität.«

Selznick nicht unter die Augen zu kommen, bedeutete noch lange nicht, von seinen Memos verschont zu bleiben. Auch Howard war das Ziel eines intensiven Bombardements von Anweisungen und Vorschlägen, um aus Margaret Mitchells Vorlage das Beste für die Leinwand herauszuholen. Unter strukturellen Gesichtspunkten verdankte *Vom Winde verweht* dem Kino nicht wenig. Howards Hauptaufgabe bestand darin, seine monumentalen Dimensionen auf Leinwandproportionen zu bringen. Selznicks Studio hatte einmal ausgerechnet, daß sich ein Film von einhundertachtundsechzig Stunden, also eine ganze Woche, ergeben würde, machte man den Versuch, alle Szenen des Romans auf die Leinwand zu bringen. Der Produzent aber dachte an einen Film von ungefähr zweieinhalb bis drei Stunden Länge. Und obwohl Howard gegenüber Selznick schon bemerkt hatte, daß Margaret Mitchell »alles zweimal macht«, blieb es doch ein kolossales Unterfangen. Selznick warnte mehrmals davor, die, wie er es nannte, »Chemikalien« des Romans zu verfälschen. Die meisten Produzenten erwiesen den von ihnen erworbenen Stoffen so wenig Respekt, daß sich am Ende das literarische Gold ihrer Vorlagen auf der Leinwand in Billigmetall verwandelt hatte. Selznick dagegen hielt bestimmten Grundrichtlinien die Treue. Er vertrat die Ansicht, daß dieselben Elemente, die die Leute an einem Klassiker, einem Broadway-Hit oder einem Roman-Bestseller faszinierten, auch auf der Leinwand ihre Wirkung haben würden. Als er einmal mit Bosley Crowther über Leinwandbearbeitungen literarischer Vorlagen sprach (eines seiner Lieblingsthemen), meinte er: »Sofern es in der Konstruktion irgendwelche Mängel gibt, ist es besser, sie beizubehalten als den Versuch zu machen, sie zu eliminieren, denn niemand ist in der Lage, genau zu sagen, welche Chemikalien den Erfolg eines Klassikers ausmachen. Es besteht also immer die Gefahr, daß man durch zu schwere Ein-

Die Schwielen auf Vivien Leighs Händen stammen von einer Gummilösung, die Make-up-Spezialist Monty Westmore ihr aufgetragen hat.

griffe die wesentlichen Chemikalien zerstört.« Er ermutigte Howard, umfangreiche Passagen des Romans auszulassen, geschlossene Szenen aber nicht anzugreifen. Das Publikum, so Selznicks Ansicht, verstand durchaus die Erfordernisse des Kinos und war bereit, bestimmte Auslassungen zu tolerieren. Sehr viel weniger tolerant war es dafür gegenüber Änderungen und Ergänzungen bekannter und vertrauter Szenen. Unwichtige Personen konnte man auf ein, zwei Dialogzeilen reduzieren, solange man ihre Identität nicht angriff. Als Beispiel dafür griff er gern auf die Gestalt des Barkis in *David Copperfield* zurück, der im Film nur noch zwei Dialogstellen zugewiesen bekommen hatte – ohne daß sich das Publikum beklagte.

Pünktlich legte Howard eine erste Drehbuch-Fassung vor, die er aus den 1037 Seiten des Romans mühsam »herausgebrochen« hatte. Trotzdem war es noch immer ein dickleibiger Band von vierhundert Seiten, der einen Film von mehr als sechs Stunden Länge ergeben hätte. Kurze Zeit dachte Selznick daran, daraus zwei Filme zu machen, wobei der erste Teil mit der Heirat zwischen Scarlett und Rhett geendet hätte, während der zweite, kürzere mit den Flitterwochen des jungen Paars in New Orleans fortgefahren wäre. Doch nachdem er von verschiedenen Verleihern gewarnt worden war, daß das Publikum solche Fortsetzungen nicht mochte, gab er den Plan rasch wieder auf. Widerwillig mußte Howard also wieder nach Hollywood kommen, um zusammen mit Selznick sein Drehbuch auf die Hälfte zusammenzustreichen, was nicht selten bis lang in die Nacht hinein dauerte. Trotzdem ging es nur sehr langsam voran. Wenn Selznick nicht gerade in den vom Studio erarbeiteten Einzelaufstellungen des Romans blätterte, um eine treffendere Dialogwendung oder eine filmgerechtere Szene zu finden, die Howards Vorschläge ersetzen konnten, stritten sie darüber, was aus dessen Drehbuch eliminiert werden konnte und was unbedingt erhalten bleiben mußte. Um seine Ansichten durchzusetzen, griff der Produzent nicht selten mit dem Ungestüm eines Urweltwesens an, während er mit großen Schritten und wild gestikulierend durch sein Büro stapfte. Aber während Selznick in seinem Übereifer immer wieder gegen irgendeinen Einrichtungsgegenstand prallte, saß Howard ruhig auf der Couch und vertrat mit großer Überzeugungskraft seine Gegenargumente.

Immer wieder gab es neue Probleme, die den Fortgang der Arbeit verzögerten. Um das Riesenpanorama mit seinen vielen

Charakteren auf Filmmaß zu bringen, mußten eine ganze Reihe davon gestrichen werden. Aber welche? Schließlich wurde die Axt an alle Familienmitglieder der O'Haras gelegt, die nicht auf Tara wohnten; außerdem überging man auch Scarletts Kinder aus ihren ersten beiden Ehen. Nachdem es Howard gelungen war, Selznick davon abzubringen, Frank Kennedy ganz zu streichen, ließ man zumindest dessen Kind mit Scarlett fallen. Dafür wurde Bonnie Blue, die bei Howard nicht berücksichtigt war, in den Film aufgenommen. Selznick wollte ihre tränenseligen Szenen auf keinen Fall missen. Nachdem er sich darüber beklagt hatte, daß »Rhetts Aktivitäten zu wenig Abwechslung und Originalität« besäßen, schlug Howard vor, einige neue Sequenzen zu schreiben, in denen Rhett als Blockadebrecher gezeigt werden sollte. Doch Selznick hielt an dem Prinzip fest, keine neuen Szenen oder Charaktere einzufügen: »Ich möchte, daß wir sowohl an Miß Mitchells Mängeln wie an ihren gelungenen Szenen festhalten.«

Selznick beauftragte Howard, für Scarlett und Rhett eine »Liebesnacht« zu schreiben, obwohl er annehmen mußte, daß sie das Hays-Office[1] für die Leinwand nicht freigeben würde. Und tatsächlich wurde eine solche Szene auch nie gedreht. Selznick gab sich schließlich mit einer Einstellung zufrieden, in der Rhett Scarlett die Treppe zum Schlafzimmer hinaufträgt, gefolgt von einer »Der-Morgen-danach«-Einstellung, die eine vor Zufriedenheit schnurrende Scarlett im Bett zeigt. Bei einer heutigen Verfilmung von *Vom Winde verweht* würde die Kamera den beiden natürlich ins Schlafzimmer folgen und dort auch bleiben. Aber damals konnte Selznick nur mit Andeutungen arbeiten und den Rest der Vorstellungskraft seinem Publikum überlassen.

Es war unvermeidlich, daß ihre so gegensätzlichen Naturen und Vorstellungen eine längere Zusammenarbeit zum Scheitern verurteilten. Howards Bestehen auf Pünktlichkeit war für Selznick fast noch schwerer zu ertragen als seine offensichtliche Immunität gegenüber allen Einschüchterungsversuchen. Zum erstenmal in seinem Leben sah sich Selznick gezwungen, Verabredungen einzuhalten. War er nicht zu der ausgemachten Zeit in seinem Büro, verschwand auch Howard wieder und ließ sich vor dem folgenden Tag nicht mehr sehen.

Nach einigen durchdiskutierten Nächten liefen sich die Dreh-

---

1 das Hays Office wachte über Sitte und Moral im amerikanischen Film

buchbesprechungen zu Tode, weil ganz offensichtlich andere Produktionsprobleme Selznicks Aufmerksamkeit erforderten. Die Erleichterung darüber war wohl wechselseitig. Howard nahm den Zug zurück nach New York, und sein Drehbuch wurde zusammen mit einer Vielzahl von Notizen und Ergänzungen mehrere Monate lang weitgehend vergessen. Nur gelegentlich nahm es sich Selznick flüchtig vor und blätterte lustlos darin, wie ein Übersättigter in seinem Essen stochert.

Im Oktober 1938, als der Drehbeginn nur noch drei Monate voraus lag, sah sich Selznick mit der immer dringlicher werdenden Notwendigkeit konfrontiert, endlich ein vollständiges Skript in die Hände zu bekommen. Deshalb machte er Howard neue Avancen und lud ihn zu einem Trip nach Bermuda ein, damit sie ihre gemeinsame Arbeit wiederaufnehmen könnten. Aber der Autor lehnte ab. »Ich habe eine trächtige Kuh«, erklärte er dem Produzenten. »Ich kann jetzt einfach nicht weg.« Howard besaß und leitete eine 700-Morgen-Ranch in Tyringham, Massachusetts, in den Berkshires. Inzwischen waren zwei Jahre vergangen, seit er Selznicks Auftrag angenommen hatte; und sechs Monate, seit sie in Hollywood zuletzt an seinem Drehbuch gearbeitet hatten. Er war der Überzeugung, daß er seine Arbeit nach bestem Wissen und Gewissen getan und Selznick für sein Geld alles bekommen hatte, was er verlangen konnte. Selznick machte darauf einen erneuten Versuch bei Margaret Mitchell, noch immer hoffend, der Öffentlichkeit erklären zu können, jedes einzelne Wort der Filmdialoge sei von ihr geschrieben worden. Aber auch sie wies ihn ab. Schließlich wandte er sich an Jo Swerling, einen bekannten »Script-Fixer« und Dialog-Autor. Als sie zwei Wochen später von dem Bermuda-Trip nach New York zurückkehrten, verfügten sie über einen Stapel weiterer Notizen und Ergänzungen, aber das Drehbuch selbst hatte noch nichts von seiner chaotischen Gestalt verloren. Selznick sah sich nach einem weiteren Bearbeiter um — »jemand, mit dem sich leicht arbeiten läßt und der auf meine Vorschläge eingeht«. Mit ihm zusammen wollte er endlich zu einem verfilmbaren Drehbuch kommen. Seine Wahl fiel auf den Dramatiker Oliver H. P. Garrett, der sein Entgegenkommen schon allein dadurch bewies, daß er sich bereiterklärte, Selznick unverzüglich auf der Reise zur Westküste zu begleiten und bereits im

»Vergiß den Mondschein und die Magnolien, Scarlett.«

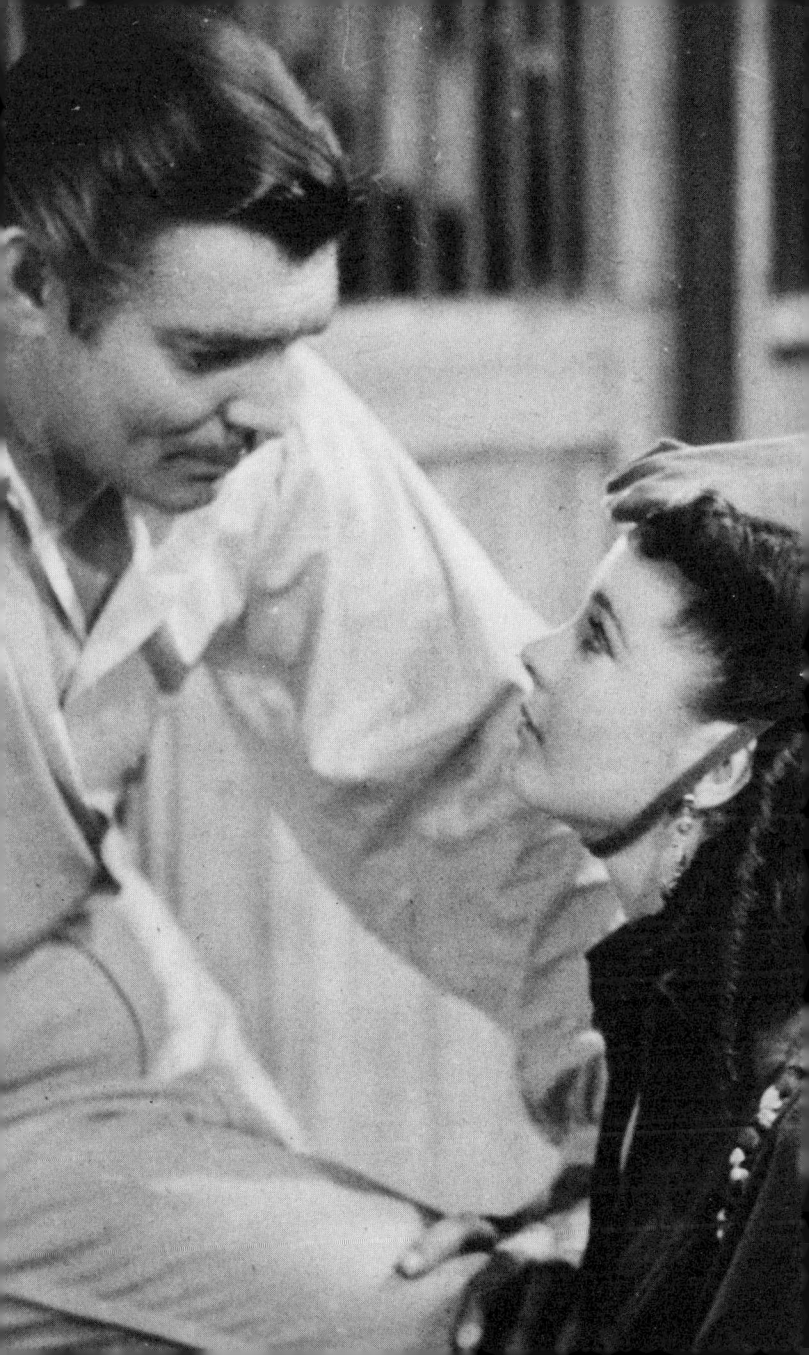

Zug mit der Überarbeitung zu beginnen. Und bald gab es außer dem Howard-Script auch noch ein Howard-Garrett-Script, das aber vor Selznicks Augen noch immer keine Gnade fand. Ein sehr bekannter Autor sollte deshalb Garretts Bearbeitung von Sidney Howard erneut überarbeiten – F. Scott Fitzgerald[1].

Fitzgerald war von der MGM mit nicht gerade überwältigender Begeisterung vor einiger Zeit engagiert worden. Einige der Studio-Manager erinnerten sich vage an den ungestümen jungen Literaten, »das Wunderkind einer früheren Dekade«, andere, darunter auch L. B. Mayer, erinnerten sich überhaupt nicht. Nacheinander setzte man ihn an *A Yank in Oxford, The Women, Infidelity* – der Film wurde dann umbenannt in *Fidelity*[2], um der Zensur zu entgehen, was aber nicht gelang – und *The Three Comrades*. Doch nur bei den *Three Comrades*[3] wurde sein Name erwähnt, wobei Joe Mankiewicz[4], der Produzent, noch heimlich ganze Passagen seines Drehbuchs umgeschrieben hatte. Als Fitzgerald die endgültige Fassung zu Gesicht bekam, schrieb er einen bitteren Brief, in dem er seiner Enttäuschung Ausdruck gibt: »Oh, Joe, können Produzenten je Unrecht haben? Ich bin ein guter Schreiber, ehrlich. Ich dachte, Sie würden mich fair behandeln.« (Jahre später meinte Mankiewicz zu seiner Verteidigung: »Scotts Dialoge ließen sich nicht sprechen... Man hielt mich für einen verdammt guten Dialog-Schreiber... Als ich Scotts Dialoge umschrieb, war das für manche Leute, als ob ich auf die Flagge spucken würde.«)

Im Herbst 1938 vertraute Scott seiner Tochter an: »Ich bin ungeheuer beschäftigt. Während der nächsten zwei Wochen, in denen ich den ersten Teil von *Madame Curie* fertigstelle, entscheidet sich, ob mein Vertrag erneuert wird.« Termingerecht legte Fitzgerald seine Leinwandversion vor, in der sich die persönlichen Beziehungen zwischen Marie Skaldowska und Pierre Curie analog zum Fortschritt ihrer gemeinsamen Forschungsarbeit entwickelten. Ihre »Liebesszenen« bestanden in einem respektvoll-zärtlichen gegenseitigen Verstehen im Labor. Bernie Hyman, der verantwortliche Produzent der Metro, hatte sich etwas völlig anderes vorgestellt – eine überaus romantische Liebesgeschichte mit viel Hollywood-Glamour und heißen Schwüren unter den Ster-

1 (1896–1940)
2 Der Film hieß auch The Woman (1939)
3 1938
4 das ist Joseph L. Mankiewicz (*1909)

nen. Also stellte man Fitzgerald von der weiteren Arbeit an dem Stoff »frei«. In einer ersten wütenden Aufwallung schickte er Hyman ein Telegramm: »Schlage vor, um einen Gegenwert für mein 5000-Dollar-Honorar zu bekommen, einen 1200-Wort-Original-Stoff für zwei ausgesuchte Schauspieler anzufordern. Stop. Ich habe eine Idee für Beery und Garland[1] und könnte außerdem ganz sicher auch eine Gesellschaftskomödie für irgendeine junge Schauspielerin schreiben. Stop. Stehe natürlich zu Ihrer Verfügung. Allerdings zählen Originalstoffe zu meinem privaten Betriebsvorrat, der von Ihnen bis jetzt noch nicht angezapft wurde. Stop.« Metros Antwort darauf war ein Schreiben von der Buchhaltung, in dem ihm auf einem vorgedruckten Formular angekündigt wurde, sein bald auslaufender Vertrag würde nicht erneuert werden.

Fitzgerald paßte auf tragische Weise nicht in das Hollywood jener Tage. Seine alkoholischen Ausschweifungen, sein Äußeres und seine Unfähigkeit, jene heuchlerische Nachgiebigkeit an den Tag zu legen, die ihm eine gewisse Immunität verschafft hätte, machten ihn zu leicht verwundbar. Dazu kam, daß seine empfindsame Natur immer wieder Zuflucht in bitteren und ironischen Briefen und Telegrammen suchte, die den Produzenten Magendrücken verursachten – was natürlich nur ihnen in bezug auf ihre Untergebenen gestattet war. Als deshalb sein Schicksal auf des Messers Schneide stand, gab es niemand, der für ihn eingetreten wäre.

Es war auch kaum ein Trost für ihn, daß noch einige andere Karrieren am Lorelei-Felsen der *Madame Curie* scheitern sollten. Bis zur Fertigstellung dieses Films vergingen noch fünf Jahre mit immer neuen Schwierigkeiten und Hindernissen. Als er endlich im Dezember 1943 herausgebracht wurde, hatte seine Herstellung länger gedauert als die Experimente der Curies zur Entdeckung des Radiums; und mit seinen 1,4 Millionen Produktionskosten war er zudem auch noch bedeutend teurer geworden. Doch zu diesem Zeitpunkt war Fitzgerald schon drei Jahre lang tot.

Während der noch verbleibenden Laufzeit des Vertrags lieh die Metro ihn für 1250 Dollar die Woche an Selznick-International aus. Als Teenager hatte David einmal seinen Bruder Myron überredet, den berühmten Modeautor des *Großen Gatsby* zu beauftra-

1 das sind Wallace Beery und Judy Garland

gen, für den Top-Star in ihres Vaters Studio, Elaine Hammerstein, ein Originaldrehbuch zu schreiben. Das Ergebnis war allerdings enttäuschend gewesen, und das Skript wurde nie verfilmt. Doch diese Erfahrung hatte Fitzgeralds Interesse für das neue Medium geweckt, zuerst als Schauspieler und dann, was näher lag, als Autor. Und seitdem hatte er auch den Kontakt zu Selznick immer wieder aufgefrischt. So schickte er ihm beispielsweise von jedem seiner neu erschienenen Werke ein Exemplar mit persönlicher Widmung.

Bei Selznick-International erwartete man von ihm nun eine Leistung, die mit einem Originaldrehbuch in keiner Weise mehr zu tun hatte. Er sollte nicht nur die Drehbuchfassung eines anderen überarbeiten, sondern dabei gleichzeitig auf Margaret Mitchells Vorlage zurückgreifen. Später beschrieb er das seinem Lektor bei Scribner's, Maxwell Perkins: »Man mußte sie wie die Heilige Schrift behandeln und Wendungen heraussuchen, die sich für bestimmte Situationen eigneten.« Doch zu seiner eigenen Überraschung fand er das Material der Vorlage recht ordentlich, häufig besser als die »Verbesserungen« seiner Drehbuchkollegen. »Es ist ein guter Roman – nicht gerade besonders originell, da er immer wieder Anleihen bei *The Old Wive's Tale* und *Vanity Fair* sowie all den anderen Romanen macht, die sich mit dem Bürgerkrieg beschäftigen«, schrieb er seiner Tochter Scottie. »Er enthält weder neue Charaktere noch neue Techniken oder originelle Betrachtungsweisen – also keines der Elemente, die große Literatur ausmachen –, vor allem aber bietet er keine neuen Analysen der menschlichen Emotionen. Andererseits ist er spannend geschrieben, überraschend ehrlich und durch und durch solide und professionell. Ich empfinde ihm gegenüber keinerlei Hochmut, doch mir tun jene leid, die ihn als besondere Leistung des menschlichen Geistes betrachten.«

Fitzgeralds Verdienst um das Skript läßt sich besser an dem messen, was er eliminierte, als an dem, was er neu hinzufügte. Die bedeutendsten seiner Änderungen, die bis in die endgültige Fassung erhalten blieben, bestanden im Beschneiden überlanger, oft nur dekorativer Dialogpassagen. Selznick verlangte von ihm,

Scarlett benützt in ihrer Sägemühle Kettensträflinge. Hinter ihr stehen der Mann, den sie liebt (Ashley), und der Mann, den sie geheiratet hat (Frank).

daß er jede Streichung oder Änderung am Rand des Manuskripts rechtfertigte. Die häufigste Rechtfertigung lautete: »Abgegriffen und theatralisch.« Anstelle einer langen Rede Ashleys, in der er Scarlett den verzweifelten Zustand der Südstaatenarmee zu schildern versuchte, fügte er einen Originalsatz aus dem Roman ein, der das alles sehr plastisch ausdrückt: »Wenn unser Schuhzeug dann vollends zerschlissen ist – nicht wenige unserer Männer gehen jetzt schon barfuß, und der Schnee ist tief in Virginia...« Dazu bemerkte er noch: »Ist es vielleicht neu, daß der Süden praktisch ohne Waffen kämpfte?« Und er strich auch eine lange Rede, in der Ashley Scarletts moralischen Mut rühmt. Sein Kommentar dazu: »Es ist langweilig und falsch, einen Charakter den andern beschreiben zu lassen.« Geändert hat er auch jene Szene, in der die frisch verheirateten, Ashley und Melanie, beobachtet von Scarlett nach oben in ihr Schlafzimmer verschwinden. Das Skript verlangte, daß sich das Paar auf dem oberen Treppenabsatz noch einmal mit einem »Gute Nacht« verabschieden sollte. Fitzgerald strich den Gruß, so daß Scarletts Blick den beiden voller Eifersucht folgt, ohne daß noch ein weiteres Wort fällt. »Dieser schweigende Abgang scheint mir wirkungsvoller«, vermerkt Fitzgerald dazu.

In drei Wochen arbeitete er sich mit seinem blauen Kopierstift durch etwas weniger als die Hälfte des Skripts. Dann gab es mit Selznick über den Charakter von Tante Pittypat ernste Auseinandersetzungen. Wie das Verhältnis zu dem Produzenten praktisch am Vorabend des Drehbeginns in die Brüche ging – der Autor Donald Ogden Stewart, der ebenfalls an dem Film mitarbeitete, wurde übrigens gleichzeitig gefeuert –, ist in einer Darstellung für Sheilah Graham festgehalten.

George Cukor tauchte überraschend in Selznicks Büro auf. Man sah, daß er Sorgen hatte.

»Habe ich richtig gehört – wir beginnen morgen mit dem Drehen?« fragt er den Produzenten. »Ja«, erwiderte dieser. »Aber wir sind noch nicht soweit«, meinte Cukor und fügte hinzu, daß er für Scarletts Ankunft bei Tante Pitty in Atlanta noch weitere Szenen brauchte. »Dann müssen wir sie eben heute nacht erarbeiten«, war Selznicks Antwort. Fitzgerald, als einer der augenblicklichen Autoren des Skripts, stöhnte auf und rief seine Verlobte an, ihn nicht zum Dinner zu erwarten. Die Konferenz begann.

»Was mir Sorgen macht«, begann Cukor, »ist Tante Pittys Charakter.«

Evelyn Keyes studiert das Drehbuch, während Ann Rutherford in ihrer mobilen Garderobe »Redbook« liest.

»Warum, was ist mit ihr los?« fragte Selznick.

»Sie wird als ziemlich wunderlich dargestellt«, erklärte Cukor. »So steht es zumindest im Roman.«

»So steht es auch im Drehbuch«, meinte Selznick und las vor: »Tante Pitty eilt auf drollige Weise geschäftig durchs Zimmer.«

»Das ist genau, was ich meine«, unterbrach Cukor. »Wie läßt sich das fotografieren? Wie kann jemand auf drollige Weise geschäftig durch ein Zimmer eilen? Das mag vielleicht noch lustig klingen, wenn man's liest, aber auf der Leinwand kommt es nicht heraus.«

Darüber brach nun eine dreistündige Diskussion aus, wobei die beiden Autoren verzweifelt versuchten, Tante Pitty wirklich lustig zu machen und es nicht nur zu behaupten. Was zwei ganz verschiedene Dinge sind.

Gegen Mitternacht wurde der eine der beiden Autoren (Stewart) von Selznick und Cukor gefeuert, der zweite (Fitzgerald) schließlich nach Hause geschickt. Unmittelbar darauf schickte man ihm ein Telegramm hinterher, in dem man auf seine weiteren Dienste ebenfalls verzichtete.

Die Entlassung bei Selznick-International beschleunigte Fitzgeralds Niedergang. Nachdem der Vertrag mit der Metro ausgelaufen war, wurden die Jobs immer seltener und die Trinkgelage immer häufiger. Zwei Jahre später starb er im Alter von vierundvierzig Jahren an einer Herzattacke, während er in einem Altherren-Magazin von Princeton blätterte, seinem früheren College.

Doch Selznick hatte außer dem Skript noch eine andere große

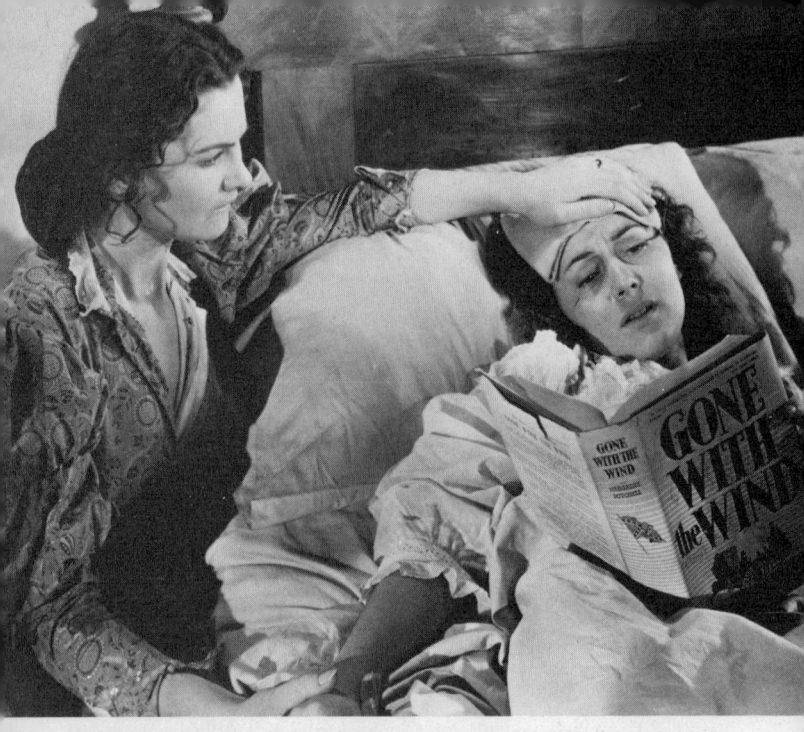

Während der Dreharbeiten zur Geburts-Sequenz von Melanies Baby posieren Vivien Leigh und Olivia de Havilland für dieses Foto, das sie Margaret Mitchell schickten. Ihr Gatte John Marsh bedankte sich dafür und merkte an, daß seine Frau bei der Arbeit am Roman genau wie Olivia de Havilland ausgesehen habe.

Sorge, die unter den Studio-Insidern als »Cukor-Situation« umschrieben wurde. Im Dezember berichtete die *New York Times*, daß sich zwischen Selznick und der MGM eine »streng geheimgehaltene Schlacht« abspiele; dabei gehe es um einige zentrale Produktionsdetails, einschließlich der Position des Regisseurs. Ein paar Tage später tauchte in der Parsons-Kolumne plötzlich der Name Victor Fleming auf, Gables Motorradkumpel, wobei die Vermutung geäußert wurde, er würde bei Beginn der Dreharbeiten Cukors Platz einnehmen. Trotz Selznicks Dementis und offiziellen Vertrauenserklärungen für Cukor, wollten die Gerüchte über einen Wechsel auf dem Regiestuhl nicht verstummen. Dabei spielten eine ganze Reihe von Umständen mit. Clark Gable hatte noch nie ein Geheimnis daraus gemacht, daß ihm die Aussicht keineswegs behage, den Film unter der Regie des »Damen-Regisseurs« Cukor machen zu müssen, und die Metro, die natürlich immer ein Auge auf ihre Investitionen hielt, versuchte alles, ihn zu beschwichtigen. Deshalb nahmen Mayers Männer mit Selznick Gespräche auf, in denen die Möglichkeit erörtert wurde, Cukor durch einen der Metro-Regisseure wie Fleming oder Jack Conway zu ersetzen, die sich im Umgang mit Gable bereits bewährt hatten. Diese Angebote trafen sich mit Selznicks wachsendem Unmut über Cukor. Der 4000-Dollar-Wochenvertrag plus Extras verpflichtete den Regisseur natürlich noch zu anderen Arbeiten als den an *Vom Winde verweht*. Er hatte sich während der vergangenen mehr als zwei Jahre sehr viel mit diesem Projekt beschäftigt, sonst aber kaum Interesse für andere Regieaufgaben gezeigt, die ihm angeboten wurden. So hatte er *A Star is Born* abgelehnt, weil er nicht daran interessiert sei, einen Film über Hollywood zu machen (ironischerweise führte er dann bei dem mehrere Jahre später produzierten Remake doch die Regie). Außerdem weigerte er sich, den *Tom Sawyer* zuende zu führen, nachdem Selznick den ursprünglichen Regisseur H. C. Potter gefeuert hatte. Verständlicherweise zog er es vor, in der Metro-Produktion *Camille* mit der Garbo Regie zu führen. Als er dann auch noch *Intermezzo* ablehnte, trat sein Verhältnis zu Selznick in eine äußerst kritische Phase. »Wir sollten uns darüber keinen Illusionen mehr hingeben«, meinte der Produzent einigen engen Mitarbeitern gegenüber. Aber diese wußten, daß ihr Boß sich weniger Sorgen über jene Filme machte, die Cukor abgelehnt hatte, als über jenen, bei dem er unbedingt Regie führen wollte – *Vom Winde verweht*. Selznick hatte ihn sich zunächst als großes romantisches Drama mit einer stark dominierenden Frauengestalt vorgestellt, was genau Cukors Talenten entsprochen hätte. Aber mit der zunehmenden Popularität des Romans wuchs nicht nur das Interesse der Öffentlichkeit an der Entstehung des Films ins schier Unermeßliche, sondern auch Selznicks Vision von diesem Film. Und jetzt bekam er kalte Füße, wenn er an seinen Regisseur dachte. Würde er diese neue, sehr viel größere Dimension überhaupt in den Griff bekommen? Doch seine Freundschaft zu Cukor und das Wissen, damit seinem Schwiegervater einen Gefallen zu tun, hielten ihn – zunächst – noch davon ab, auch dessen Kopf zu opfern. Allerdings leitete er einige Vorsichtsmaßnahmen ein. So wies er seine Autoren an, Rhetts Rolle etwas »auszupolstern«, um dadurch Cukors Neigung entgegenzuwirken, die weiblichen Stars in seinen Filmen zu bevorzugen. »Sie müssen dafür sorgen, daß Scarlett nicht immer über Rhett Butler die Oberhand gewinnt«, hatte er Fitzgerald erklärt. »George wird ihr alles zuschieben, deshalb müssen Sie und ich für Clark etwas tun.« Außerdem befahl er Hal Kern, seinem Chef-Dramaturgen, sich in Cukors Nähe zu halten, damit er sich nicht zu sehr in Details verbiß und darüber die größeren Dimensionen des Films vergaß. »Sorgen Sie dafür, daß er mit Tempo arbeitet«, wies er Kern an, »lassen Sie nicht zu, daß er langsamer wird.«

Der offizielle Drehbeginn am 26. Januar wurde durch das Aufziehen der Südstaatenflagge vor dem Hauptgebäude von Selznick-International durch Mary Anderson markiert. Auftragsgemäß stand Kern direkt hinter Cukor. Als der Regisseur das erstemal »Action« rief, beugte Kern sich vor und flüsterte »Tempo, George«. Und »Tempo! Tempo! Tempo!« brach es aus dem nervösen Regisseur heraus.

Die ersten Einstellungen bildeten die Eröffnungssequenz des Films – Scarlett zusammen mit den Tarleton-Zwillingen auf der Veranda von Tara. Die Zwillinge wurden von zwei Neuentdeckungen gespielt, Fred Crane und George Reeves, der sich später einen Namen als Leinwand-Superstar machen sollte. Milton Vaughn, der junge Liftboy, den Selznick in New York entdeckt hatte, arbeitete inzwischen wieder in seinem alten Job im Savoy Plaza.

Margaret Mitchell hatte einmal geschrieben, sie stelle sich Tara als »häßliches, formloses Gebilde vor, das keinem architektonischen Plan folgte, sondern weiterwucherte, wenn mehr Platz erforderlich wurde«. Die hübsche Fassade aus weißen Ziegeln, die man auf dem Selznick-Gelände errichtet hatte, entsprach dieser Vorstellung wohl kaum. Allerdings war es auch nicht der Palast, der dem Produzenten vorgeschwebt hatte. Margaret Mitchell hatte Susan Myrick auf Selznick angesetzt, und dieser hatte schließlich nachgegeben. Doch er bestand auf den Frontsäulen, stimmte aber zu, sie entsprechend dem Südstaatenstil quadratisch und nicht im Hollywood-Stil korinthisch gestalten zu lassen. Als Selznick einige Zeit später der Autorin die nach seinen Vorstellungen gefertigten Entwürfe zu Twelve Oaks schickte, brach sie über den Luxusbau in

Clark Gable prägt sich die neueste Überarbeitung von Rhetts Dialog ein.

lautes Gelächter aus. Wieder sollte Susan Myrick den Produzenten zu einer weniger aufwendigen Dekoraton überreden, da Südstaatler sich darüber nur lustig machen würden. »Nein, das werden sie nicht, Susan«, erwiderte Selznick. »Sie werden sagen, genauso sah das Herrenhaus meines Großvaters aus, das Sherman niedergebrannt hat.«

Der Vordergrund von Selznicks Tara war mit massiven Eichen und Zedern aus Gips und aufgeklebten Rindenstücken »bepflanzt«. Während der Dreharbeiten mußten Tag für Tag frische Blätter mit Drähten an den Ästen befestigt werden. Dutzende von Magnolien- und Apfelbäumen waren hierher transplantiert worden. Da die Apfelbäume in Kalifornien nicht blühen, hatte man ihnen Wachsblüten aufgesteckt. Aus Arizona waren viele Tonnen roter Erde in Güterwagen herangebracht worden, die man groß-

Susan Myrick mit Clark Gable in den Atlanta-Dekorationen. »Ah cain't affoad a foah doah Fohd.«

zügig auf dem Freigelände verteilt hatte; wochenlang saß der rote Staub in Augen, Ohren und Nase.

Das Drehbuch verlangte nach baumwollpflückenden und singenden Negersklaven im Hintergrund (Selznick hatte dafür den Hall Johnson Chor engagiert). Außerdem sollten kleine Negerkinder Truthähne über die Zufahrt jagen, dazu bellten die Hunde, und auf der Zufahrt stauten sich Kutschen und Bauernwagen. Die Liste des Requisiteurs lautete wie folgt:

1 Erster Jäger
1 Jäger
11 Pferde für O'Hara
   Truthahnherde
4 Hunde

4 Bauernwagen mit Farmarbeitern
Kutsche mit Pferden für Ellen O'Hara
Familienkutsche mit Pferden.

Aber Susan Myrick wies Selznick darauf hin, daß der drohende Kriegsausbruch die Zeit auf Mitte April festlegte – was Pflanz- und nicht Erntezeit auf der Plantage bedeutete. Im übrigen war es unwahrscheinlich, daß die Zufahrt zu Tara als Tummelplatz für Truthähne diente. Als George Cukor dann die erste Einstellung in Angriff nahm, lautete die Drehbuchanweisung schlicht: »Aufblenden – Vorderansicht Tara – Totale«. Und die Truthähne hatte man durch Pfaue ersetzt.

Es war ein windiger, kühler, sonniger Morgen, aber das Aufnahmeteam und die Schauspieler schwitzten unter der Hitze der mächtigen Bogenlampen – links 6400 Kerzen, vorne 7000 (hinter der Kamera) und rechts 2400. Dieser ersten Einstellung folgten drei Takes von Scarlett, die über die Zufahrt hinabläuft, um Gerald O'Hara zu begrüßen. Den dritten Take bestimmte Cukor fürs Kopierwerk. Dann wurde die Kamera näher am Haus postiert, um Scarlett zu filmen, die sich über das dauernde Kriegsgerede beklagt und gleichzeitig mit den Zwillingen flirtet. Scarletts einleitende Bemerkungen – »Krieg, Krieg, Krieg. Dieser Krieg verdirbt einem die Freude an jeder Gesellschaft« – hatte ein ominöses Echo. Denn am selben Tag, als diese Szene gedreht wurde, fielen aufgrund der Entwicklungen an den ausländischen Märkten die Kurse der Filmindustrie an der New Yorker Börse. Universal verlor acht Punkte, Paramount immerhin noch viereinhalb und Loews einen. Auch Hollywood konnte vor dem sich in Europa zusammenbrauenden Sturm nicht mehr länger die Augen verschließen. In Italien hatte das faschistische Regime die Studios vom Markt gedrängt, indem es ihre Verleihlizenzen widerrief. Die Metro konnte noch als einzige Filme in Deutschland und im deutsch besetzten Osteuropa herausbringen, doch es war nur noch eine Frage der Zeit, bis auch sie ihre Tätigkeit würde einstellen müssen. Obwohl die kommunistisch infiltrierte Anti-Nazi-League ins Zwielicht geraten war, wurden nun antinazistische Einstellungen von den Studios gefördert. Warner-Mitarbeiter fanden in ihren Lohnumschlägen die englische Übersetzung des deutschen Pamphlets »Die Schändung der Rasse« mit einer Erklärung von Harry Warner, der diese Schrift »als Textbuch für alle jene (bezeichnete), die der schrecklichen Weltanschauung des Nazismus anhängen«.

Vom Meer her zog Nebel auf und trieb das Team in Studio 16, wo die berühmte Korsett-Schnür-Szene aufgenommen werden sollte, die hunderten zurückgewiesener Scarletts recht bitter in Erinnerung blieb. Aber die Dekorationen für Scarletts Schlafzimmer waren noch nicht fertig. Und während sich die Schreiner bemühten, letzte Hand anzulegen, rannte Menzies von einem zum andern, gab seine Anweisungen und warf ab und zu einen Blick durch die Kamera. Kameramann Lee Garmes wollte unbedingt einen Fensterrahmen so angebracht haben, daß er einen dekorativen Schatten über Scarletts Himmelbett warf. Walter Plunkett umtanzte den gereizten Cukor und versuchte ihm verzweifelt seine Meinung über einen neuen Kostümentwurf abzuringen – immer dicht gefolgt von dem aufmerksamen Kern. Vivien Leigh warf sich in einem grünen Steppbademantel in diesen Mahlstrom; als sie ihn abnahm, kamen Rüschenunterhosen zum Vorschein. Endlich konnte Cukor »Action!« befehlen, sofort wieder leise von Kern gemahnt: »Tempo, George.« Aber als dann Hattie McDaniel sich an den Schnüren von Scarletts Korsett zu schaffen machte, unterbrach Cukor sofort wieder: »Cut!« Dann rief er: »Würden die Besucher bitte die Szene verlassen? In diesem Durcheinander läßt sich nicht arbeiten!« Zwei Männer schlichen mit eingezogenen Köpfen hinaus – ein Reporter von der *New York Times* und sein Begleiter aus Russell Birdwells PR-Stab.

Cukors Ausbruch kam nicht gerade überraschend. Man wußte, daß er bei Dreharbeiten zu heftigen Temperamentexplosionen neigte. Dann liefen die Kameras wieder, und Cukor versuchte hinter ihnen hervor mit ausdrucksvollen Gesten die Schauspieler zu Höchstleistungen anzufeuern.

Eric Stacey und Ridgeway Callow, sein erster und sein zweiter Assistent, galten in Hollywood als legendär effektive Mitarbeiter. Stacey, der größere, durch nichts aus der Ruhe zu bringende Mann aus Cornwall, trug immer einen Hut. Seine größte Sorge galt nicht den Problemen, die sich bei der Verfilmung von *Vom Winde verweht* ergaben, sondern der Tatsache, daß er langsam kahl wurde. Normalerweise konnte man damit rechnen, daß vermißte Crew-Mitglieder im »Stage Thirteen«, der Bar am Washington Boulevard, zu finden waren; sie war so etwas wie eine Nebenstelle von

Vorhergehende Doppelseite: Whiskey-Brenner in Shantytown.

Selznick-International. Doch wenn man unbedingt Stacey brauchte, suchte man ihn am besten bei jenem Toupet-Spezialisten, der
aus irgendeinem längst vergessenen Grund auf dem Studiogelände
sein Geschäft betrieb. Doch Stacey war auch abergläubisch. So
band er sich erst dann die Schnürsenkel, wenn die erste Einstellung
des Tages im Kasten war, wodurch er manchmal bis spätnachmit-
tags mit ungeschnürten Schuhen durch die Szene stolpern mußte.
Callow, sein Kollege, war ein kleiner, besorgt blickender Mann
mit einem großen roten Gesicht, einem wundervollen Zwerchfell
und einer durch Mark und Bein dringenden Feldwebelstimme, die
sich beim Herumkommandieren von Südstaatensoldaten, Sklaven,
Besuchern des Atlanta Bazaars und Deserteuren ausgezeichnet
bewährte. Die beiden hatten ein fast unübersehbares Aufgaben-
gebiet zu bewältigen. Das reichte vom Anheuern von Hunderten
von Statisten bis zur Buchführung über die Menstruationszyklen
der Hauptdarstellerinnen, damit man im Drehplan darauf Rücksicht nehmen konnte. Ein früherer Regieassistent war auf vielen
Parties die große Sensation, wenn er die genauen Menstruations-
daten sämtlicher MGM-Stars herunterrasselte. Normalerweise ge-
stand man den indisponierten Damen ein bis zwei Tage Pause zu,
je nach der Stellung in der Studio-Hierarchie. Als Stacey Vivien
Leigh, obwohl sie erst seit kurzem dabei war, gleich zwei Tage
bewilligte, gab es Ärger mit Joan Fontaine, die davon erfuhr. Obwohl auch sie mit *Rebecca* gerade erst ihre erste Hauptrolle bekommen hatte, bestand sie darauf: »Wenn Vivien zwei Tage zu-
gebilligt bekommt, dann steht mir dasselbe zu.«

Cukor bahnte sich mühsam seinen Weg durch das »scheinbar
noch sehr bescheidene endgültige Drehbuch«, wie Selznick es
Jock Whitney gegenüber formuliert hatte. Darunter war auch jene
Szene, in der Scarlett während der Belagerung Atlantas Melanies
Kind mit zur Welt bringen hilft (einschließlich einer der wenigen
komischen Konzessionen des Films, wenn Prissy singt: »Jes' a Few
Mo' Days, ter Tote de Wee-ry Load«), gefolgt von der Erschie-
ßung des Yankee-Deserteurs, der zum Plündern und Schlimmerem
in Tara eingedrungen ist.

Olivia de Havilland war auf Cukors Anweisung im Kreißsaal
des Los Angeles County Hospital bei einigen Entbindungen zugegen gewesen. Um inkognito zu bleiben, hatte sie Schwestern-
tracht angelegt. Danach berichtete sie ihm, daß die Wehen »nicht
kontinuierlich erfolgen, sondern in einzelnen Wellen auftreten«.

Als die Szene dann gefilmt wurde, packte Cukor außerhalb der Sichtweite der Kamera unter der Decke ihre Hand und zwickte sie jedesmal heftig, wenn sie neue Wehen markieren sollte. Alles ging gut, bis zu jenem Punkt, wo Scarlett Prissy schlägt, weil sie jetzt erst eingesteht, daß sie keine Ahnung hat, wie man ein Baby auf die Welt bringt. Vivien Leighs Handschrift war nicht von schlechten Eltern, und Butterfly McQueen brach in wütende Tränen aus. »Ich kann das nicht spielen, ich kann das nicht, sie tut mir weh. Ich bin kein Stunt-Man, ich bin Schauspielerin«, jammerte sie. Cukor wurde wegen der Unterbrechung jetzt ebenfalls wütend und schrie sie an: eine wirkliche Schauspielerin hätte weitergespielt, gleichgültig was auch immer geschehen mochte. Ein Auftritt dauerte so lange, bis er, der Regisseur, ihn unterbrach. Aber die zierliche farbige Schauspielerin marschierte einfach aus der Szene und kehrte erst wieder zurück, nachdem Vivien Leigh sich entschuldigt hatte.

Butterfly McQueen unterschied sich in mehr als einer Hinsicht von ihren dunkelhäutigen Kollegen. Die vielen Jahre in New York hatten ihren Südstaatenakzent so sehr abgeschliffen, daß sie von Hattie McDaniel erst wieder eingewiesen werden mußte. Zwischen ihren Auftritten saß sie in einer Ecke und las im *Esquire*. »Warum liest du denn so etwas?« wurde sie einmal gefragt; immerhin besaß der *Esquire* ein Klappen-Mädchen und war auch sonst ganz fürs Junggesellenleben konzipiert. »Ich schau mir gern schmutzige Fotos an«, quiekte sie. Schon gleich zu Beginn der Dreharbeiten beschwerte sich eine Gruppe farbiger Nebendarsteller bei Eric Stacey darüber, daß die Toiletten des Studios durch frisch angebrachte Aufschriften in »Weiße« und »Farbige« unterteilt worden waren. Sie drohten, die Arbeit niederzulegen, wenn diese Aufschriften nicht entfernt würden. Stacey erklärte, sie wären das Werk eines Studio-Handwerkers, der sie ohne Anweisung von oben angebracht hätte, und ließ sie schleunigst entfernen. »Wenn ihr unbedingt weiße Filzläuse haben wollt, dann mal zu!« meinte er grinsend.

Die Filmindustrie war zu jener Zeit recht klassenbewußt: Kleindarsteller wollten nichts mit Statisten zu tun haben, und »Kleider-Statisten«, die in ihren eigenen Sachen auftraten, weigerten sich, sich neben gewöhnliche Statisten zu setzen. Natürlich kam es in einer solchen Umgebung schon gleich gar nicht zu Verbrüderungsszenen zwischen den Rassen.

Als die Szene mit dem Yankee-Deserteur gefilmt wurde, lauerte hinter den Filmscheinwerfern von Studio 16 eine große Menge. Die Attraktion war weder Vivien Leigh noch gar Paul Hurst, der Deserteur. Dieser Gorilla von einem Mann hatte eine lange Karriere als Charakterdarsteller von Schurken, Gangstern, Knastbrüdern und ähnlichem hinter sich, die bis in die Stummfilmzeit zurückreichte. Die Neugier richtete sich auf Olivia de Havilland, denn im Studio hatte sich das Gerücht breitgemacht, sie würde unter ihrem Morgenmantel, mit dem sie in dieser Szene den toten Soldaten zudeckt, kaum etwas tragen. Als der spannende Augenblick dann endlich kam, hörte man einen allgemeinen Seufzer der Enttäuschung, denn Olivia war in Bluse und bis zum Knie hochgekrempelten Hosen zugeknöpft wie selten.

11 Die »Cukor-Situation« wird gelöst

David Selznick hatte sich aus zwei Gründen damit einverstanden erklärt, *Vom Winde verweht* in Technicolor zu drehen. Erstens gab es die von Jock Whitneys Pioneer Pictures übernommene Verpflichtung, im Gegengeschäft für Technicolor-Aktienoptionen zu Vorzugspreisen eine bestimmte Anzahl von Filmen in der neuen Technik zu drehen. Dabei kam die Technicolor Corporation dem Produzenten entgegen: sollte *Vom Winde verweht* länger als 150 Minuten werden (was ungefähr dem Anderthalbfachen der normalen Hollywood-Produktionen entsprach), dann würde ihn das zu der doppelten Stückzahl von Vorzugsoptionen berechtigen – ein gewichtiger Anreiz, einen Film mit Überlänge zu machen, der von Selznick allerdings nicht gerade hervorgehoben wurde. Nachdem *Vom Winde verweht* fertiggestellt war, konnte er 15 000 Technicolor-Aktienoptionen zu drei Dollar das Stück erwerben, obwohl ihr Preis an der Börse zu diesem Zeitpunkt bereits elf Dollar betrug. Zweitens hatte Selznick aufgrund dieser Verpflichtung bereits drei Technicolor-Filme produziert und herausgebracht und war deshalb von der Bedeutung der neuen Technik überzeugt. Die meisten seiner Konkurrenten hielten sie für nicht mehr als eine teure Spielerei, die dem Schwarz-Weiß-Film nie würde den Rang ablaufen können. Es waren teilweise dieselben, die vor zehn Jahren den Tonfilm als Marotte bezeichnet hatten... Das hier zur Debatte stehende Verfahren war das sogenannte »Drei-Streifen«-Technicolor (das »Ein-Streifen«- oder »Monopack«-Technicolor wurde erst sieben Jahre später eingeführt). Dabei wurde mit drei parallel laufenden Negativen gefilmt, vor die ein grüner, ein blauer und ein roter Filter geschaltet waren. Die drei Negative kopierte man dann auf eine Matrize bzw. auf ein Zwischenpositiv, wovon die Verleihkopien gezogen werden konnten. Dieses »Drei-Streifen-System« wurde streng geheimgehalten, da es noch nicht patentiert war. Technicolor vermied es peinlichst, Besuchern sein gesamtes Labor in Rochester, New York, zu zeigen.

Technicolor verfügte aber nicht nur über das Verfahren, sondern auch über die notwendigen Aufnahmegeräte und Spezialisten. Gegen eine Grundgebühr von zweihundert Dollar pro Woche lieh es die unhandlichen vierhundert-Pfund-Kameras zusammen mit den Linsen und Filmkassetten an die Produktionsfirmen aus. Der Standard-Vertrag mit Technicolor verlangte außerdem, daß der Kunde einen firmeneigenen Kameramann und einen Assistenten als »technische Berater« engagierte. Lee Garmes und sein Assistent wurden von dem Technicolor-Kameramann Paul Hill (später dann Ray Rennahan) und dessen Assistent unterstützt, die sie in bezug auf Kameraeinstellungen, Filter und Beleuchtung unterwiesen (Ein Technicolor-Film verlangte fast zweimal soviel Helligkeit wie ein Schwarz-Weiß-Film). Garmes war allerdings der Ansicht, daß die neue Technik des Farbfilms sich nicht grundlegend von der des Schwarz-Weiß-Films unterschied, die er immerhin seit zwanzig Jahren mit beträchtlichem Erfolg gemeistert hatte. Die Atmosphäre rund um die Kamera war deshalb nicht selten recht frostig, vor allem wenn der Mann von Technicolor, der keinerlei Autorität besaß, seine Vorschläge auch durchzusetzen, sein Notizbuch zog und festhielt, daß Garmes wieder einmal seinen Ratschlag betreffs einer bestimmten Einstellung nicht befolgt hatte, so daß Technicolor jede Verantwortung für das Ergebnis ablehnen mußte. Für Garmes war im übrigen der Anblick der Technicolor-Techniker höchst irritierend, die Abend für Abend die Kameras abbauten und zur »Überholung« mit sich nahmen.

Für weitere tausend Dollar die Woche mußte sich Selznick der Dienste von Natalie Kalmus versichern. Sie war die Frau des Technicolor-Erfinders und als »Farb-Beraterin« angeblich unerläßlich. Vor allem aber sorgte sie – und das gratis – für ständige Probleme. Sie konnte gegenüber jedem Farbarrangement ihr Veto einlegen, wenn sie meinte, es ließe sich mit den Erfordernissen des Farbfilms nicht vereinbaren. Auf ihre Anweisung mußten Kostüme, Einrichtungsgegenstände, ja ganze Dekorationen ausgetauscht werden, die angeblich auf der Leinwand nicht richtig »kamen«. Es stimmte, daß einige Farben und Stoffe für den Farbfilm ungeeignet waren – beispielsweise wirkten Gelb und Türkis unter dem starken Licht leicht schmutzig, genau wie Purpur und Violett; und reflektiertes Licht machte Woll- und Samtstoffe dunkler, während es Seiden aufhellte. Doch die Filmleute hatten Natalie Kalmus im Verdacht, daß sie häufig ihren persönlichen Geschmack einfach mit den Erfordernissen des Technicolor-Verfahrens verwechselte. Was sie nicht mochte, das mochte auch die Kamera nicht – behaupteten sie zumindest. Für nicht wenige Hollywood-Produzenten war sie das stärkste Argument gegen den Farbfilm. Das Schlimmste fürch-

tend, hatte Selznick Bill Menzies als »Schiedsrichter für alle Meinungsunterschiede« zwischen seinem Designer-Team und Natalie Kalmus bestimmt. Doch auch das konnte endlose Dispute und Zusammenstöße zwischen ihr sowie Platt, Plunkett, Lyle Wheeler und manchmal auch Menzies selbst nicht verhindern; letzterer neigte dazu, gelegentlich seine neutrale Rolle zu vergessen und hitzig selbst Stellung zu beziehen. Normalerweise endeten diese Auseinandersetzungen mit einem Kompromiß wie im Falle jener Tapete in dunklem Purpur, die Platt für die Barbecue-Szene in Twelve Oaks entworfen hatte. Man sah sie nur ganz kurz durch eine geöffnete Tür, aber Natalie Kalmus entschied: nicht diese Farbe, sie kontrastierte im Film nicht stark genug mit den beigefarbenen Röcken der Männer, so daß diese mit dem Hintergrund verschmelzen würden. Platt wies mit Hilfe von Farbfilm-Tests überzeugend nach, daß das nicht stimmte, aber Natalie Kalmus konnte sich tiefer eingraben als ein Murmeltier und ließ einfach kein Gegenargument gelten. Menzies schaltete sich ein, und schließlich einigte man sich auf einen Kompromiß: die Wände wurden in einem Khaki-Ton gestrichen, der einen leichten Stich ins Rosarote hatte.

Am ersten Drehtag gab es eine Störung in der Beleuchtung, und die Aufnahmen mußten unterbrochen werden. Vivien Leigh ging zu Stacey hinüber und fragte ihn laut: »Was haben diese Pisser denn schon wieder zu fummeln?« – Am Ende der ersten Drehwoche hatte sich die junge Engländerin sowohl im Kreis der Kollegen wie im gesamten Aufnahmeteam Respekt verschafft. Sie war kühl, selbstbeherrscht und überaus professionell. Die Männer bewunderten sie, schreckten aber zugleich vor ihrer Direktheit und ihrer Gossensprache zurück. (Hollywood glaubte an den von ihm selbst kreierten Mythos; deshalb schien ihm die Verbindung von exquisiter Schönheit und provozierendem Verhalten einfach unmöglich.) Von den Frauen wurde sie weniger bewundert als beneidet. So wunderte sich Olivia de Havilland, die vor jedem Auftritt zehn Minuten in Kostüm und Make-up vor einem Spiegel meditieren mußte, bevor sie wieder in ihre Rolle »eingestiegen« war, wie leicht Vivien das alles fiel. Es schien, als ob sie einen

Vorhergehende Doppelseite: Ashley kehrt verwundet von der Vergeltungsaktion auf Shantytown nach Hause zurück, wo die Nordstaaten-Soldaten auf ihn warten.

Schalter in sich trug, mit dem sie sich in Sekundenbruchteilen ab- und wieder anschalten konnte. Nach dem »Action«-Ruf setzte sie hinter der Kamera ihre Unterhaltung im Flüsterton noch einige Augenblicke fort und stand gleich darauf durch und durch Scarlett in der Dekoration.

Die jüngeren Schauspielerinnen wie beispielsweise Evelyn Keyes beobachteten sie respektvoll aus der Ferne. Sie spielte nicht nur jede Szene mit immer gleicher Routiniertheit und Intensität, sondern setzte sich auch immer wieder gegen den Regisseur, ja sogar gegen den Produzenten durch – und das nicht mit weiblichen Tricks oder durch das Pochen auf ihren Star-Status, sondern durch ihr Selbstbewußtsein und das Vertrauen auf ihr »handwerkliches« Können.

Die junge Engländerin und ihr Partner Olivier wurden natürlich als neue Berühmtheiten auf den Parties Hollywoods herumgereicht. Hingebungsvoll feierten die Klatsch-Journalisten sie als »Hollywoods romantischstes Paar«, obwohl sie in offener Verachtung für die heuchlerische Moral der Kinostadt unter einem Dache zusammenlebten. Evelyn Keyes berichtete ihrer Mutter in Atlanta, daß Vivien Leigh, im Gegensatz zu den aus den Phantasien der PR- und Presseleuten geborenen Göttinnen, die mit wirklichen Frauen und ihren Bedürfnissen so gut wie nichts gemein hatten, »ganz genau wußte, wer sie war« – und sich entsprechend verhielt.

Aber auch Vivien Leigh war gegenüber den Pressionen ihres Studios nicht völlig immun. Eines Morgens erschien sie am Drehort und beklagte sich bitter über Hollywoods Doppelmoral. Selznick hatte darauf bestanden, daß Olivier aus dem von ihnen gemeinsam gemieteten Haus in Beverly Hills auszog, da dies leicht zum Skandal führen könnte. Als Vivien Leigh erwiderte, ihr Privatleben sei ja wohl ihre Sache, verwies der Produzent sie auf jene Vertragsklausel über »moralische Führung«, die ihm das Recht gab, auch ihr Leben außerhalb des Studios zu kontrollieren. Olivier blieb keine Wahl, er zog aus und mit Leslie Howard zusammen, der seinerseits ebenfalls in skandalträchtigen Umständen lebte, dies aber besser verheimlichen konnte, da seine Geliebte nicht Viviens Prominenz besaß. Denn trotz seines »seelenvollen« Leinwandimages war Leslie Howard ein unermüdlicher Schürzenjäger. Seine augenblickliche Begleiterin war Violette Cunningham, ein attraktiver englischer Rotschopf, den er als seine »Sekretärin« ausgab. Obwohl das natürlich niemand glaubte, ließ sich der

Vorhergehende Doppelseite: Um sich und Ashley ein Alibi zu verschaffen, erklärt Rhett dem Yankee-Hauptmann (Ward Bond), daß sie den Abend bei Belle Watling verbracht hätten.

Schein wahren, so daß sie ihn jeden Tag zu den Dreharbeiten begleiten konnte, ohne daß Selznick eingegriffen hätte. Olivier dagegen hatte er den Zugang zum Studio verboten, da seine Gegenwart Vivien Leigh nur ablenken würde. Später begleitete Violette Cunningham Leslie Howard nach England, wo sie kurz nach Ausbruch des Krieges bei einem Luftangriff auf London ums Leben kam.

Gegen Ende der ersten Drehwoche rollte ein riesiger mobiler Garderobenwagen auf Selznicks Studiogelände – die Ankunft Clark Gables stand unmittelbar bevor. Die Ausstattung dieses Wunderwerks war betont männlich; eine Mischung zwischen Kapitänskajüte und Jagdhütte. Die Wände waren mit knorrigem Kiefernholz verschalt, dazu passend ein Toilettentisch aus demselben Material. Ergänzt wurde die Einrichtung durch eine tiefe Club-Couch und einen Sessel in rotem Leder. Zwei schwere Messingaschenbecher und zwei englische Jagddrucke mit Jägern in roten Röcken und bellenden Hunden schmückten die Wände. Außerdem gab es noch einen eingebauten Kleiderschrank sowie ein kleines Bücherregal mit fünf oder sechs Werken, darunter *Chicago* mit einer persönlichen Widmung des Autors Maurice Watkins, »The Parnell Movement, with a sketch of Irish Parties from 1843« (der darauf basierende Film *Parnell*[1] war einer der wenigen Kassenmißerfolge Gables) und ein zerlesenes Exemplar von *Vom Winde verweht*, das Zeugnis davon ablegte, wie fleißig der Schauspieler seine Hausaufgaben erledigte. Am Morgen seines ersten Drehtages wurde Gable durch einen Motorrad-Kurier Selznicks geweckt, der ihm ein umfangreiches Memo überbrachte, in dem der Produzent seine Vorstellungen über Rhett Butlers Charakter niedergelegt hatte. Mehr als überfliegen konnte er es nicht, wollte er rechtzeitig im Studio sein, wo er von seinem Make-up-Mann Stanley Campbell in Empfang genommen wurde, der zu seinem regelmäßigen Gefolge zählte. Dazu gehörte auch Lew Smith, sein Double, der einige Jahre später bei einer Schießerei in einer Bar namens

---

1 1937 gedreht

»Retake Room« nicht weit von der Metro ums Leben kam, und Ward Bond, für den Gable immer irgendeine Rolle in seinen Filmen ausfindig machte. So spielte er in *Vom Winde verweht* jenen Yankee-Hauptmann, der nach dem Überfall auf Shantytown Rhett und Ashley zu Tante Pittypats Haus verfolgt.

Da sie seine kriegerische Stimmung bei solchen Gelegenheiten kannte, hatte Carole Lombard seinen Schminkspiegel mit ausgestopften Stoff-Friedenstauben geschmückt. Außerdem wartete auf dem Toilettentisch ein Geschenkpäckchen für ihn. Es enthielt einen handgestrickten Genitalienwärmer und ein Kärtchen: »Laß ihn nicht frieren. Bring ihn mir heiß nach Hause zurück.« Gable war natürlich entzückt. Den Rest des Tages zeigte er überall Caroles Geschenk herum.

An diesem Tag filmten sie Rhetts Besuch bei Scarlett in Tante Pittypats Haus an der Peach Street; sein Gastgeschenk ist ein Pariser Hut. Danach wurde mit der schwierigen Inszenierung der Atlanta Bazaar-Sequenz begonnen. Die kürzlich verwitwete Scarlett, ganz in Schwarz, ertrinkt fast in einem Farbenmeer – das »Alte Zeughaus« ist mit rot-blauen Südstaatenflaggen geschmückt, die Männer tragen ihre prächtigen Uniformen und die Mädchen haben ihre besten Kleider angelegt. Das bescheidene Straßenhütchen, das Scarlett in dieser Bazaar-Szene trägt, ist wahrscheinlich die einzige Exzentrizität, die sich dieser Film in bezug auf Kleidung und Ausstattung erlaubt. Susan Myrick und Plunkett versuchten vergeblich, Selznick die Absurdität dieses Details klarzumachen, doch er ließ sich nicht beirren. Seiner Meinung nach wurde dadurch der Kontrast zwischen Scarletts Witwenschaft und ihrem frivolen Benehmen besonders stark hervorgehoben. Selznick konnte bei Kostümfragen ebenso halsstarrig sein wie bei vielem anderen. So wollte er beispielsweise die Siesta-Szene beim Twelve Oaks Barbecue mit einem Kameraschwenk über die ausgezogenen Kleider der Mädchen einleiten, die »wie kopflose Puppen«, steif gegen die Wand gelehnt standen, wie er im Skript vermerkt hatte. Offensichtlich war er der Ansicht, daß die Walfischbein-Korsetts und die Reifröcke die Kleider aufrecht halten würden. Als Susan Myrick ihm zu erklären versuchte, daß dies nicht der Fall sei, sondern die Kleider in sich zusammenfallen würden, traktierte er sie mit einem guten Dutzend Memos, bis er endlich nachgab.

Die Bazaar-Szene ist mehr als ein festlicher Höhepunkt, bevor der Krieg Atlanta erreicht, denn sie skizziert zugleich Scarletts und Rhetts wachsende, wenn auch von beiden nur widerwillig eingestandene Zuneigung füreinander. Scarletts dramatische Geste, mit der sie, Melanies Beispiel folgend, ihren Ehering zur Unterstützung «Der Sache» anbietet, provoziert Rhett zu der sarkastischen Bemerkung: »Ich weiß, wieviel das gerade I h n e n bedeuten muß.« Doch als dann die Frauen sich, wieder für »Die Sache«, für zehn Dollar pro Tanz »ersteigern« lassen, werden Rhetts zwischen Verachtung und Begierde schwankende Gefühle für die junge Frau schlagartig klar, denn er bietet einhundertfünfzig Dollar für Scarlett. Ein schockiertes Schweigen folgt seinem Gebot, doch Scarlett wirbelt trotzig in seinen Armen davon. Die beginnende Zuneigung scheint aber sofort wieder im Keim erstickt, als Rhett ganz nebenbei erklärt, daß er aus Profitgründen Waffen schmuggelt. Scarlett reagiert auf diesen Mangel an Patriotismus äußerst wütend – so scheint es zumindest. Doch im Grunde ist sie nur deshalb von ihm enttäuscht, weil er sich weigert die Rolle des Helden zu spielen. Und gerade einen solchen braucht sie, um den verheirateten Ashley zu ersetzen.

Cukor hatte die Szene durch eine Rede Melanies ausgeschmückt, in der sie beredt die Gerechtigkeit des Südstaatenstandpunkts verteidigte. Darin fanden sich Anklänge an Äußerungen von Dolores Ibarruri, genannt »La Passonaria«, der führenden Kommunistin des spanischen Bürgerkriegs und Heldin der linken Intelligenz, der Cukor auf diese Weise ganz offensichtlich seinen Tribut zollen wollte. Als Selznick völlig unvorbereitet mit dieser Eigenmächtigkeit konfrontiert wurde, explodierte er. Schon öfter hatte er sich darüber beschwert, daß sein Regisseur noch beim Drehen Szenen und Dialoge umschrieb, da die Schauspieler – so Cukors Verteidigung – das Skript einfach nicht spielbar fanden. Während der hitzigen Auseinandersetzung, die diesem neuerlichen Verstoß gegen die Studio-Disziplin folgte, kündigte Selznick an, daß er von nun an vor dem eigentlichen Drehen von jeder wichtigen Szene einen »Probedurchlauf« zu sehen wünsche, um »Überraschungen im Vorführraum zu vermeiden«, wie er es formulierte. Cukor protestierte heftig gegen diesen »Treuebruch«. Doch Selznick war jetzt immer häufiger bei den Aufnahmen dabei, machte Vorschläge zu Kamerapositionen und Lichteffekten und versorgte die Schauspieler mit Ratschlägen.

In Wahrheit war es so, daß Cukors Geschick bei der Auswahl

beredter optischer Details, die eine sich zwischen den einzelnen Personen entwickelnde Beziehung genau charakterisierten, jetzt gegen ihn arbeitete. Wenn Selznick sich abends das neu aufgenommene Material anschaute, gab er seinem Stab gegenüber zu verstehen, daß er sich leider immer mehr L. B. Mayers Befürchtung anschließen müsse. Cukor sei tatsächlich viel zu sehr in Kleinigkeiten befangen, um die große Linie des Films richtig in den Griff zu bekommen. Auch er denke jetzt immer häufiger an einen Wechsel in der Regie. Angesichts der wenigen fertiggestellten Filmmeter mochte das eine voreilige Beurteilung sein; doch auch das sprach nur wieder gegen Cukor. Denn nach zwei Wochen lag er bereits mehrere Tage hinter dem Drehplan zurück.

Während Selznick noch zögerte, sah sich Clark Gable in seinen Befürchtungen über die Arbeit mit Cukor voll bestätigt. Er fand zu diesem übertrieben umständlichen und schwatzhaften kleinen Mann, seiner Empfindsamkeit und seiner Intellektualität einfach kein Verhältnis; im übrigen beobachtete er voller Mißtrauen dessen große Vertrautheit mit Vivien Leigh. Die beiden waren gute Freunde geworden, und Gable fürchtete, zurecht oder zu unrecht, daß Cukor Scarlett auf Rhetts Kosten bevorzugen könnte. Der Regisseur konnte die Situation auch dadurch nicht retten, daß er den Star mit »Darling« titulierte und darauf bestand, daß er den Südstaatendialekt stärker prononzierte. Im Gegenteil. Denn Gable wehrte sich mit allen Mitteln dagegen, bis Selznick sich schließlich zugunsten des Stars einschaltete. Außerdem war Gable an das energische Abdrehen von Action-Filmen gewöhnt, wie es beispielsweise Victor Fleming meisterhaft beherrschte. Cukors eher gemütliches Arbeiten ging ihm deshalb heftig auf die Nerven.

Aber nicht nur der Regisseur machte Gable Kopfschmerzen. Da er verhältnismäßig langsam lernte, fühlte er sich durch das Fehlen eines fertigen Drehbuchs höchst beunruhigt. Wenn, was häufig geschah, Selznick mitten in der Nacht durch Boten frisch redigierte Szenen für den nächsten Tag schickte, erschien der Star am nächsten Morgen in größter Konfusion und hatte große Mühe, sich an seine Dialoge zu erinnern. Daß Vivien Leigh im Gegensatz dazu souverän ihren Text beherrschte, hob seine Moral auch nicht gerade. Wurde er dann vom Regisseur mitten im Dialog unterbrochen, gelang es ihm danach meist nicht, an der betreffenden Stelle fortzufahren, und er mußte die Szene noch einmal von vorn beginnen. Seine Metro-Regisseure kannten diese Schwächen und

halfen ihm darüber hinweg. Und genau das fehlte ihm jetzt bei George Cukor.

Dazu kam dann auch noch das Kostüm-Problem. Die von Plunketts Kostümabteilung für ihn gefertigten Kleider wirkten keineswegs besonders attraktiv. Selznick mußte Gables Klagen schließlich nachgeben und beauftragte Eddie Schmidt, den persönlichen Schneider des Stars in Beverly Hills, mit der Anfertigung einer neuen Garderobe. Schmidt entwarf hastig eine neue Kollektion für Gables wichtigste Auftritte, wobei er den Stil der Bürgerkriegszeit dadurch aufpolierte, daß er die augenblicklich modischen breiten, gepolsterten Schulterpartien übernahm.

Gable beklagte sich nie direkt über George Cukor, er kam einfach nicht mehr zu den Dreharbeiten. Als ihm Russell Birdwell am zweiten Tag seiner Abwesenheit begegnete, wie er gerade mit seinem Dusenberg Roadster das Metro-Gelände verlassen wollte, fragte er ihn nach dem Grund dafür. »Ich komme mit George einfach nicht zurecht«, erklärte Gable, »das ist alles.« Fünf Tage später waren alle Möglichkeiten erschöpft, ohne Gables Anwesenheit weiterzudrehen. Und schon rumorte es in der Branche, daß Metro ihn aus der Produktion zurückgezogen hätte und das ganze Projekt kurz vor dem Scheitern stand. Selznick, der zu wissen meinte, wer hinter diesen Gerüchten stand, sah sich jetzt zu einer schnellen und endgültigen Entscheidung gezwungen. Zunächst sprach er mit Jock Whitney, der aber lediglich erwiderte: »Benützen Sie Ihr eigenes Urteil.« Danach hielt er eine Serie von Konferenzen mit seinem Stab, um dessen Meinung zu hören, wandte sich dann an Ben Thau und Eddie Mannix von der Metro, um zu erfahren, welche Regisseure verfügbar wären, um in die Bresche zu springen, und holte sich schließlich moralische Unterstützung bei seinem Bruder Myron und seiner Frau Irene.

Eines Nachmittags erzählte eine von Selznicks Sekretärinnen George Cukor in einer Drehpause, daß sie heiraten wolle. Seine Reaktion war typisch für ihn: »Dafür brauchen Sie unbedingt eine neue Frisur«, meinte er und telefonierte mit Greta Garbo, Katharine Hepburn und Joan Crawford, um den Namen des führenden Modefriseurs in Hollywood zu erfahren. Die Antwort lautete:

Vorhergehende Doppelseite:
Melanie dankt Belle Watling, daß sie das Alibi ihres Gatten bestätigt hat.

Sidney Guilaroff. Cukor rief ihn an und verabredete für die Sekretärin einen Termin bei dem Star-Friseur. Das Mädchen war von dieser Geste so gerührt, daß sie sich nur mit Mühe davon abhalten konnte, ihn vor dem sich rings um ihn zusammenbrauenden Sturm zu warnen, denn er schien völlig ahnungslos zu sein. Eigentlich hätten auch ihm die vielen Treffen und Verhandlungen auffallen müssen, die alle dazu dienen sollten, die »Cukor-Situation« zu lösen. Auf jeden Fall ließ er sich nicht das Geringste anmerken. Vielleicht fühlte er sich Selznicks Freundschaft so sicher, daß er sich einfach nicht vorstellen konnte, von ihm gefeuert zu werden. Es könnte aber auch sein, daß er seine Entlassung bereits für unvermeidlich hielt und sich in sein Schicksal ergeben hatte.

Am Morgen des 13. Februar 1939, einem Montag, neunzehn Tage nach dem offiziellen Drehbeginn, und fast zweieinhalb Jahre nachdem er für den Film verpflichtet worden war, erhielt Cukor seine formelle Kündigung. Da Selznick die Reaktion seines »Freundes« fürchtete, schickte er seinen Generalbevollmächtigten Henry Ginsberg ins Studio, um die Exekution vorzunehmen. Der jeder Situation gewachsene Ginsberg machte die Sache kurz und schmerzlos. Sein Gespräch mit Cukor, das in einem kleinen Büro stattfand, dauerte weniger als eine halbe Stunde.

Als Vivien Leigh und Olivia de Havilland erfuhren, daß dies Cukors letzter Tag im Studio sein sollte, rannten sie in Panikstimmung zu ihm. War das wirklich wahr? »Ja«, meinte Cukor relativ gelassen, »ich denke schon.« In ihrer Witwenkleidung aus der Bazaar-Szene stürmten die beiden Schauspielerinnen wie Furien in Selznicks Büro. Sie fühlten sich beide Cukor auf dieselbe Weise verpflichtet: er hatte mit ihnen zusammen die Grundkonzeption ihrer Rollen erarbeitet, so daß sie sich ohne ihn wie Schiffe ohne Kompaß fühlten. Bei ihrem Anblick stand Selznick vom Schreibtisch auf und zog sich instinktiv auf die Fensterbank zurück. Fast drei Stunden lang bettelten, schmeichelten und drohten die beiden Stars, um ihn zu einem Widerruf seiner Entscheidung zu bringen. Ohne Cukor würden sie jede Orientierung verlieren, versicherten sie unter Tränen. Schon jetzt spürten sie, wie ihnen die Rollen entglitten. Der ganze Film würde ohne ihn außer Kontrolle geraten.

Nach außen gab sich der Produzent voller Mitgefühl, ohne sich jedoch auf irgend etwas festlegen zu lassen. Wie er später einem seiner Mitarbeiter erzählte, mußte er Viviens und Olivias Szene in seinem Büro wirklich bewundern. Wenn sie in *Vom Winde ver-weht* auch nur halb so gut agierten, mußte der Film einfach ein Er-folg werden, gleichgültig wer Regie führte. Schließlich gelang es ihm, sie mit der Versicherung einigermaßen zu beruhigen, daß er immer nur ihr Bestes im Auge haben würde. Sie gingen sogar ins Studio zurück – und arbeiteten, als ob nichts geschehen wäre, für den Rest des Nachmittags weiter.

Sie hatten beide wahrscheinlich erkannt, daß sie kaum mehr tun konnten, als ihrem Protest laut Ausdruck zu verleihen, würden sie die Produktion einfach verlassen, riskierten sie harte legale Konsequenzen. »Er war meine letzte Hoffnung, doch noch Spaß an diesem Film finden zu können«, schrieb Vivien Leigh voll trüber Vorahnungen dem in London zurückgebliebenen Gatten. Und auch kleinere Sternchen machten sich Sorgen über die Zukunft: »Ich fürchte, das ist der Anfang vom Ende«, teilte Evelyn Keyes ihrer Mutter mit. »Cukor war der einzige, der diesen Film meistern konnte.« Diese Befürchtungen waren verständlich, denn es war offensichtlich, daß für Cukor ein Mann nach dem Geschmack Clark Gables kommen würde.

Selznick und Cukor gaben eine gemeinsame Verlautbarung her-aus, in der es unter anderem hieß: »Nach einer Reihe von Mei-nungsverschiedenheiten über einzelne Szenen von *Vom Winde verweht* sind wir in beiderseitigem Einverständnis zu dem Schluß gekommen, daß nur ein neuer Regisseur, der möglichst rasch ver-pflichtet werden soll, zur Lösung dieser Probleme beitragen kann.« Als Louella Parsons ihn endlich ans Telefon bekam und um einige Erklärungen bat, sagte Selznick lediglich: »Es gab keine grundsätzlichen Probleme mit George. Es ist eben so, daß wir ein-zelne Szenen sehr verschieden sehen.«

Susan Myrick informierte Margaret Mitchell einige Stunden nach der offiziellen Bekanntgabe der »Trennung« über Cukors Version: »George hat mir die ganzen Hintergründe erzählt«, schrieb sie der Autorin. »Als ich ihn endlich erreichte, erklärte ich ihm, wie empört ich über das alles sei, darauf lud er mich zu einem Gespräch ein... Schon seit Tagen, so erzählte er mir, besah er sich Abend für Abend die Takes und hatte das Gefühl, daß es einfach nicht richtig lief. Er wußte, daß er ein guter Regisseur war und daß er über gute Schauspieler verfügte. Trotzdem liefen die Dinge nicht wie sie sollten. Allmählich kam er zu dem Schluß, daß der Grund dafür beim Drehbuch liegen mußte. Immer wieder verglich

Vivien Leigh, Leslie Howard, Laura Hope Crews und Olivia de Havilland lassen sich von Victor Fleming erklären, wie die letzte Flasche Wein aus Tante Pittypats Keller geleert und getrunken werden soll.

er die Garrett-Selznick-Version mit der von Sidney Howard und mühte sich dann verzweifelt, bestimmte Stellen wieder anhand der Howard-Version zu korrigieren, aber es gelang ihm nur selten, eine Szene so umzuschreiben, daß sie ihn wirklich zufriedenstellte.«

Dann kam Susan Myrick auf die entscheidende letzte Wochenend-Konfrontation zwischen dem Regisseur und Selznick zu sprechen: »George erklärte Selznick, er könne nicht weiterarbeiten, bevor das Drehbuch nicht besser sei; er bestehe darauf, die alte Howard-Vorlage zu benützen. David machte George darauf klar, er sei Regisseur und kein Autor, und er (David) könne am besten beurteilen, welches Skript gut sei und welches nicht. George meinte darauf, ja, er sei der Regisseur und dazu noch ein recht guter und er würde sich seinen guten Namen nicht durch einen so lausigen Film verderben lassen.« Selznick sagte darauf lediglich: »Dann laß es sein.«

Cukor war im tiefsten getroffen, aber er versuchte es nach außen philosophisch und mit Humor zu tragen. Plötzlich erinnerte er sich wieder an Marsha Hunt, jenes Mädchen, das sich einen Tag lang als Melanie fühlen durfte. Er schickte ihr ein ironisches Telegramm, in dem er ihr mitteilte, nun seien sie beide »Evakuierte« von *Vom Winde verweht.* Neugierige Frager beschied er normalerweise mit der Antwort, Selznick habe ihm rechtliche Schritte angedroht, wenn er durch seine Aussagen über die Produktion Aufregung und Krisenstimmung heraufbeschwören würde. Und es

Ein fröhlich gestimmter Georg Cukor führt beim Atlanta Wohltätigkeits-Basar Regie über Clark Gable und Vivien Leigh.

dauerte nicht lange, bis der Regisseur sich fast zwanghaft über die näheren Umstände seiner Kündigung ausschwieg. Er behauptete, überhaupt keine Ahnung über Selznicks Gründe dafür zu haben. Und als er dreißig Jahre später auf einen Brief von Joan Bennett antwortete, in dem sie ihn daran erinnerte, daß er einst Probeaufnahmen für die Scarlett mit ihr gemacht habe, erklärte er ihr, daß er die gesamte Angelegenheit aus seinem Gedächtnis gestrichen habe.

Indem er seine Verärgerung und seine Verbitterung unter Kontrolle hielt, erhielt er sich Selznicks Wohlwollen. Der Produzent sorgte dafür, daß sein Schwiegervater Cukor eine, wie Hollywood es sah, maßgeschneiderte neue Aufgabe übertrug: die Regie über *The Women,* ein Film nach der Vorlage von Claire Booth's boshaftem Broadway-Hit, in dem es insgesamt einhundertfünfunddreißig Frauenrollen gab (darunter Norma Shearer, Joan Crawford, Rosalind Russell und Paulette Goddard) und keine Männer. Nachdem also MGM mit dafür gesorgt hatte, daß Cukor die Regie von *Vom Winde verweht* entzogen wurde, nahm ihn dieselbe Gesellschaft jetzt für einen Film unter Vertrag, an dem sich zuvor schon Lubitsch und F. Scott Fitzgerald versucht hatten. Lubitsch seinerseits übernahm dafür die Regie über *Ninotschka*[1] , denn Hollywoods Räder durften keinen Augenblick stillstehen. Doch obwohl Selznick und Cukor auch weiterhin ein freundschaftliches Verhältnis pflegten, machte der Regisseur nie mehr einen Film für den Produzenten.

Jock Whitney ließ sich die Kostenübersicht vorlegen: nach kaum drei Wochen Drehzeit beliefen sich die Gesamtkosten bereits auf 800 000 Dollar. Ernest Scanlon, der Leiter der Selznick International-Buchhaltung, schätzte, daß der Film bei Fertigstellung das vorgesehene 2,5 Millionen-Budget um mindestens eine Viertel Million Dollar übersteigen würde. Und wieder kursierten die Gerüchte, daß das Projekt aufgegeben werden sollte; zumindest aber würde man Vivien Leigh gegen einen zugkräftigen Star austauschen. Wie die Filmbranche über seine Produktion dachte, konnte Selznick bei der Preisverteilung des Academy Award in diesem Jahr ablesen. Er hatte alle Hebel in Bewegung gesetzt, um den Irving Thalberg-Preis – eine Art von Oscar für Produzenten im Rahmen der allgemeinen »Kanonisierung« Thalbergs durch die

1 1939 (dt. Titel: Ninotschka)

Filmindustrie – für sich zu bekommen. Doch nachdem Cukor gefeuert und die Produktion zumindest vorübergehend eingestellt worden war, sah die Branche keinerlei Veranlassung, ihn als würdigen Nachfolger für Metros Wunderkind zu nominieren. Selznick kam nicht einmal unter die letzten fünf im abschließenden Wahlgang, und der Preis ging an Hal B. Wallis. Und er mußte noch einen weiteren Schlag für sein Selbstvertrauen hinnehmen, als Bette Davis den Academy Award (»Oscar«) für ihre Leistung in *Jezebel* zugesprochen bekam. Während das Schicksal des »Originals« noch auf Messers Schneide stand, erzielte Jack Warners Imitation an allen Fronten überwältigende Erfolge.

Als ersten Schritt, um das sinkende Schiff wieder flott zu machen, händigte Selznick seinem Star Clark Gable eine Liste der im Augenblick verfügbaren Metro-Regisseure aus, darunter Robert Z. Leonard, Jack Conway und Victor Fleming. Ohne auch nur einen Augenblick zu zögern, entschied sich Gable für Fleming. Obwohl Mitternacht bereits vorüber war, preschte er danach sofort nach Malibu hinaus und holte den Regisseur aus dem Bett, um ihm diese phantastische Neuigkeit mitzuteilen. Doch der zeigte sich nicht besonders beeindruckt. Erstens steckte er noch mitten in der Arbeit für *The Wizard of Oz*[1] und zweitens – wer würde sich schon freiwillig auf diesen »Weißen Elefanten« setzen? Aber Gable kannte den Freund, er wußte, daß er sich gern überzeugen ließ. Er setzte sich mit dem Glas in der Hand auf die Bettkante und beschwor ihre langjährige Bekanntschaft. Er durfte ihn jetzt einfach nicht im Stich lassen. Und schließlich erklärte sich Fleming tatsächlich bereit, am nächsten Morgen die ganze Sache mit Selznick einmal zu besprechen.

Als Fleming das bisher abgedrehte Material zu Gesicht bekam, äußerte er seine Kritik auf eine Weise, die bald überall die Runde machte: »David, Ihr beschissenes Drehbuch hat verdammt keinen Wert!« Dabei war Fleming eigentlich dafür bekannt, daß er sich in allem recht zurückhielt. Doch inzwischen war das Skript ein wuchernder Dschungel voller Korrekturen und Korrekturen von Korrekturen. Nachdem sich Howard, Garrett, Fitzgerald und Stewart daran versucht hatten, heuerte Selznick immer neue Autoren an – die manchmal bereits nach einem Vormittag schon wieder gefeuert wurden: so die Drehbuchschreiber John Balderston (der

---

1 Das zauberhafte Land (1939) mit Judy Garland

auch *The Prisoner of Zenda* für Selznick geschrieben hatte), Michael Foster und Winston Miller sowie die Dramatiker John Van Druten und Edwin Justus Mayer. Dabei hatte sich der Dschungel in einen exotischen Blätterwald verschiedenfarbiger Seiten ausgewachsen, denn Selznick hatte das – bis heute gebräuchliche – Prinzip eingeführt, jede Überarbeitung in einer anderen Farbe ausführen zu lassen. Doch Fleming war nicht der Ansicht, daß diese Bemühungen ein verfilmbares Skript hervorgebracht hätten und bestand auf einer kompletten Überarbeitung durch einen fähigen Autor als Vorbedingung für die Übernahme der Regie.

Als ein Beauftragter Selznicks Fleming im Studio aufsuchte, um ihm mitzuteilen, daß die Metro ihn zur sofortigen Übernahme von *Vom Winde verweht* freistellte, bot sich ihm ein erstaunlicher Anblick. Der Regisseur drehte gerade eine der Munchkin-Sequenzen von *Das zauberhafte Land:* einhundertsechzehn Liliputaner und Zwerge bevölkerten die Bühne, darunter der wahrscheinlich einzige sechsundzwanzigköpfige Zwergenchor des Landes. Es war das Chaos. Für Fleming allerdings nichts Außergewöhnliches. Kurz davor hatte er beispielsweise mehrere hundert Fuß Film wegwerfen müssen, weil die Winzlinge anstatt »Ding dong, die Hex' (witch) ist tot«, »Ding dong, die Hur' (bitch) ist tot« gesungen hatten bis es einer merkte. Doch das war noch gar nichts, verglichen mit den anderen Schandtaten der Mini-Schauspieler. Das Studio hatte sie in einem Hotel von Culver City untergebracht, das inzwischen einer Ruine glich. An diesem Morgen erst hatte man den Drehbeginn verschieben müssen, weil eines der wichtigsten Munchkins stockbetrunken im Pissoir gelegen hatte. Und im Augenblick umschwärmten sie aufgeregt den Regisseur, um sich über irgend etwas zu beklagen. Fleming schüttelte Selznicks Abgesandten unter ausgewachsenen Bäumen die Hand, die auf hydraulischen Hebebühnen darauf warteten, in Position gebracht zu werden. Als er die Neuigkeit hörte, hatte er das Gefühl, von einer heißen Herdplatte direkt in die Hölle zu springen. »Mein Gott, wenn man sich vorstellt, ein solches Projekt in diesem Stadium übernehmen zu müssen«, meinte er zu Selznicks Mann. »Doch wenn Clark anders nicht aus seinem Schmollwinkel herauszukriegen ist, werde ich es wohl besser versuchen.«

Und Clark kam aus seinem Schmollwinkel heraus. Er lud Fleming zusammen mit dem Autor John Lee Mahin ins Metro-Casino zu einem Festessen ein. Mahin war von L.B. Mayer beauftragt worden, zusammmen mit Selznick und Fleming das Drehbuch noch einmal zu überarbeiten. In bester Laune brachte Gable mit einer Flasche Coke einen Toast auf »ihre« Produktion aus. Leider war das Metro-Casino »trocken«.

Nachdem er zwei oder drei Nächte lang mit Selznick und Fleming am Drehbuch gearbeitet hatte, bekam Mahin eine Anfrage von Mayer: »Was ist los, John?« wollte Mayer wissen. »Ist Selznick wirklich in Schwierigkeiten?« Mahin antwortete, daß das Drehbuch erheblich überarbeitet werden müsse, der Schaden jedoch nicht irreparabel sei. »Ich kann das nicht so recht glauben«, erwiderte Mayer. »Ich höre, es ist schrecklich lang.« Mahin informierte ihn, daß der fertige Film aufgrund des bis jetzt vorliegenden Drehbuchs ungefähr vier Stunden dauern dürfte. »Sollte Jesus noch einmal auferstehen und vier Stunden lang reden, würden sie ihn steinigen«, protestierte Mayer. Sein Zufallsaphorismus gefiel ihm so gut, daß er zu seiner Standardwendung wurde, wann immer die Sprache auf *Vom Winde verweht* kam (fleißig propagiert natürlich auch von seinen Untergebenen).

Fast drei Jahre waren jetzt vergangen, seit Kate Corbaly ihm an jenem späten Frühlingsnachmittag den Plot des Romans erzählt hatte, doch er konnte sich noch gut daran erinnern. Und als er dann voller Neid erleben mußte, welch gewaltige Publizität der gerade erst geplante Film seines Schwiegersohns im ganzen Land auslöste, wies er gern darauf hin, daß der Film ohne Thalbergs Widerstand schon längst in den Kinos sein könnte – unter Metros Signum.

Mayer gab Mahin genaue Anweisungen für der Verlauf der Film-Story. So wünschte er sich beispielsweise für Scarlett und Rhett ein Happy End. Im übrigen dachte er daran, die Rolle der Scarlett einer der Metro-Königinnen zu geben. Nachdem Vivien Leigh seinen Anschlag auf ihre Rolle in *A Yank in Oxford* überlebt hatte, drohte ihr nun neue Gefahr aus derselben Ecke.

Doch alle Versuche Mayers, die Produktion durch seine fünfte Kolonne in Gestalt von Fleming und Mahin zu »annektieren« schlugen ausnahmslos fehl. Selznick war durch einen Artikel im

Nachfolgende Doppelseite: Rhett tröstet Scarlett nach dem Begräbnis ihres Gatten Frank Kennedy.

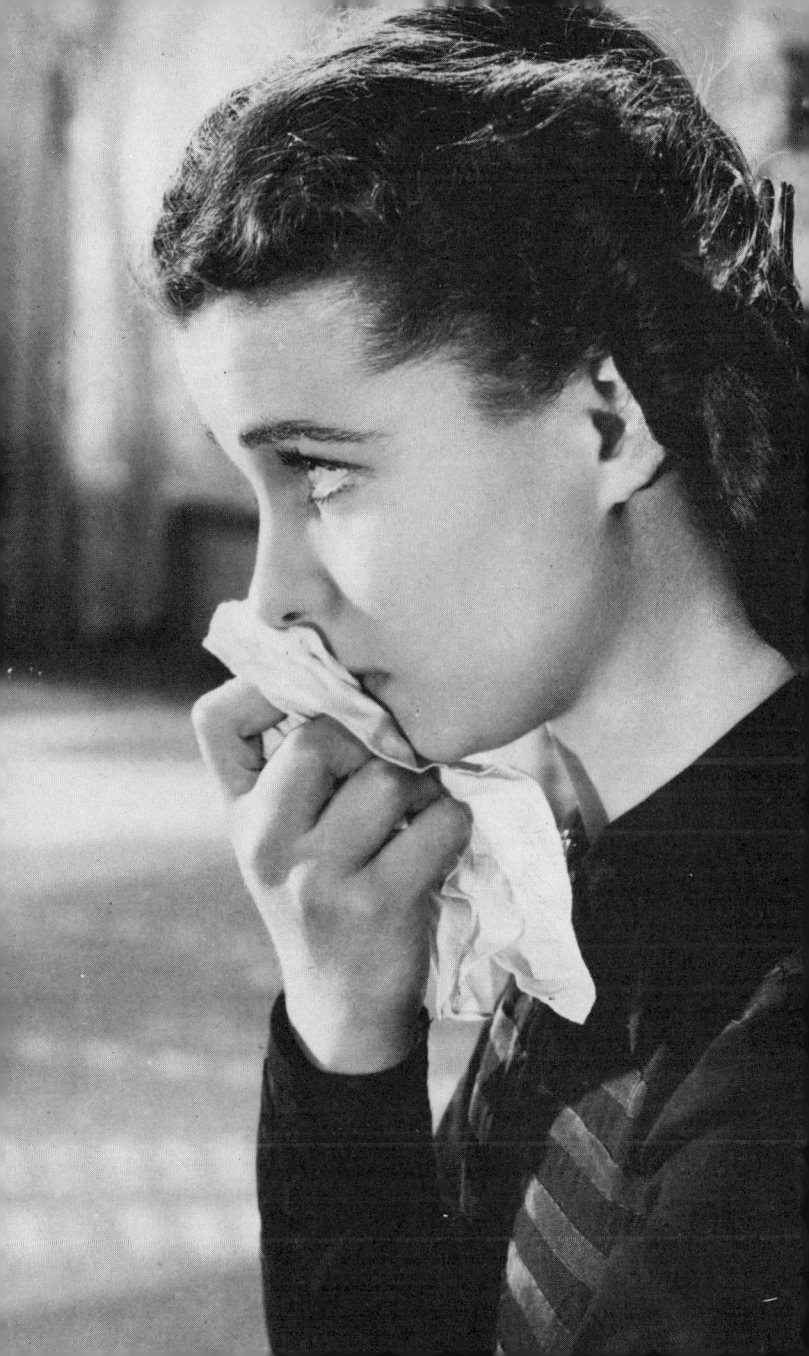

Hollywood Reporter auf die Gefahr aufmerksam geworden. Er hatte dort gelesen, daß Mahin sich mit Mayer getroffen habe, um den Film seines Schwiegersohns zu »retten«. Ein Reporter des Blattes hatte Mahin beim Verlassen von Mayers Büro abgefangen und gefragt, ob sie über *Vom Winde verweht* gesprochen hätten. Mahin gab das zu. »Gibt es Probleme?« wollte der Reporter wissen. Eigentlich nicht, erwiderte Mahin, außer daß das Drehbuch weitgehend umgeschrieben werden müßte. Als Mahin dann nach dem Erscheinen des Artikels behauptete, man habe ihn falsch zitiert, beauftragte Selznick Russell Birdwell, ihn unter der Maske eines Zeitungsreporters anzurufen. Während Birdwell seine Fangfragen stellte (»Ich nehme an, Sie haben alle Hände voll zu tun, David Selznicks Skript auf Vordermann zu bringen?«) hörte dieser über einen Nebenanschluß mit. Mahin ging in keine der Fallen; trotzdem war jeder Versuch der Einflußnahme durch die Metro von nun an ein Warnsignal für Selznick. Er stellte sich hinter Fleming und verlangte Mahins Ablösung. Obwohl er ihn ganz persönlich der verschiedensten Schandtaten bezichtigte, war klar, auf wen er zielte. Es war L. B. Mayer.

12 Weitere Köpfe rollen

Bei diesem Stand der Dinge wandte sich Selznick an Ben Hecht, den er zusammen mit Sidney Howard für den begabtesten freien Autor der Filmbranche hielt. Mit seinem Partner Charles MacArthur hatte Hecht beispielsweise Broadway-Hits wie *The Front Page* geschrieben[1], bis er entdeckte, wieviel einträglicher Drehbuchschreiben sein konnte. Seine Reputation beruhte sowohl auf seiner legendären Schnelligkeit wie auch auf seinem beträchtlichen technischen Geschick – so schrieb er für Sam Goldwyn in zwei Tagen *Hurricane* (...dann kam der Orkan)[2] um, für David Selznicks *Nothing Sacred* (»Denen ist nichts heilig«) brauchte er zwei Wochen. Doch jetzt sah er sich mit der größten Herausforderung seiner Karriere konfrontiert – er sollte in nur einer Woche die erste Hälfte von *Vom Winde verweht* neu gestalten.

Fleming und Selznick erschienen eines Sonntags im Morgengrauen auf seiner Schwelle und schoben ihn ohne viel Federlesen in den Wagen des Produzenten. Auf der Fahrt ins Studio einigten sie sich auf ein Honorar von 15000 Dollar für die einwöchige Arbeit am Skript. Wie Hecht später schrieb, »schwankten ihnen im Studio vier Selznick-Sekretärinnen mit Schreibmaschinen, Papier und Bleistiftbündeln entgegen, die in der Nacht zuvor nicht geschlafen hatten«. Aber bevor auch nur ein Wort niedergeschrieben werden konnte, mußte Hecht zuerst einmal erklärt bekommen, worum es in *Vom Winde verweht* überhaupt ging. Dabei machte Selznick die erstaunliche Entdeckung, daß auch der neue Regisseur keine Ahnung hatte, weshalb er selbst diese Aufgabe übernehmen mußte. Nach seinen Ausführungen wußten die beiden allerdings kaum mehr als zuvor.

Hecht erkundigte sich, welcher von Selznicks vielen Schreibern eine einigermaßen passable Version dieses komplizierten »Ausflugs in den Bürgerkrieg« abgeliefert hatte. Erst nach langem Suchen in den Bergen vielfarbigen Papiers förderte Selznick Sidney Howards zwei Jahre altes Manuskript zutage. Hecht fand es

---

1 3mal verfilmt: The Front Page (1931), His Girl Friday (Sein Mädchen für besondere Fälle, 1940) und The Front Page (Extrablatt, 1974).
2 1937 von John Ford verfilmt.

»präzise und eindrucksvoll«. Er sah es als seine Hauptaufgabe an, es durch weitere Kürzung und Verdichtung noch leinwandwirksamer zu gestalten.

Die drei verbarrikadierten sich in Selznicks Büro und machten sich an die Überarbeitung von Howards Vorlage. Während Hecht schrieb, spielten ihm Selznick und Fleming die Szenen vor, wobei Selznick normalerweise den Part von Scarlett oder Melanie übernahm und Fleming die Männerrollen, da er sich strikt geweigert hatte als Frau zu agieren. Da Selznick gerade mal wieder eine neue Diät ausprobierte, bestand sein Lunch aus Bananen und Erdnüssen. Dazu nahm der Produzent noch die gerade in Mode gekommenen Benzedrin-Wunderpillen, deren aufputschende und süchtigmachende Wirkung in Hollywood ganz offensichtlich nicht bekannt war. Auch seine beiden Mitarbeiter wurden von ihm damit gefüttert.

Von Anfang an gab es genau wie damals mit Howard endlose Diskussionen über Kürzungen und Streichungen. Hecht fand Ashley völlig rückgratlos und unsympathisch und hätte ihn am liebsten ganz herausgestrichen. Doch Selznick verteidigte ihn als Abbild des typischen Südstaaten-Gentleman. Am fünften Tag, während er gerade an einer Banane knabberte und sich darüber ausließ, wie die Verdauung den Fluß der kreativen Säfte behinderte, brach Selznick zusammen und mußte von einem Arzt ins Leben zurückgeholt werden. Am sechsten Tag spürte Fleming, das sein linkes Auge blutige Tropfen abzusondern begann. Aber Hecht arbeitete rund um die Uhr; ab und zu döste er kurz vor sich hin, um wieder fit zu werden – und am Ende der Woche hatte er seinen Auftrag erfüllt.

Selznick konnte es kaum erwarten, die verlorene Drehzeit wieder gutzumachen. Deshalb verschwendete er im Augenblick auch keinen Gedanken an die zweite Hälfte des Buches, deren Überarbeitung er sich im übrigen auch allein zutraute. Vor allem die weiblichen Stars sahen der Arbeit mit dem neuen Regisseur voll böser Vorahnungen entgegen. Olivia de Havilland gab ihren Befürchtungen gegenüber Howard Hughes Ausdruck. »Mach dir keine Sorgen«, tröstete der sie, »alles wird gut werden. George und Victor sind sich durchaus ebenbürtig. Victor ist lediglich durch ein gröberes Sieb getrieben worden.«

Am 3. März 1939, siebzehn Tage nach dem Abbruch, wurden die Dreharbeiten wieder aufgenommen. Fleming begann – genau wie Cukor – mit der Eröffnungsszene. Inzwischen war Selznick zu der Ansicht gekommen, daß Scarlett im ersten Teil des Films zu häufig im selben Musselinkleid zu sehen sei. Deshalb wurde für die Szene auf der Veranda von Tara ein weißes, volantbesetztes Kleid mit roter Schärpe kreiert und das Musselinkleid für die Barbecue-Szene auf Twelve Oaks reserviert. Von jedem der Kleider waren vier Kopien vorhanden, die für Retakes (Nachaufnahmen) notwendig waren. Dieser Aufwand trieb die Gesamtkosten für die Garderoben der Darstellerinnen auf 98154 Dollar – was ungefähr das Doppelte von dem der Männer war. Konnte man Cukors Regiestil mit reich besticktem Chiffon vergleichen, so entsprach Flemings Vorgehen strapazierfähigem, glatten Samt. Er trieb die Dreharbeiten wie ein Feldwebel voran, der die Rekruten über den Exerzierplatz jagt. Eine Kameraeinstellung folgte der nächsten in atemloser Hetze. Schon in diesen ersten Tagen wurde dem Aufnahmeteam und den Schauspielern klar, das Fleming ein Regisseur war, der für Action-Szenen und Ausstattungseffekte ein unbestreitbares Talent besaß. Leider wurde ihnen ebenso rasch klar, daß er mit Drohungen und Beleidigungen schneller zur Hand war als mit Entschuldigungen dafür – sofern er sie damit nur zu Höchstleistungen anspornen konnte. »So, ihr seid also das berühmte Selznick-Team«, knurrte er Stacey und Callow bei ihrer ersten Begegnung an. »Bis wir den Film abgedreht haben, werdet ihr beide einem Nervenzusammenbruch nahe sein.«

Er zwang auch Thomas Mitchell in den Sattel zu steigen, obwohl diesem in seinem Vertrag ausdrücklich garantiert worden war, er müsse nicht reiten. Doch Fleming bestand darauf, zumindest Großaufnahmen des alten O'Hara auf einem »sich nicht bewegenden Pferd« zu brauchen. Während Atelierarbeiter hinter der Kamera das Pferd mit unsichtbaren Drähten festhielten, die am Zaumzeug befestigt waren, stieg der angstschlotternde Mitchell in den Sattel. Ob das Pferd dann von sich aus in die Höhe ging und auskeilte, oder ob eine hilfreiche Hand etwas nachgeholfen hatte, ist bis heute nicht bekannt. Auf jeden Fall konnte Fleming den alten O'Hara bei einem wilden Galopp über die Felder filmen, und dem Material war hinterher nicht anzusehen, daß der zu Tode erschrockene Schauspieler bereits mit dem Leben abgeschlossen hatte.

Alles in allem war es nicht gerade ein vielversprechender Anfang. In wenigen Tagen gelang es Fleming, sich bei allen Mitwirkenden reichlich unbeliebt zu machen. Der Grad der Feindseligkeit stand in direktem Verhältnis zur Häufigkeit der Kontakte, so daß Produktionsleiter Ray Klune, Regieassistent Erich Stacey und Vivien Leigh unbestritten die Spitzenstellung einnahmen.

Der sechsundfünfzigjährige Fleming war eine Hemingwaynatur: Weltkrieg-I-Pilot, Großwildjäger und in den zwanziger Jahren Douglas Fairbanks' (Sr.) Kameramann und Kumpel (sie klapperten beispielsweise einmal die großen Golfplätze der Welt ab, wobei sie tagsüber golften und nachts Schlägereien vom Zaun brachen). Allgemein nahm man an, daß sein Charakter Howard Strickling zu Clark Gables Leinwand-Image inspiriert hatte; wahrscheinlich waren es gerade die narzistischen Obertöne, die Fleming und Gable so gut miteinander auskommen ließen.

Wie viele andere Regisseure seiner Zeit – beispielsweise Henry Hathaway und Jack Conway, um nur zwei zu nennen – pflegte auch Fleming ein ausgesprochen männliches Erscheinungsbild, das in Sprache und Verhalten bis ins Vulgäre gehen konnte. Sensibilität war ihm verdächtig, da sie angeblich weibisch wirkte und seine Kreativität als Filmemacher beeinträchtigen konnte. Wahrscheinlich war das nichts anderes als eine Abwehrhaltung gegenüber dem Studiosystem, das dem Produzenten fast alle Macht und den Stars den ganzen Ruhm gab, während der Regisseur nur noch die Rolle eines technischen Produktionsüberwachers zugewiesen bekam. Während der Dreharbeiten neigte Fleming zu verwegenen Gesten. So vertrieb er sich bei der Verfilmung von *Treasure Island* zwischen den einzelnen Takes die Zeit damit, daß er mit einer 45iger Automatik an Deck der »Hispanola« ganze Batterien von Flaschen zusammenschoß. In seiner drehfreien Zeit unternahm er zusammen mit dem achtzehn Jahre jüngeren Clark Gable haarsträubende Motorradtouren durch die San Fernando-Wüste oder Streifzüge durch die Bordelle von Santa Monica. Nachdem Emil Jannings 1928 in Flemings Film *The Way of All Flesh* mitgewirkt hatte, bezeichnete er ihn als »so naiv wie ein Kind«. Hinter Flemings Fassade versteckte sich offenbar eine komplexe und zur Schwermut neigende Persönlichkeit, und seine physischen Bravourtaten sollten über seine angeschlagene Gesundheit hinwegtäuschen, denn er besaß nur noch eine Niere.

Scarlett und Rhett in ihrer Flitterwochen-Suite auf einem Flußdampfer nach New Orleans.

Ganz plötzlich hatten sich die Positionen der Stars umgekehrt. Gable durfte sich als der große Gewinner fühlen, was seine Laune gewaltig hob. Als er am ersten Drehtag unter der neuen Regie zusammen mit dem Stab zum Essen ging, erzählte er in Hochstimmung einen schmutzigen Witz nach dem andern und zeigte sein neues Spielzeug herum – eine automatische Trickpistole mit einem normalen Griff und einem penisförmigen Lauf. Fleming gab ihm ein Gefühl der Sicherheit, da er ihm voll vertraute. Und er machte auch keinerlei Hehl aus ihren freundschaftlichen Gefühlen. Offen behandelte er ihn als den großen Star, während er die andern weiterhin kujonierte. Außerdem hatte MGM inzwischen den 100000-Dollar-Bonus für die Unterzeichnung des Ausleihkontrakts für *Vom Winde verweht* zur Verfügung gestellt, so daß Gable mit seiner getrennt von ihm lebenden Frau Rhea endlich zu einer Einigung kommen konnte. Insgesamt mußte er 286000 Dollar (plus die darauf fällig werdende Einkommensteuer) an sie bezahlen, damit sie bereit war, die Scheidung einzureichen. Nun lag einer Heirat mit Carole Lombard nichts mehr im Wege.

Rhea reichte die Scheidung in Las Vegas ein. Dort verbrachte sie ihre Tage weinend im Bett, betreut von einer Masseuse, einer Friseuse und einer Maniküre. Die Metro entsandte einen PR-Spezialisten an ihr Bett, um jede unvorteilhafte Äußerung über ihren Star zu unterbinden. Trotzdem gelang es der wohlbetuchten texanischen Matrone, die Reporter noch mit einem Seitenhieb zu beglücken: »Ich glaube, daß eine Ehe zwischen einer Dame der Gesellschaft und einem Filmstar bessere Chancen hat als zwischen zwei Filmstars.« Doch die beiden, von denen die Rede war, warteten nur auf eine Unterbrechung der Dreharbeiten, um ihr das Gegenteil zu beweisen.

Vivien Leigh auf der anderen Seite hatte ebensoviel Grund zur Bitterkeit wie Gable zur Zufriedenheit. Flemings unzweideutige Erklärung: »Ich werde diesen Film als Melodram machen«. mußte sie verschrecken. Dann brachte er sie noch mehr gegen sich auf, als er sie, in einem mehr als plumpen Anbiederungsversuch, »Fiddle-de-dee« taufte. Doch ihre Vorbehalte gegen Cukors Nachfolger waren sowieso übermächtig; selbst wenn er sich ihr etwas feinfühliger genähert hätte, würde sie ihn kaum mehr gemocht haben.

Fleming vergiftete die Atmosphäre noch weiter, indem er von ihr verlangte, mehr Dekolleté zu zeigen. Vor allem in jener Szene, in der Rhett Scarlett zwingt, in einer burgunderfarbenen Robe bei Melanies Geburtstagsparty zu erscheinen, nachdem India Wilkes sie dabei überrascht hat, wie sie Ashley küßte. (»Laßt uns um Gottes willen mehr Titten sehen«, hatte er die Kostüm-Abteilung angewiesen.) Vivien Leigh war ganz gut ausgestattet, aber ihre Brüste zeigten leicht nach außen, wodurch sie nicht so voll wirkten. Um das von Fleming gewünschte Hollywood-Sex-Appeal zu erreichen, mußte Walter Plunkett sie mit Klebeband fest zusammenpressen, wodurch sie zugleich nach vorn und nach oben gezwungen wurden. Vivien beklagte sich fluchend darüber, daß sie keine Luft mehr bekäme. Laurence Olivier, der bei der Prozedur anwesend war, kommentierte erstaunt: »Und ich hielt sie immer für absolut perfekt.«

Olivier verließ Hollywood einige Tage später, um zusammen mit Katherine Cornell in der Broadway-Show *No Time for Comedy* aufzutreten. Vivien Leigh vermutete, daß Selznick hinter diesem unwiderstehlichen Engagement steckte, um sie vor jeder Ablenkung zu bewahren. Und tatsächlich erwies sich die 3000-Meilen-Distanz zwischen »Hollywoods romantischstem Liebespaar« für Selznick als durchaus vorteilhaft. Vor allem wurden dadurch die Befürchtungen der Metro zunächst einmal zum Schweigen gebracht, die Öffentlichkeit könnte an der Beziehung Vivien Leighs zu Olivier doch noch Anstoß nehmen. Vivien litt unter der Trennung allerdings schwer. In einem Brief an Herbert Leigh Holman aus diesen Tagen heißt es: »Alles ist ziemlich schrecklich, und wir kommen nur sehr langsam voran. Ich war eine Närrin, darauf einzugehen.« Das bezieht sich wohl auf ihre Filmarbeit, aber es zeigt, wie sehr ihr Olivier fehlte. Sie lebte von jetzt an nur noch für den Augenblick des Wiedersehens und tat alles, um ihn rascher herbeizuführen. Während Gable pünktlich um achtzehn Uhr die Szene verließ, war sie bereit, noch stundenlang weiterzuarbeiten, sofern dadurch der Film auch nur einen Tag früher fertigzuwerden versprach. Jede Verzögerung brachte sie in Rage. Immer wieder beklagte sie sich: »Wo, zum Teufel, klemmt's denn jetzt schon wieder?« Selznick nützte ihre Stimmung voll für sich und ließ sie für den Rest der Dreharbeiten bis zu sechzehn Stunden am Tag und das nicht selten ihre sechs Tage in der Woche arbeiten. Außerdem entsprach ihre schmerzliche Grundstimmung und die Angst um den fernen Geliebten der Darstellung der Scarlett O'Hara, was sie später immer wieder betonte.

Nachdem es sie so sehr zur Eile drängte, versöhnte sie sich auch weitgehend mit Victor Flemings Regiemethoden, und sie fanden zu einer recht entspannten Arbeitsatmosphäre. Dazu kam, daß sie ihre Professionalität gegenseitig zu respektieren lernten. Was nun Clark Gable betraf, so beobachtete er sie mit einer gewissen amüsierten Vorsicht, ganz ähnlich wie Rhett auch Scarlett sieht. Es gab einiges an ihr, was ihn stark beeindruckte, nicht zuletzt ihre Vulgarität, die sich allerdings mit der Carole Lombards nicht messen konnte. Da er selbst so unsicher über die Gestaltung seiner Rolle war, bewunderte er ihre Selbstsicherheit und war dankbar für ihre Versuche, ihm das Rückgrat zu stärken. Ihre Charakterstärke flößte ihm allerdings größtes Unbehagen ein, so daß er eine bestimmte Distanz nie überschritt. Vivien Leigh war ihrerseits so sehr mit ihrer Liebe zu Olivier beschäftigt, daß sie sich durch Clark Gables Starruhm nicht weiter beeindrucken ließ. Gable brachte ihr Backgammon bei, um danach nie mehr ein Spiel gegen sie zu gewinnen. Sie machte ihn dafür mit »Schiffeversenken« bekannt, einem neuen Spiel, das auf Rechenpapier gespielt wurde. Zwischen den Takes sah man die beiden oft in einer Ecke sitzen und die Köpfe über eines der beiden Spiele beugen.

Selznick waren inzwischen Zweifel an seiner ursprünglichen Konzeption gekommen, den ganzen Film im Studio zu drehen. Er wollte nun doch einige Außenaufnahmen schießen lassen. Dabei dachte er nicht an den wirklichen Süden als Drehort, sondern an die Umgebung von Los Angeles. Deshalb errichtete man in Bush Gardens, dem großen Gut der bekannten Brauerei-Familie im San Fernando-Tal, ungefähr zwölf Meilen nördlich von Selznick-International, Teile der Fassade von Twelve Oaks und seiner nächsten Umgebung. Während man dort die Barbecue-Sequenz abdrehte, wurde ein weiterer wichtiger Mitarbeiter gefeuert. Diesmal war Lee Garmes, der Kameramann, das Opfer von Selznicks Unzufriedenheit. Garmes war ein Veteran seines Faches, zu dessen bekanntesten Filmen *Scarface-Shame of a Nation, An American Tragedy* und *Shanghai Express* gehörten, für den er einen »Oscar« gewonnen hatte. 1936 hatte er sich in London niedergelassen, wo er neben seiner Filmarbeit eine eigene Porträt-Galerie an der Bond Street und eine Foto-Agentur betrieb. Aber als ihm David

Aus einem Alptraum erwachend wird Scarlett von Rhett getröstet.

278

Selznick auf Betreiben seines Bruders Myron, der Garmes als dessen Agent vertrat, die Kameraführung bei *Vom Winde verweht* anbot, war die Versuchung zu groß und er kehrte nach Hollywood zurück. Wie die meisten Kameraleute jener Zeit hatte er noch nie zuvor in Farbe gedreht. Aber er war in den britischen Studios damit schon in Berührung gekommen und entwickelte eine gedämpfte, subtile Aufnahmetechnik, die sich in ihrem sparsamen Einsatz von Hell-Dunkel-Kontrasten stark von den anderen Farbfilmen Hollywoods unterschied. Aber Selznick ließ sich davon nicht beeindrucken. Als er Garmes ästhetische Farbeffekte in den Mustern der ersten Einstellungen der Barbecue-Sequenzen sah, protestierte er in einem Memo an Ray Klune: »In diesen Szenen sollte man wundervolle Rot-, Blau-, Gelb- und Grüneffekte bei den Kostümen sehen, deren Schönheit das Publikum zu atemlosen Entzücken hinreißen würde...« Von Selznick auf diese Weise angestachelt, versuchte Garmes den dramatischen Chiaroscuro-Effekt (Helldunkel) zu reproduzieren, den der Produzent offensichtlich zu sehen wünschte. Doch jetzt beschwerte sich dieser, daß die Sequenzen zu dunkel wären. »Wenn ich von Effekt-Fotografie spreche, meine ich nicht, daß alles zu dunkel wird, so daß man das Geschehen kaum noch verfolgen kann.« Als Selznick sich eines Abends einen anderen Film von Garmes vorführen ließ, fuhr er den kleinen, rundlichen und flinken Kameramann plötzlich an: »Warum fotografieren Sie nicht auch für mich auf diese Art?« Garmes schoß zurück: »Weil Sie mich nicht in Ruhe arbeiten lassen.« Eine Woche nach Wiederaufnahme der Dreharbeiten befahl Selznick Garmes in sein Büro und feuerte ihn während eines »sehr netten Gesprächs«, wie er später verlautbaren ließ.

Nicht lange danach stand eine neue Trennung ins Haus. Selznick hatte schon seit längerer Zeit den Verdacht, daß Russell Birdwell sich von ihm absetzen und eine eigene, unabhängige PR-Agentur gründen wollte. Wütend wollte er zunächst Birdwells Büro »anzapfen« lassen, um Beweise für seinen Verdacht zu bekommen. Aber als Dan O'Shea ihn auf die legalen Konsequenzen hinwies, gab er den Plan auf. Doch er ließ den winzigen PR-Spezialisten zu sich rufen und bellte ihn an: »Hören Sie, Bird, ich weiß, was Sie vorhaben. Sie wollen sich selbständig machen. Ich werde Ihnen dabei helfen, aber ich verbitte mir, daß Sie hinter meinem Rücken agieren.«

Offiziell nahm Birdwell von seiner Idee Abstand, seine eigene

Harry Wolf, der Mann mit der Klappe, unterhält sich mit Vivien Leigh.

Russell Birdwell & Associates-Agentur zu gründen; inoffiziell blieb ihm kaum etwas anderes übrig. Zum einen war er in Selznicks Vorstellung mit einer PR-Konzeption eng verbunden, die der Produzent nun über Bord werfen wollte. Und wenn Selznick seine Öffentlichkeitspolitik oder sonst eine Taktik änderte, gingen meist auch jene mit über Bord, die diese zuvor getragen hatten. Um das Interesse an *Vom Winde verweht* nicht vorzeitig erlahmen zu lassen, entschloß sich Selznick, den Informationsstrom über das Entstehen des Films zu unterbinden. Es sollten überhaupt keine Fotos mehr veröffentlicht werden und nur noch ganz wenige Neuigkeiten. »Je mehr wir die Details über die Darsteller und die einzelnen Szenen zurückhalten, desto begieriger wird das Publikum darauf sein, den Film endlich zu sehen.« Zum andern gelang es kaum einem PR-Mann, Selznicks egozentrisches Verlangen nach persönlicher Publizität über längere Zeit gerecht zu werden. Tatsächlich war es so, daß sich die PR-Leute in Selznicks Studio die Klinke gegenseitig in die Hand gaben. Es reichte ihm einfach nicht, einen der ambitioniertesten Filme der Geschichte zu produzieren; er mußte dabei unbedingt auch noch bei jeder Gelegenheit mit »ins Bild« kommen.

Hal. C. Kern (Mitte) bei der Arbeit am Schnitt. Aus den ursprünglich rund 150000 Metern belichteten Materials wurden fast 68000 Meter Kopien gezogen. Die Kinoversion des Films war dann noch knapp 6 100 Meter lang. Zusammen mit Kern sieht man von links nach rechts Richard Von Enger, James E. Newcom, Hal. Kern, Jr. und Stuart Frye. Kern Sr. und Newcom bekamen einen »Oscar« für den Schnitt.

Unabhängige Public-Relations-Spezialisten stellten die Autorität der Studios über ihre Stars zunehmend in Frage. MGM weigerte sich beispielsweise, fremde Publizisten aufs Gelände zu lassen und machte allen seinen Mitarbeitern klar, daß eine Vertretung durch sie als Akt der Untreue betrachtet und geahndet werden würde. Aber dann gelang es Birdwell, Norma Shearer[1] für sich an Land zu ziehen, und was für die »Studio-Königin« gut war – die im übrigen auch noch zu seinen Hauptaktionären zählte –, konnte ganz offensichtlich auch den kleineren Talenten nicht schaden.

1 (*1904)

Irving Thalberg hatte ihr ein Vermögen von 4449013 Dollar hinterlassen (wovon die Steuer die Hälfte schluckte). Die Witwe führte einen langen und erbitterten Kampf mit Louis B. Mayer um die Verlängerung von Thalbergs Beteiligungsvertrag, der ihr fürstliche siebenunddreißigeinhalb Prozent der Loews Inc.-Profite für weitere vier Jahre gesichert hätte. Und von den nachfolgenden Produktionen wären immerhin auch noch vier Prozent für sie abgefallen. Zusätzlich verlangte Norma 150000 Dollar pro Film, um weiterhin in MGM-Produktionen aufzutreten, wobei allgemein bekannt war, daß Sam Goldwyn ihr 200000 Dollar geboten hatte.

Aber Mayer erwies sich gegenüber der Witwe seines jüngeren

Am ersten Tag des offiziellen Drehbeginns, dem 26. Januar 1939, hißte Mary Anderson über den Selznick-International-Studios die Konföderierten-Flagge.

Rivalen als hinterhältiger und hartnäckiger Widersacher. Die Rechtsanwälte der beiden Seiten tauschten sechs Monate lang Schriftsätze aus, bis sich schließlich Loew's Präsident Nick Schenck einmischte, der die wachsende Verärgerung der früheren Thalberg-Mitarbeiter fürchtete, die auch dem Studio-Image gefährlich werden konnte. Er wies Mayer an, eine rasche und beide Seiten befriedigende Lösung zu finden. Norma Shearer bekam, was sie wollte – und dazu noch einen Bonus über 900000 Dollar für ihr weiteres Verbleiben bei der Metro.

Nachdem sie mit großer Kaltblütigkeit ein Vermögen erstritten hatte, wandte sie sich an Birdwell, um ihr Image als gierige Witwe wieder umstilisieren zu lassen. Birdwell versuchte, sie als ganz normale, schwer arbeitende Schauspielerin mit zwei Kindern zu verkaufen, die sich mit kümmerlichen 150000 Dollar pro Film geradeso über die Runden brachte. Als das fehlschlug, porträtierte er sie mit sehr viel größerem Erfolg als lebenslustige junge Witwe, die auf Parties und in Nightclubs neben ihrem umwerfenden Lächeln auch immer eine eindrucksvolle Schmuck-Kollektion vorführte. Sofern Birdwell ihrer Romanze mit George Raft[1] nicht auf die Sprünge half (was er stets leugnete), so war doch die Verbindung zwischen der Leinwand-Lady Nummer 1 und einem der bekanntesten Leinwand-Gangster ein wahrer PR-Traum. Solange sie dauerte, kamen die beiden überhaupt nicht mehr aus den Schlagzeilen. Nach *The Women* erlebte ihre Karriere ohne Thalbergs Unterstützung einen raschen Niedergang, von dem sie sich nie mehr erholte. Absoluter Tiefpunkt war *Her Cardboard Lover* mit Robert Taylor aus dem Jahr 1942. Allgemein wurde er als der schlechteste Film ihrer achtzehnjährigen Hollywood-Karriere bezeichnet. Darauf wandte sie dem »Ensemble der Äthiopier« den Rücken, heiratete einen Skilehrer aus dem Sun Valley und genoß mit ihm zusammen ihren Ruhestand.

Die Suche nach Scarlett war unbestritten Birdwells größte Leistung. Lediglich seine spätere PR-Kampagne für Jane Russell[2] und *The Outlaw* (»Geächtet«, 1941), wobei er meisterhaft die moralischen Frustrationen der Nation manipulierte, kam ihr in gewisser Hinsicht nahe. Während des Zweiten Weltkriegs versuchte er vergeblich, eine Sympathie-Kampagne für Exkönig Carol II. von

1 (*1903)
2 (*1921)

*Ernest Haller (rechts), der für die Kamera einen »Oscar« gewann, disku-
tiert mit David O. Selznick und Victor Fleming verschiedene Einstellungen.*

Rumänien zu starten. Der alternde, kahl werdende Balkan-
Playboy wurde von ihm als demokratischer Führer aufgebaut, der
dem Nazismus zum Opfer gefallen war. Der abgedankte Carol
wollte unbedingt Aufnahme in den Vereinigten Staaten finden,
deren Hauptattraktion für ihn zweifellos in den rund achtzig
Millionen Dollar eingefrorener rumänischer Gelder bestand.
»Madame Lupescu ist eine wirkliche Lady... es ist eine wundervolle Romanze«, erklärte Birdwell dem *Time*-Magazin. »Und der
König ist ein brillanter Mann mit einer großartigen Haltung und
sehr feinem Urteilsvermögen.« Doch Birdwell verstand es ganz
offensichtlich am besten, sich selbst zu verkaufen. So ließ er 1940
ganzseitige Anzeigen in die *New York Times* und anderen führenden Publikationen einrücken, in denen er für den Kriegseintritt

plädierte. Damit begann er jene Praxis, in der er auf gekauften Zeitungsseiten der Welt mitteilte, was er, Russell Birdwell, der Welt über den Kommunismus oder den Zustand der Filmindustrie mitzuteilen hatte.

Der Nachfolger von Lee Garmes war Ernest Haller. Auch er hatte noch nie in Technicolor gedreht, dafür aber besaß er den unschätzbaren Vorteil, von Ray Rennahan, dem neuen Technicolor-Berater für *Vom Winde verweht*, empfohlen worden zu sein, wodurch die Arbeitsbedingungen auch hinter der Kamera stark verbessert wurden. Haller war keineswegs gezwungen, das von Garmes aufgenommene und von Selznick mit so viel Kritik bedachte Material nachzudrehen. Das meiste davon fand Aufnahme in die endgültige Kinofassung, wobei kaum Unterschiede festzustellen sind. Angesichts des häufigen Personalwechsels sowohl bei der Arbeit am Drehbuch wie im Aufnahmeteam – während der weiteren Dreharbeiten sollte sich diese Entwicklung noch fortsetzen –, hätte der Film leicht zu einem uneinheitlichen Flickwerk ganz unterschiedlicher »Handschriften« werden können. Aber das Endergebnis zeigt eine erstaunliche Geschlossenheit. Dieses »Wunder« beruhte natürlich einerseits auf Selznicks unglaublicher Energie, mit der er sich um jedes Detail des Films kümmerte. Andererseits aber ist es der »Vision« eines Mannes zuzuschreiben, der weder Haller noch Garmes noch Cukor oder Fleming, sondern – William Cameron Menzies hieß. Tag für Tag fertigte sein Stab junger Designer, darunter auch ein gerade von der Hochschule kommender Architekt namens Macmillan Johnson, unter seiner Leitung und anhand seiner Originalentwürfe detaillierte Illustrationen für jede einzelne Aufnahme. Und das nicht nur für die Hauptszenen, sondern auch für alle Zwischensequenzen. Diese 7,5-auf-10-Zentimeter großen Farbzeichnungen sollten die visuellen Aspekte ganz klar herausstellen. Sie waren die Vorlagen, nach denen die Einstellungen vorbereitet wurden. Zusammen mit der entsprechenden Dialogstelle verzeichneten sie jede Kameraposition, jede Großaufnahme sowie die gesamte Bildkomposition. Die Designer hatten zu ihrer Inspiration auf der einen Seite den Original-Roman auf ihren Zeichentischen liegen, auf der andern Francis Trevelyn Millers zehnbändige »Photographic History of the Civil War«, in der sich viele der berühmten Fotos von Brady finden. Da der Drehplan immer wieder abgeändert wurde, mußten Menzies und seine Mitarbeiter häufig in letzter Minute ihre

Skizzen für den nächsten Tag fertigstellen. In solchen Fällen erwies sich Brady als wahres Gottesgeschenk.

Wenn er nicht gerade in seinem Büro einen Rausch ausschlief oder sich in einer Bar am Washington Boulevard um den nächsten bemühte, schien Bill Menzies allgegenwärtig zu sein. Im einen Augenblick überwachte er im Art Department die Ausarbeitung der Detailskizzen und half im nächsten dem Regisseur im Atelier eine neue Einstellung vorzubereiten; oder er führte bei einer Szene auf dem Freigelände selbst Regie, was er beim Fortgang der Dreharbeiten immer häufiger tat. Dann wieder versuchte er Selznick in dessen Büro die Zustimmung zu seinen neuesten Szenenvorschlägen abzuringen, was meist nicht ohne heftige Diskussionen abging. Soweit es ihm seine Trinkgewohnheiten und seine übrigen Pflichten erlaubten, verbrachte er seine gesamte Zeit im Studio. Die Arbeit dort löste in ihm, wie er einmal selbst sagte, das Verlangen aus, bei einem eigenen Film Regie zu führen. Im übrigen gab es dort immer eine willige Zuhörerschaft für seine Schnurren und Erinnerungen an Schottland – und unweigerlich hatte irgend jemand (meist einer der Statisten) »zufällig« auch ein Fläschchen dabei.

Die Verwendung von Schatteneffekten war bis zu diesem Zeitpunkt beim Technicolor-Verfahren nicht üblich. Aber Menzies rang Natalie Kalmus die Erlaubnis ab, Scarlett und ihren Vater auf dem Hügel von Tara als Silhouetten zu fotografieren (»Das einzige, was auf der Welt überhaupt etwas wert ist, ist das Land.«) Und später, als Scarlett dann Melanie bei der Geburt ihres Babys zur Seite steht, gelang es ihm erneut, Mrs. Kalmus von seiner Idee zu überzeugen, die beiden Frauen in Melanies Schlafzimmer vor dem gelblichen Dämmerlicht, das durch die Lamellen der Jalousie fällt, lediglich in Umrissen aufzunehmen. Die Szene, in der Scarlett und Melanie im Hospital von Atlanta die Verwundeten pflegen, zeigt zunächst ihre gigantischen Schatten auf einer Wand. Da die beiden Stars aber in der falschen Position zur Kamera standen, um selbst Schatten werfen zu können, stellte Menzies zwei Doubles vor einen starken Scheinwerfer, die synchron die Bewegungen der beiden Schauspielerinnen nachahmten.

Vivien Leigh trägt während eines runden Drittels des Films, das in Atlanta und auf Tara spielt, ein gemustertes Kattunkleid. Man fertigte davon siebenundzwanzig Kopien an, deren verschiedene Verfallserscheinungen als Symbol für den Niedergang des Südens verstanden werden können. Für die früheren Sequenzen benützte man zwei Kleider in sauberem Zustand. Für die Geburt von Melanies Baby brauchte man dann einige Kopien, die bereits die ersten Abnützungsspuren zeigten. Vier Kopien, die immer stärker versengt und zerschlissen wirkten, wurden für die Flucht durch das brennende Atlanta und für den langen Treck nach Tara angefertigt. Und die restlichen bearbeitete man mit Sandpapier und Laugen, um sie immer weiter auszubleichen und zu zerfransen, während Scarlett sich auf Tara die Finger blutig arbeitet. Selznick legte größten Wert darauf, daß sämtliche Kostüme auf authentische Weise abgetragen und zerschlissen wirkten. Deshalb wurden die Kleider und Uniformen zahllosen Spülungen in Waschmaschinen unter Zusatz von Sand und Bleichungsmitteln unterzogen; sollte etwas besonders unansehnlich wirken, fügte man noch ein schmutzfarbenes Färbungsmittel zu. Die letzte Serie der von Scarlett getragenen Kattunkleider wurde auf der Innenseite diesen Prozeduren unterzogen, da die andere Seite selbst mit den schärfsten Mitteln nicht mehr weiter ausgebleicht werden konnte.

13 Noch mehr Dollars von Whitney

Olivia de Havilland brauchte einfach jemand, der ihr bei der Gestaltung von Melanies Charakter Hilfestellung gab. Instinktiv wandte sie sich an George Cukor, und bei einem gemeinsamen Lunch in seinem Haus in Beverly Hills machte ihr dieser verschiedene Vorschläge für die bevorstehenden Szenen. Eine Woche später sah sich Olivia erneut mit einem ähnlichen Problem konfrontiert. Diesmal trafen sie sich im »Victor Hugo-Restaurant«. Und danach konsultierte sie ihn regelmäßig. Sie waren beide der Ansicht, daß ihre Treffen besser geheim blieben, wobei Olivia sich darauf hinausreden konnte, daß Fleming entweder unfähig oder nicht willens war, ihren Problemen die nötige Zeit zu opfern.

Die persönliche Anleitung von Schauspielern, ganz besonders von Schauspielerinnen, war wirklich nicht Flemings Stärke. Als Action-Regisseur war er bei Filmen wie *Test Pilot*[1] in seinem natürlichen Element. Dabei gelang es ihm mit achtzehn Kameras und rund einhundert Flugzeugen, die alle gleichzeitig in der Luft waren, bestechende Sequenzen einzufangen. Wandte sich aber Vivien Leigh mit der Frage an ihn, wie sie eine bestimmte Szene gestalten sollte, beschied er sie lediglich mit einem: »Spielen Sie's einfach irgendwie runter.« Im übrigen trug seine Entscheidung, *Vom Winde verweht* als Melodram zu gestalten, nicht gerade zu subtilen Charakterzeichnungen bei. Aber mit ihrer typischen britischen Hartnäckigkeit widersetzte sich die junge Schauspielerin mit Erfolg allen Versuchen des Regisseurs, Scarlett zu einem durch und durch berechnenden Weibsstück zu machen. für das es keine entschuldigenden Motive gab. Gleichzeitig lag sie sich dauernd mit Selznick wegen des Drehbuchs in den Haaren, das der Produzent jetzt höchstpersönlich überarbeitete (immer wieder trafen in letzter Minute die neuesten »Verbesserungen« im Studio ein). Bevor eine Szene aufgenommen wurde, beklagte sie sich lautstark, daß sie so auf keinen Fall spielbar sei – um sie dann mit größter Perfektion abzuliefern. Sie war eben, wie Selznick immer wieder hervorvorhob, »keine Pollyanna«.[2]

---

1 1938
2 Nach einem Roman von Eleanor Porter, der mehrmals verfilmt wurde.

Während sich Scarletts Beziehung zu Rhett im Film verschlechterte, verstärkten sich die Auseinandersetzungen über die Darstellung der Charaktere. Der empfindliche Firnis von gegenseitigem Respekt und Kooperationsbereitschaft zwischen Vivien Leigh und Victor Fleming zeigte immer größere Sprünge. »Im Studio flammen zwischen Fleming und Leigh immer wieder wegen Kleinigkeiten heftige Streitereien auf, die meist damit enden, daß Leigh in Tränen ausbricht und Fleming seinem Zorn freien Lauf läßt« berichtete das *Time*-Magazin. Die Atmosphäre wurde keineswegs besser, als sich herausstellte, daß auch Vivien Leigh sich heimlich einmal pro Woche mit George Cukor über ihre Rolle unterhielt. Die erschöpfte und ratlose britische Schauspielerin flüchtete sich sonntags für gewöhnlich an Cukors Swimmingpool, um dort mit ihm über ihre Probleme zu diskutieren. Niemand war mehr über diese Neuigkeit erstaunt als Olivia de Havilland.

Eines Morgens beschwerte sich Vivien Leigh wieder einmal wie gewöhnlich über Scarletts Dialoge. Diesmal ging es um jene Szene, in der sie die Avancen des inzwischen mit ihr verheirateten Rhetts zurückweist. »Ich kann das nicht, das kann ich einfach nicht«, jammerte sie. »Diese Frau ist doch ein ganz übles Miststück.« Fleming wollte sie zunächst durch gutes Zureden umstimmen, doch dann warf er ihr plötzlich einen wütenden Blick zu, rollte sein Skript zusammen und brüllte sie an: »Miß Leigh, wissen Sie was? Stecken sie sich das Skript hier doch einfach in Ihren königlich-britischen Hintern!« Daraufhin stapfte er aus dem Studio und fuhr in sein Haus in Malibu, wo er den Rest des Tages trinkenderweise in Gesellschaft von John Lee Mahin verbrachte.

Fleming erschien weder am nächsten noch am übernächsten Tag im Studio, und er ging auch nicht ans Telefon. Am dritten Tag erschienen Selznick, Vivien Leigh und Gable mit einem Käfig mit »Liebesvögeln« in seinem Heim. »Trinken wir was zusammen«, forderte Fleming sie schon wieder fast versöhnt auf, und man schloß einen Waffenstillstand. Doch die Anstrengungen der vergangenen Wochen verlangten ihren Tribut. Er war körperlich schwer angeschlagen und noch reizbarer als zuvor. Obwohl Vivien Leigh am meisten unter ihm zu leiden hatte, war sie nicht das eigentliche Problem für den Regisseur. Das war David O. Selznick.

Es waren nicht nur die Muster, die den Produzenten immer sicherer machten, mit diesem Film einen enormen Kassenerfolg zu landen, sondern auch die wachsende Erregung und Begeisterung des Aufnahmeteams und der Schauspieler. *Vom Winde ver-weht* schien ihm die größte Herausforderung seiner Karriere zu sein, das Visum zur Unsterblichkeit. Auf diese Weise verschlech-terten sich die Arbeitsbedingungen im Studio immer mehr. Selz-nick wurde immer unerbittlicher in dem Verlangen, auch noch das kleinste Detail zu begutachten und zu genehmigen. Tagsüber kon-trollierte er mit scharfem Blick die Dreharbeiten und nachts schrieb er am Drehbuch oder arbeitete zusammen mit Hal Kern, dem Schnittmeister, am Rohschnitt der neu fertiggestellten Sze-nen.

Selznicks Gewissenhaftigkeit führte aber unvermeidlich immer wieder zu Verzögerungen. So war beispielsweise an einem Morgen alles fertig für die erste Einstellung, als Fleming plötzlich Vivien Leighs Frisur bemängelte. Doch Hazel Rogers, die Friseuse, wei-gerte sich irgend etwas daran zu ändern, da Selznick genau diese Haartracht angeordnet hatte. Fleming versuchte also gegen zehn Uhr den Produzenten zu erreichen, der aber um diese Zeit noch schlief und nicht gestört werden durfte. Das gesamte Studio konnte nichts anderes tun, als auf Selznicks Rückruf zu warten. Endlich, kurz nach zwölf Uhr, war es soweit. Selznick hörte sich Flemings Einwände an und entschied dann, alles beim alten zu lassen. Um dreizehn Uhr dreißig konnte sich Eric Stacey, der Regieassistent, dann endlich seine Schnürsenkel binden, denn die erste Aufnahme war im Kasten.

Im April lag Selznick mit dem zweiten Teil des Drehbuchs hoffnungslos zurück. Wieder wandte er sich an Sidney Howard um Hilfe. Der Autor erklärte sich bereit, für eine Woche nach Holly-wood zu kommen. Mit gewohnter Schnelligkeit schrieb er während dieser Zeit einige der zentralen Szenen des zweiten Teils um, darunter auch die Schlußszene zwischen Scarlett und Rhett. Wieder gab es zwischen ihm und Selznick die unvermeidlichen Zusammenstöße. Selznick wollte eine große Hochzeit in der Kirche für Scarlett und Frank Kennedy. Howard hielt dagegen, daß sich während der Zeit des »Wiederaufbaus« niemand in Atlanta einen solchen Aufwand hätte leisten können. Als Howard Vorbereitungen für die Rückkehr in den Osten traf, fragte ihn ein Mitarbeiter aus Selznicks Stab, ob das Drehbuch jetzt fertig wäre. Er bejahte dies, fügte aber hinzu, daß Selznick bestimmt wieder vieles daran ändern würde, um ihn dann erneut für weitere »Repa-raturen« herbeizuzitieren. Howards Vermutung war natürlich

richtig; er selbst allerdings sollte Hollywood nie mehr sehen. Denn einige Monate später wollte er in einem Schuppen einen Traktor anwerfen. Als er die Kurbel drehte, setzte sich das Gefährt plötzlich in Bewegung, weil er vergessen hatte, den Gang herauszunehmen und zerquetschte ihn an der Schuppenwand.

Da es in seiner Ehe Schwierigkeiten gab, verbrachte Selznick immer häufiger seine Nächte an den Spieltischen des *Clover Clubs,* anstatt sich auszuruhen. Um sich tagsüber wach zu halten, nahm er immer größere Mengen von Benzedrin und dazu noch täglich acht Gramm Schilddrüsenextrakt; wollte er dann doch einmal schlafen, ging das nicht mehr ohne eine kräftige Dosis Schlafmittel. So an die Grenzen seiner physischen und psychischen Leistungsfähigkeit getrieben, verstärkten sich seine negativen Charaktereigenschaften, während die positiven fast nicht mehr zur Geltung kamen. Er wurde immer streitsüchtiger und zugleich immer rücksichtsloser gegenüber den Gefühlen und Problemen seiner Umwelt. Die Übermüdung ließ ihn tyrannisch, reizbar und grob werden. Gleichzeitig verstärkte sich seine Kurzsichtigkeit so sehr, daß man ihm im Atelier alles aus dem Weg räumen mußte.

Eine ganze Armee von Studioboten überschwemmte das Aufnahmeteam mit seinen nichtssagenden und immer neue Verwirrung stiftenden gelben Memozetteln. Und nicht selten trieb ihn seine Ungeduld selbst ins Atelier. Dann hörte man den Ruf: »Atelier räumen«, und alles drängte hinaus, um den Produzenten mit seinem Regisseur allein zu lassen – meist zu einer neuen heftigen Auseinandersetzung. In einigen Fällen übernahm Selznick dann selbst die Regie. So war es beispielsweise in der Szene jener »ehelichen Vergewaltigung«, in der der betrunkene Rhett Scarlett zunächst gegen ihren Willen hinauf ins Schlafzimmer und in sein Bett trägt. Selznick ließ an diesem Tag zwei Versionen von Rhetts Abgang drehen. In der ersten hielt er sich an den Originalsatz aus dem Roman: »Ganz offen, meine Liebe, das ist mir verdammt gleichgültig.« (Das »ganz offen« war allerdings von Sidney Howard hinzugefügt worden.) Da er aber Zweifel hatte, ob der

Vorhergehende Doppelseite: Die Erinnerung an das holzige Radieschen, das sie in der Hungerzeit nach dem Krieg essen mußte, läßt Scarlett in einem Luxusrestaurant in New Orleans völlig unbeherrscht schlemmen.

Motion Pictures Code das »verdammt« durchgehen lassen würde, wurde noch eine zweite Version erstellt, in der Gable sagt: »Ganz offen, meine Liebe, das ist mir völlig gleichgültig.«

Während Selznick die täglich fertiggestellten Muster begutachtete, sprengte sein Perfektionismus alle Ketten. Nichts konnte ihn mehr zufriedenstellen. So sah Tara auf der Leinwand »wie der Hinterhof eines Vorstadthauses aus«, und er bedauerte, es nicht auf dem Gelände nachgebaut zu haben. Verglichen mit *Robin Hood* und *The Garden of Allah* schnitt die Farbfotografie keineswegs gut ab. Er ordnete an, den Vertrag mit dem neuen Kameramann Ernest Haller zunächst noch nicht zu unterzeichnen, »falls wir unglücklicherweise gezwungen werden sollten, noch einmal einen Wechsel vorzunehmen«. Und die gesamte Leistung der Kamera kam bei weitem nicht an *The Great Waltz*[1] heran, bei dem Fleming teilweise Regie geführt hatte. Die Dekorationen wirkten unrealistisch und die Kostüme sahen viel zu neu aus. Vor allem Gables Garderobe taugte nichts.

Der Südstaatenakzent beziehungsweise sein Fehlen bereitete Selznick ebenfalls immer wieder Kopfzerbrechen. Es gehörte zu Susan Myricks Aufgaben, daß die Schauspieler ihre Dialoge mit den notwendigen Modulationen und Kadenzen sprachen, um etwas vom Charme des Südens durchklingen zu lassen. Nach jedem Take wandte sich Fleming ihr zu und fragte: »Alles okay mit Dixie?« War sie anderer Ansicht, wurde die Aufnahme normalerweise wiederholt. Gable und Leslie Howard verstießen am häufigsten gegen diese Auflage. Bei Gable lag es daran, daß er einfach kein Ohr für Akzente besaß. Susan Myrick versuchte ihm ohne Erfolg, sein hartes Mittelwesten-R abzugewöhnen, indem sie ihn Zungenbrecher wie diesen sprechen ließ: »Ah cain't affoahd a foah doah Foahd.« (»I can't afford a further Ford.«)[2] Außerdem ging sie vor der Aufnahme jede Szene noch einmal mit ihm durch. Stand Gable dann aber vor der Kamera, mußte er sich so stark auf Text und Darstellung konzentrieren, daß er meist den Akzent doch wieder vergaß. Leslie Howard ruinierte verschiedene Szenen durch reine Nachlässigkeit. Rief der Regisseur »Action!«, kamen die Dialoge in schönstem Britisch-Englisch aus seinem Mund, und die Szene mußte wiederholt werden. »Mr. Howard, bitte sagen Sie

1 1938 (Der große Walzer); Julien Duvivier wird als Regisseur genannt.
2 Ich kann mir keinen weiteren Ford leisten.

Selznick und Produktions-Manager Ray Klune sprechen mit Victor Fleming, der gleich darauf von dem Kran nach oben gehievt wird, um den berühmten großen Schwenk über das Eisenbahn-Depot von Atlanta zu filmen.

nicht »bean«, es heißt »bin«, erinnerte ihn Susan Myrick nach der geschmissenen Aufnahme. »Oh, Verzeihung, natürlich, hab' ich vergessen«, entschuldigte sich der Schauspieler. Vivien Leigh dagegen war mit dem Akzent ziemlich rasch vertraut und machte nur selten einen Patzer. Als sie mit Ashley auf Twelve Oaks in der Bibliothek ihren Auftritt hatte, sprach sie love falsch aus. Susan Myrick erklärte, daß es im Süden »leuve« ausgesprochen würde, und sie erwiderte: »Oh, ich verstehe, französisch.« Danach unterlief ihr dieser Fehler nicht mehr.

Margaret Mitchell hatte Selznick gewarnt, den Akzent entweder richtig zu treffen, oder ganz auf ihn zu verzichten, da die Südstaatler es satt hätten, »immer wieder diesen falschen Südstaatenakzent zu hören, wie er ihnen auf der Bühne und im Film zugemutet wird.« In einem Brief an den Produzenten schrieb sie: »Eine gute Bühnensprache läßt keinen nördlichen, südlichen, östlichen oder westlichen Akzent erkennen, und der Süden würde diese Sprache jeder künstlichen Imitation des Southern vorziehen. Natürlich wäre ein Neu-England-Akzent oder das Mittelwesten-R für einen Film, der im Süden spielt, fehl am Platz, aber ich glaube, selbst das würde für einen Südstaatler weniger beleidigend wirken als das Pseudo-Southern eines Schauspielers, der unseren Dialekt einfach nicht auf natürliche Weise zu sprechen lernt... Viele

Auf dem Dach des Depots befinden sich Reflektoren.

Menschen aus den Südstaaten haben mir erklärt, sie hätten es lieber, wenn Ihre Schauspieler eine ganz normale Bühnensprache benützten, anstatt das Southern krampfhaft zu imitieren. Die sprachliche Südstaaten-Atmosphäre würde in diesem Fall durch die Neger und andere im Süden geborene Ensemble-Mitglieder geschaffen werden. Meiner Meinung nach ist die Öffentlichkeit weitgehend dieser Ansicht, die im übrigen genau mit meiner übereinstimmt.«

Es steht nicht fest, wann Selznick *Vom Winde verweht* als seine Apotheose zu betrachten begann. Vielleicht wurde der Same schon ausgesät, als er von seiner Plattform aus den »Brand von Atlanta« bewunderte; und das täglich abgedrehte Material bestärkte ihn dann immer mehr in dieser Überzeugung. Doch es könnte auch sein, daß das Ganze sich mehr auf Hollywood-Art in Form einer plötzlichen Erleuchtung unter den Hosianna-Rufen unsichtbarer Chöre und unter einem überirdisch aufstrahlendem Himmel abgespielt hat. Was aber genau feststeht, ist, daß sich Selznick Mitte April an seine Geldgeber wandte und um neue Mittel bat. Die Produktion war inzwischen über die epischen in kosmische Dimensionen hineingewachsen. Wie wir sehen werden, bat er keineswegs nur um begrenzte Zuschüsse, damit der Film fertiggestellt werden konnte – seine Kasse war absolut leer –, sondern um ganz substantielle Beträge, da sich in seiner Vorstellung dessen Proportionen inzwischen grundlegend geändert hatten. So plante er beispielsweise eine filmische Darstellung der Schlacht von Gettysburg; als Vorbereitung drehte Menzies einige Geplänkel zwischen Konföderierten und Yankees. Und um den historischen Hintergrund des Films deutlicher zu machen, schrieb er als Einführung in die Wiederaufbau-Sequenz eine Reihe von Übergangsszenen. Die erste zeigte die Niederlage am Appomattox, gefolgt von der Ermordung Lincolns. Dabei zeigte er einen »Sic semper Tyrannis« schreienden Booth und den Präsidenten auf dem Totenbett. Als er sein Leben aushaucht, erklärt Kriegsminister Stanton: »Jetzt gehört er der Ewigkeit«, während Dr. Girling hinzufügt: »Und jetzt gnade Gott dem Süden.« Darauf folgte dann die Szene mit den Wahlagitatoren und Kriegsgewinnlern. Glücklicherweise wurde dieses Flickwerk zugunsten eines einfachen Titels aufgegeben. So blieb *Vom Winde verweht* ein Film, der inmitten eines Bürgerkriegs angesiedelt ist, diesen aber nicht direkt im Bilde zeigt. Man sieht dafür seine zerstörerischen

Auswirkungen auf Menschen und Orte, nie aber seine erregende und begeisternde Seite. Das »Schauspiel« des Kriegs besteht in diesem Film in Todesszenen ohne jede Verherrlichung. Ein Beispiel dafür gibt die Sequenz im Eisenbahndepot mit ihrem berühmten Kulminationspunkt in der Fahraufnahme, die mit Hilfe eines Krans von oben die Massen verwundeter und sterbender Südstaatensoldaten zeigt. Der Krieg begegnet Scarlett buchstäblich auf Schritt und Tritt, als sie Dr. Meade inmitten der zerschlagenen und sterbenden Leiber sucht, damit er Melanie bei der

Die Kamera im Zenith. Die Gebäude und Autos im Hintergrund wurden durch eine Maske abgedeckt und später durch gemalte Kulissen ersetzt.

Entbindung hilft. Als sie im Depot eintrifft, fährt gerade ein Zug ein, vollgestopft mit verwundeten Südstaatensoldaten, die sich vor Shermans Armee zurückziehen mußten. Der Krieg hat Atlanta erreicht. Nach langem Suchen findet Scarlett endlich den Arzt, der gerade einen Soldaten operiert. Er reagiert mit größter Verbitterung auf ihr Drängen: »Bist du wahnsinnig? Ich kann doch die Leute hier nicht verlassen! Sie liegen zu Hunderten im Sterben, ich kann sie doch nicht wegen eines verwünschten Babys im Stich lassen!« Der dramatische Effekt seiner Worte wird durch die Kamera gesteigert, die langsam zurück- und nach oben zieht und dabei die Masse bandagierter und verdreckter Männer zeigt, die dicht an dicht auf dem Boden liegen.

Während Macmillan Johnson an der Ausstattung dieser zentralen Szene arbeitete, drängte ihn Menzies immer wieder: »Tu noch mehr Männer rein, Mac, das ist schließlich ein großer Ausstattungsfilm.« Und Johnson füllte das Bild bis zum oberen Rand mit verwundeten Konföderierten. Als Selznick den Entwurf voller Begeisterung dem Aufnahme-Team vorlegte, erntete er nur Kopfschütteln. Nach Meinung der Spezialisten müßte die Kamera am Ende ihrer Fahrt ungefähr siebenundzwanzig Meter über dem Boden sein. Der höchste Kamerakran Hollywoods erreichte aber gerade siebeneinhalb Meter, und Hubschrauberaufnahmen lagen noch Jahrzehnte in der Zukunft. Doch dann stieß Ray Klune bei einer Baufirma auf einen Kran, der über einen mehr als siebenunddreißig Meter langen Ausleger verfügte, und mietete ihn für zehn Tage. Als man ihn testete, zeigte sich, daß die Motorvibrationen des überschweren Gefährts die Kamera zu stark erschütterten. Klune ließ daraufhin eine Betonrampe bauen, über die der Kran im Freilauf hinabrollen konnte, während die Kamera simultan hochschwenkte.

Es war typisch für Selznick, daß er sich spät am Nachmittag entschloß, am folgenden Tag diese Massenszene zu drehen, für die rund zweieinhalbtausend Komparsen notwendig waren. Die Zahl an sich stellte kein Problem dar, lediglich die Kürze der Zeit. Das Besetzungsbüro hing die ganze Nacht am Telefon, um die Männer zu den Waffen zu rufen. Am Morgen war das Selznick-Gelände von »Konföderierten« aller Altersstufen, Hautfarben und Bekenntnisse überflutet, darunter Filipinos, Japaner, Mexikaner und Indianer, die wahrscheinlich kaum wußten, was die Mason-Dixon-Linie bedeutete, geschweige denn von ihrem

Äußern her als schwer bedrängte Südstaatensoldaten gelten konnten. Deshalb legte man sie auch in die weniger stark ausgeleuchteten Ecken des Depots, wo sie nicht so genau gesehen werden könnten. Und während sich dann Vivien Leigh mühsam zwischen den am Boden liegenden stöhnenden und sich windenden Gestalten hindurch ihren Weg suchte, rollte das 200-Tonnen-Gefährt langsam über die Rampe, während der Kran die auf einer extra dafür konstruierten Plattform postierte Kamera ebenso langsam in den Himmel schwenkte.

Gegen 11 Uhr 30 war die Einstellung abgedreht, und der Regisseur rief »Lunch«. Wie von unsichtbarer Hand geheilt, erhoben sich darauf ungefähr die Hälfte der Verwundeten und Sterbenden und eilte zu den fahrbaren Imbißständen. Nur 949 waren echte Komparsen, während man zwischen sie über tausend Puppen gelegt hatte. Die Komparsen hatten die Aufgabe, die neben ihnen liegenden Attrappen zu »beleben«. Selznick war gegen diese Notlösung gewesen, aber die Agentur hatte einfach in der kurzen Zeit die zweieinhalbtausend Männer nicht zusammengebracht. Später versuchte die *Screen Actors Guild* (Filmschauspieler-Gewerkschaft), die zu jener Zeit auch noch die Komparsen vertrat, auch für die Puppen die üblichen Honorare zu verlangen. Selznick forderte sie daraufhin auf, ihm in derselben Zeit, die er seinem Besetzungsbüro gelassen hatte, zweieinhalbtausend echte Komparsen beizubringen. Als der Gewerkschaft das nicht gelang, mußte sie ihre Forderung fallenlassen.

Ein paar Tage später produzierte Fleming im Atelier einen weiteren Zornausbruch und flüchtete sich erneut nach Malibu. Unterwegs hielt er an und erwog die Möglichkeit, sich mit seinem Wagen über eine Klippe zu stürzen. Der erste und der zweite Regieassistent, denen Fleming versprochen hatte, sie bis zum Nervenzusammenbruch zu treiben, konnten nun das Studio darüber unterrichten, daß ihr Chef selbst einem solchen zum Opfer gefallen war. Fleming begab sich aber nicht in die Obhut einer Klinik, und wahrscheinlich konnte man auch nicht von einem wirklichen Zusammenbruch sprechen. Aber es schien klar, daß er nicht mehr in der Lage war, die Regie weiterzuführen. (Selznick vertraute O'Shea an: »Er ist sowohl physisch wie psychisch so sehr erschöpft, daß es meiner Meinung nach ein Wunder wäre, wenn er noch sechs oder acht Wochen weiterdrehen könnte.«) So kamen die Dreharbeiten weniger als zwei Monate nach ihrer Wiederauf-

Rhett gießt Mammy zur Feier der Geburt von Eugenia Victoria, die von ihm
sofort in Bonnie Blue umgetauft wird, ein Glas Sherry ein.

nahme erneut zum Stocken. Während das zweite Aufnahmeteam unter Leitung von Menzies weiterdrehte, suchte Selznick erneut nach einem Regisseur. Seine Wahl fiel auf Robert Z. Leonard, aber die Metro erklärte, er sei nicht verfügbar. Daraufhin schlug Klune Sam Wood[1] vor. Wood konnte bereits über sechzig Filme für sich verbuchen. Auf seiner Haben-Seite standen einige Wallace Reid-Streifen aus den frühen zwanziger Jahren, aber auch zwei neuere Erfolge mit den Marx Brothers, *A Night at the Opera* (»Skandal in der Oper« / »Die Marx Brothers in der Oper«, 1935) und *A Day at the Races* (1937). Er war weder ein George Cukor noch ein Victor Fleming, immerhin aber ein tüchtiger Techniker, wenn auch von beschränkter Kreativität. Außerdem hatte er schon als Cecil B. DeMilles Assistent gearbeitet, so daß man ihm einige Erfahrungen mit Ausstattungsfilmen zutrauen durfte. Und wahrscheinlich hatte Selznick gerade das gesucht – einen Realisator seiner eigenen schöpferischen Ideen. Wood war in Flemings Alter und stieß von Anfang an auf noch weniger Gegenliebe beim Team als sein Vorgänger. An allem hatte er etwas auszusetzen und ging mit seinem mürrischen Wesen seinen Mitarbeitern heftig auf die Nerven. Zur allgemeinen Aufheiterung fiel ihm meist nicht mehr ein, als mit seinen drei Hoden zu prahlen.

Ein Studio-Mitglied traf ihn einmal auf der Santa Anita-Rennbahn in Gesellschaft eines Mannes, der (wie Wood behauptete) eine Maschine erfunden hatte, mit der sich die Gewinner vorherbestimmen ließen. Eigentlich sei der Mann ein Masseur, aber es sei ihm durch Zahlung einer größeren Summe gelungen, ihn heute mit auf die Rennbahn zu nehmen, erklärte Wood weiter. Die Maschine glich ziemlich genau einer gewöhnlichen Rechenmaschine, aber der Masseur machte sich vor jedem Rennen wichtigtuerisch daran zu schaffen, bevor sie eine Nummer ausspuckte, die angeblich die des Siegers war. Obwohl sich alle Voraussagen als falsch erwiesen, setzte Wood unverdrossen auf die von der Maschine vorherbestimmten Pferde und hatte am Ende des Tages eine beträchtliche Summe verloren. Einige Tage später erfuhr er, daß sein »Masseur« ein berüchtigter Betrüger war.

1 (1885–1945)

Wood nahm die Arbeit an einem Aprilnachmittag auf. Seine erste Szene war die Begegnung von Scarlett und Melanie mit Belle Watling auf der Treppe vor der Kirche. An diesem Tag hatte Vivien Leigh Selznick und Olivia de Havilland in ihrer Garderobe zum Lunch eingeladen. Sie unterhielt die beiden mit solchem Charme, daß keiner merkte, wie die Zeit verging. Besonders Selznick war ganz begeistert und ignorierte die wiederholten Hinweise Eric Staceys, daß Sam Wood bereits im Atelier sei und mit den Dreharbeiten beginnen wolle. Der neue Regisseur mußte seinen Arbeitseifer noch fast drei Stunden lang zügeln, doch hinter Selznicks Rücken fühlte sich Vivien sicher. Ganz offensichtlich wollte sie nach ihren schlechten Erfahrungen mit Fleming diesmal diejenige sein, die den ersten Punkt macht und den neuen Regisseur von Anfang an in seine Schranken weisen.

Selznick begab sich mit den fünf abgedrehten Filmrollen von *Vom Winde verweht* zu Al Lichtman von der Metro. Dieser hatte damals für MGM den Handel um die Verleihrechte geleitet. Die fünf Rollen enthielten eine eindrucksvolle Montage der zentralen Sequenzen des ersten Teils und somit fast alle großen Ausstattungsszenen. Dazu kamen noch eine Reihe von Szenen aus dem zweiten Teil, die die dramatischen Beziehungen zwischen den Hauptdarstellern charakterisierten. Die Eröffnungssequenz, der Ball im Zeughaus von Atlanta, die gerade erst fertiggestellte Fahraufnahme des Eisenbahndepots und der Rohschnitt des großen Feuers waren natürlich auch nicht vergessen. Lichtman wußte natürlich genau, weshalb Selznick ihn aufsuchte und begegnete ihm mit größter Distanz. Aber nachdem er das Material gesehen hatte, konnte er seine Begeisterung kaum noch zügeln. Obwohl es sich um Rohschnitt-Material handelte ohne Musik, eingeblendete Geräuscheffekte oder korrigierte Stimmtonlagen sagte ihm sein sechster Sinn als Verleiher, daß er es hier mit einem noch nie dagewesenen Kassenknüller zu tun hatte. »David, wir haben's geschafft. Dieser Streifen wird an die neunzehn Millionen Dollar einspielen.« Selznick meinte darauf: »Ich freue mich, das von Ihnen zu hören, Al, denn ganz sicher können Sie sich denken, warum ich hier bin. Ich brauche Geld, um den Film fertigzustellen.«

Beide wußten natürlich, daß das eine gewaltige Untertreibung war. Selznicks Gesellschaft hatte ihren letzten Dollar verbraten. Man munkelte sogar, daß er seinen Bruder Myron angepumpt hatte, um die letzten beiden Wochenlöhne bezahlen zu können.

Die Ausweitung des Produktionsrahmens, wozu beispielsweise Neubau von Teilen von Twelve Oaks in Bush Gardens, anstatt auf dem Studiogelände gehörte, aber auch die Anmietung des Riesenkrans für den Fahrschuß im Depot von Atlanta, trieb natürlich auch die Kosten in die Höhe. Doch das meiste Geld hatten die vielen Verzögerungen und Unterbrechungen verschlungen. Gerade im Filmgeschäft hat Zeit, beziehungsweise ihre Verschwendung, den höchsten Preis. Denn auch wenn die Produktion ruht, weil ein Regisseur ausgefallen ist, laufen die Unkosten weiter, müssen Mieten und Gehälter bezahlt werden, während auf der anderen Seite kein Material fertiggestellt wird, mit dem sie später kompensiert werden können. Selznick war mit sehr gemischten Gefühlen zu MGM gegangen, aber nachdem eine Anfrage bei Jock Whitney rundheraus abgelehnt worden war, blieb ihm keine andere Wahl. Er hatte ein neues Produktionsbudget aufgestellt, in dem eine Million Dollar für die Fertigstellung des Films vorgesehen waren. Lichtman war so sehr von seiner eigenen Einschätzung des vorliegenden Materials überzeugt, daß ihn diese Summe nicht weiter störte; die Metro hätte damit dann insgesamt 2,25 Millionen Dollar in den Film investiert gehabt. Er befürwortete also Selznicks Anfrage bei Metro-Präsident Nick Schenck, wobei er enthusiastisch darauf hinwies, daß schon der halbfertige Film alle Voraussetzungen für einen enormen Kassenerfolg erkennen ließe. Schenck jedoch weigerte sich, *Vom Winde verweht* weiter zu subventionieren. Das war verständlich, denn warum sollte er sich mit einem Stück des Kuchens zufriedengeben, wenn der ganze plötzlich in Reichweite schien? Denn wenn es Selznick nicht gelingen würde, das Geld aufzutreiben, könnte MGM einen Anspruch auf die Produktion geltend machen; dann könnte die Metro den Film in eigener Regie fertigstellen, um ihre Investitionskosten wieder hereinzuholen.

Als nächstes wandte sich Selznick an Joseph Rosenberg, »Doc« Gianninis Nachfolger als Leiter der Darlehensabteilung für Filmproduktionen bei der *Bank of America*. Außer dem fertiggestellten Filmmaterial verfügte Selznick inzwischen noch über ein weiteres schlagkräftiges Argument. Eine von ihm in Auftrag gegebene Gallup-Umfrage hatte ergeben, daß hochgerechnet 56,5 Millionen Menschen »es für ziemlich wahrscheinlich hielten«, den fertiggestellten Film sehen zu wollen. Und das bedeutete, wie Selznick Rosenberg erklärte, zwölf Millionen Dollar Kasseneinnahmen.

Rosenberg war nicht nur von dem vorgelegten Material, sondern auch von den Gallup-Ziffern beeindruckt, nicht aber von Selznicks zweifelhaftem Renomee als gewinnemachender Geschäftsmann. Die Bank verlangte, daß die Metro für das Darlehen bürgen sollte, doch auch das lehnte Schenck ab. Rosenbergs Absage stellte Selznick mit dem Rücken zur Wand. Heute ist die Finanzierung eines Films durch Bankdarlehen eine allgemein übliche, wenn auch nicht ganz risikolose Investitionspraktik. Doch in jenen Tagen hielten die Banken der Ostküste kühle Distanz zu Hollywood. Die in San Francisco beheimatete *Bank of America* war fast als einzige bereit, unabhängigen Produktionsgesellschaften mit Darlehen unter die Arme zu greifen.

Selznicks frühere Geldgeber sahen sich damit einem Dilemma gegenüber, das Investoren des Filmgeschäfts nur zu gut vertraut ist. Auf der einen Seite wollten sie Selznick nicht noch eine Million in den Rachen werfen, doch solange der Film nicht fertiggestellt war, gab es so gut wie keine Hoffnung, auch nur einen Cent des bereits investierten Kapitals wiederzusehen, geschweige denn irgendwelche Renditen. Whitney schickte deshalb seinen Anwalt John Wharton nach Kalifornien, um mit Rosenbaum zu verhandeln. Schließlich erklärte sich die *Bank of America* aufgrund von Whitneys wirtschaftlicher Potenz bereit, Selznick sechzig Prozent der geforderten Summe zu leihen, sofern seine Gesellschaft die restlichen vierzig Prozent selbst aufzubringen in der Lage wäre. Außerdem verlangte die Bank, daß Selznick einen verbindlichen Termin für die Fertigstellung des Films festlegte (was er tat, ohne ihn jedoch auch einzuhalten); außerdem wollte Rosenberg ein komplettes Drehbuch vorgelegt bekommen (das nie kam).

Schimpfend und murrend schossen daraufhin die Whitneys und ihre Partner in New York die restlichen vierhunderttausend Dollar bei. Am meisten murrte Sonny Whitney. Als Jock ihn in seinem pompösen Haus an der 79. Straße aufsuchte, lehnte er den mit der *Bank of America* ausgehandelten Kompromiß zunächst rundheraus ab. Er war dafür, die Investition in Selznick-International als Verlust abzubuchen und Selznick den Metro-Wölfen vorzuwerfen. »Er hat den letzten Whitney-Dollar zum Fenster rausgeschmissen«, erklärte er Jock. Dieser hatte es wirklich nicht leicht,

»Du wirst nie mehr nur dreiundvierzig Zentimeter haben, Miß Scarlett.«

ihn schließlich doch noch auf die gemeinsame Familienstrategie einzuschwören. Doch die Whitneys wußten, wie sie zu ihrem Pfund Fleisch aus Selznicks Leib kamen. Als Preis für ihre Rettungsaktion, wodurch sie wahrscheinlich den Film für uns in der heutigen Form erst ermöglicht haben, entrissen sie ihm die Kontrolle über seine Gesellschaft, indem sie sieben Prozent seiner Anteile übernahmen. Das bedeutete, daß er und sein Bruder zusammen nicht mehr über eine Mehrheit verfügten. Im übrigen ließ Whitney den so gerupften Selznick nicht im Zweifel darüber, daß seine Geldgeber den Film in kürzest möglicher Zeit fertiggestellt sehen wollten.

Die wieder einmal gesicherte Finanzierung führte im Studio zu einem Ausbruch fieberhafter Aktivität, als ob Selznick beweisen wollte, daß er sich Whitneys Auflagen wirklich zu Herzen genommen hatte. Drei Wochen nachdem er abrupt aus dem Studio verschwunden war, fand sich Fleming genauso abrupt wieder ein. Aber Selznick beschloß, Sam Wood weiterzubeschäftigen. Dadurch sollten nicht nur die Dreharbeiten beschleunigt, sondern auch Fleming entlastet werden. Während sich Fleming auf die Szenen mit Clark Gable konzentrierte, führte Wood die Regie bei anderen Sequenzen. Es konnte jetzt geschehen, daß Vivien Leigh an einem Tag unter der Leitung von Fleming, am nächsten unter der von Wood filmte. Und es kam auch vor, daß fünf Aufnahmeteams gleichzeitig drehten. Außer Fleming und Wood filmte Reeves (Breezy) Eason seine Spezialeffekte (darüber später mehr), Menzies dirigierte eine weitere Kamera, und Eric Stacey überwachte Einzeleinstellungen zu einer Straßenszene in Atlanta.

Dieser Zwang zur Eile brachte endlich auch einen Take zum Abschluß, der sich länger als jeder andere hingezogen hatte. Dabei handelte es sich um Scarletts Überlebensschwur am Ende des ersten Teils des Films. Hungrig und erschöpft reißt sie auf Twelve Oaks ein Radieschen aus der Erde, würgt einen Teil davon hinunter und erbricht sich. Nachdem sie sich wieder etwas erholt hat, verspricht sie sich (und der Kamera): »Gott ist mein Zeuge – mich sollen die Yankees nicht unterkriegen. Ich will hindurch, und wenn es vorüber ist, will ich nie wieder hungern. Weder ich noch die Meinen! Und wenn ich stehlen und morden müßte! – Gott ist mein Zeuge, hungern will ich nie wieder!« Selznick wollte, daß Scarlett am Ende der Szene als Silhouette vor einem durch und durch klaren und reinen Morgenhimmel steht. Das Team fuhr also

Anfang April immer wieder nach Lasky Mesa im San Fernando-Tal hinaus, wo auch die übrigen Außenaufnahmen für Tara geschossen wurden.

Um den vollen Effekt zu erreichen, benötigte man einen völlig nebelfreien Morgen, und so etwas ist im San-Fernando-Tal höchst selten. Man verlegte Schienen, so daß die Kamera für eine Totale den Hügel hinabfahren konnte, auf dessen Gipfel Scarlett inmitten der roten Erde stand, während hinter ihr der Morgen heraufdämmern sollte. Dann stellte man einen Ausguck auf. Wenn der Morgen gegen zwei Uhr dreißig schön zu werden versprach, alarmierte er vom nächsten Telefon aus das Team: man weckte Vivien Leigh, und alles eilte nach Lasky Mesa hinaus. Man justierte die Kamera auf der Schiene, und dann richteten sich alle Augen gespannt auf den Horizont, um den richtigen Augenblick für die Aufnahme abzuwarten. Sofern sich das Wetter hielt, war gegen vier Uhr der Zeitpunkt gekommen. Doch immer wieder kamen plötzlich Nebelschwaden vom Meer her über die Hügel, und sie wußten, daß auch heute ihr frühes Aufstehen umsonst gewesen war. Hielt sich aber das Wetter, und sie bekamen die Aufnahme in den Kasten, dann war bestimmt Selznick mit der Szene nicht so ganz zufrieden und bestand auf einer Wiederholung.

Dank Selznicks Pedanterie und den Eigentümlichkeiten des San Fernando-Tal-Wetters konnten Vivien Leigh und das Aufnahmeteam innerhalb von zwei Monaten bestimmt ein gutes dutzendmal den Sonnenaufgang über jenen Hügeln bewundern. Doch jetzt sah sich der Produzent gezwungen, das Warten auf den einen, absolut perfekten Sonnenaufgang aufzugeben und aus dem vorhandenen Material mit mehreren nicht so ganz perfekten einen brauchbaren zusammenzumontieren.

Für die Eröffnungssequenz von Teil II waren ebenfalls einige Expeditionen zu jenem Drehort nötig. Dabei mußten auch Thomas Mitchell, Ann Rutherford, Evelyn Keyes und Hattie McDaniel anwesend sein. Auch dabei verlangte das Wetter wieder seinen Tribut. Evelyn Keyes berichtet darüber ihrer Mutter: »Wir mußten wieder auf unseren frühmorgendlichen Treck. Diesmal mußte ich bereits um drei Uhr im Studio sein. Es war meine große Szene, sehr emotional. Wir sind auf den Baumwollfeldern und pflücken kurz nach überstandener Krankheit Baumwolle. Wir sind verdreckt und schwitzen, und ich jammere dauernd über unsere Mühsal. Da kommt Scarlett und schlägt mich, und sie schlägt wirklich zu, ich kann es noch immer spüren! Der Wind heulte schrecklich über uns hinweg. Wir waren auf einer Anhöhe ohne jeden Schutz. Jedesmal, wenn ich zu weinen beginnen sollte, mußten wir uns niederducken, um sein Abflauen abzuwarten. Auch eine Art, eine Szene zu drehen.«

Vivien Leigh hatte einen absoluten Abscheu vor dem Erbrechen, das in der oben skizzierten Szene von ihr verlangt wurde. Immer wieder versuchte sie Selznick dazu zu bringen, dieses so »undamenhafte« Detail zu streichen. Schließlich schlug ihr der Produzent einen Kompromiß vor: sie brauchte sich bei der Aufnahme nicht zu erbrechen, sofern sie die Geräusche später dann für die Tonspur nachsynchronisierte. Zufällig war Olivia de Havilland zugegen, als Vivien im Studio dieser lästigen Verpflichtung nachkam. »Das kann ich bedeutend besser«, erklärte sie, nachdem Vivien das Studio verlassen hatte, dem ebenfalls anwesenden Schnittmeister Hal Kern, der mit Viviens Versuchen nicht besonders zufrieden war. Kern ließ sie gern einen Versuch machen. Und da seine Loyalität dem Film galt, benützte er später Olivia de Havillands »Erbrechen« für die endgültige Tonspur des fertigen Films.

14 Höher, schneller, weiter

In vielen Einstellungen der Baumwollfelder sieht man im Hintergrund das breit hingelagerte Herrenhaus von Tara, obwohl dieses auf Selznicks Studiogelände stand, das gut zwanzig Meilen vom Drehort der Außenaufnahmen entfernt lag. Doch Entfernungen spielten für Trickaufnahmen, die man mit Hilfe einer sogenannten »Maske« drehte, keine Rolle. Durch die »Matte-Malerei« konnten danach dann gemalte Hintergründe und bereits abgedrehte Szenen mit lebenden Schauspielern kombiniert werden. Der Name stammt daher, daß während des Drehens der später auszumalende Teil einer Szene durch eingeschwärzte Glasfilter abgedeckt wurde, die vor der Kamera befestigt waren. Das Verfahren wurde zunächst häufig bei Schwarz-Weiß-Produktionen angewandt, um den Hintergrund beispielsweise mit Städten, Bergen oder großen Menschenansammlungen zu füllen. Selznick führte es dann versuchsweise in die Technicolor-Technik ein, so noch recht zögernd in *The Garden of Allah* und dann in sehr viel größerem Umfang in *Vom Winde verweht.*

Bevor man die farbig komplett ausgearbeiteten Illustrationen haargenau in die ausgesparten Szenenteile hineinfotografierte, mußte man die drei belichteten Negative zunächst in der Büchse zurückspulen. Das Verfahren wurde in *Vom Winde verweht* bei mehr als hundert Einstellungen verwendet. Das reichte von gemalten Himmeln über ferne Landschaftshorizonte bis zu sehr viel raffinierteren Anwendungen, bei denen Dekorations- und Ausstattungsteile ergänzt wurden, die in natura gar nicht vorhanden waren. So bestand Tara beispielsweise nur aus seiner säulengeschmückten Fassade; einige der Seitenwände sowie die Nebengebäude und die Hintergrundvegetation wurden durch das »Matte-Verfahren« ergänzt. Dasselbe machte man auch bei Twelve Oaks sowie bei der Ballszene im Alten Zeughaus, wo Flaggen und Dekorationen auf diese Weise später erst hinzugefügt wurden. Bei einer Einstellung des »Brandes von Atlanta« entstand so sogar eine ganze brennende Straße. Und bei der Szene im Eisenbahndepot von Atlanta war das Stationsdach nicht ausgebaut. Außerdem hatte man die Lokomotive im Vordergrund, die weitere flüchtende Konföderierte von der Front zurückbrachte, aus

Alteisenteilen grob zusammengezimmert. Erst durch das »Matte-Verfahren« bekam beides dann für den Film sein endgültiges Aussehen. Selbst einige der am Boden liegenden Verwundeten sind bei einigen Totalen (allerdings nicht bei dem berühmten Fahrschuß vom Kran aus) lediglich ins Bild gemalt.

Damit die Farben übereinstimmten, mußte zunächst ein Stückchen des Negativs entwickelt werden. Es war typisch für Technicolor, daß sich die Firma dem »Matte-Verfahren« zunächst widersetzte und Selznicks Trick- und Spezialeffekte-Abteilung nur unter größten Vorbehalten die nötigen Muster zur Verfügung stellte. Doch als sich Technicolor zu lange zierte, stieß Clarence Slifer, Selznicks Trick-Fotograf, zufällig auf das »Entwicklungs-Geheimnis« der Firma, das darin bestand, den Entwickler sehr hoch zu erhitzen. Jetzt konnte er seine eigenen Farbtests vornehmen. Slifers Entdeckung öffnete schließlich den Weg zu einer immer umfangreicheren Anwendung der »Matte-Malerei«. Privat gab Selznick bereitwillig zu, daß ihn dieses Verfahren und andere optische Tricks vor enormen Kosten bewahrte. Außerdem ließen sich damit auf andere Weise nicht mögliche visuelle Effekte erzielen. Der Öffentlichkeit gegenüber wachte er jedoch wie ein Zauberkünstler eifersüchtig über die Tricks und Kniffe seines Gewerbes. So gab er nur widerwillig die Existenz seiner Spezial-Effekte-Abteilung zu. Und auf keinen Fall sollte bekannt werden, welchen Anteil sie an *Vom Winde verweht* hatte. Deshalb waren ihre Spezialisten auch in eine abgelegene Studioecke verbannt, wo sie mehr oder weniger hinter verschlossenen Türen arbeiteten, um sicher vor allzu neugierigen Besuchern zu sein, die vom vorgeschriebenen Weg abgeirrt waren. Hollywoods bedingungslose Hingabe an den »Glamour« – die Wurzel seines Verderbens und seiner größten Triumphe – bestimmte eben auch sein ganzes Denken.

Die Dreharbeiten schritten nun zügig voran, und die Metro begann die Fertigstellung des Films immerhin als reale Möglichkeit ins Auge zu fassen. Langsam liefen die Vorbereitungen für die Präsentation in der Öffentlichkeit an. Frank Whitbeck, der für die Metro-Trailers verantwortlich zeichnete, reiste nach Atlanta, um

Von Scarlett aus dem Schlafzimmer verbannt, sucht Rhett Trost bei Belle Watling (Ona Munsun).

Margaret Mitchell zu einem kurzen Auftritt in einem Werbefilm für *Vom Winde verweht* zu gewinnen. Es war in Hollywood allgemein bekannt, daß der für Werbung und Promotion bei der Metro zuständige Direktor im San Fernando-Tal zwei Elefanten besaß, die schließlich sogar Zuwachs durch einen dritten bekamen. Aus ihrer Vermietung an Dschungelfilm-Produktionen etc. bezog er ein hübsches kleines Nebeneinkommen, was ihm niemand vorwarf. Außer es handelte sich um Besucher von der Ostküste. Im übrigen war Whitbecks Stimme Millionen vertraut, weil er den Text zu seinen Trailern selbst sprach. Doch auch diese wohlklingende Stimme, die schon an die tausend Filme an den Zuschauer gebracht hatte, versagte bei Margaret Mitchel. Sie blieb unerschütterlich bei ihrem Entschluß nicht ins Rampenlicht der Selznick-Produktion zu treten und verpaßte Whitbeck eine höfliche Abfuhr.

Sehr viel weniger höflich reagierte sie auf die Machenschaften Selznicks im Zusammenhang mit seiner Einladung an Hugh Peterson, einen Kongreßabgeordneten aus Georgia. Dieser hatte sich in die Diskussionen über die Besetzung der Scarlett eingeschaltet und öffentlich bedauert, daß Selznick es versäumt habe, eine passende Südstaatenschauspielerin wie Tallulah Bankhead mit der Rolle zu betrauen. Es war offensichtlich, daß der Kongreßmann aus *Vom Winde verweht* lediglich politisches Kapital zu schlagen versuchte. Dazu paßte auch gut, daß Tallulahs Vater William Bankhead genau wie er zu den Südstaaten-Demokraten zählte und außerdem Sprecher des Hauses war. Doch Selznick sah darin eine ausgezeichnete Möglichkeit zur Aufheizung des öffentlichen Interesses und ließ sich das Spielchen wohl gefallen. Er lud Peterson nach Hollywood ein, damit er sich persönlich davon überzeugen konnte, daß Vivien Leigh für die Rolle wie geschaffen war – im übrigen, so fügte er seinem Schreiben hinzu, hatte die britische Schauspielerin die volle Unterstützung Margaret Mitchells. Als dieses Schreiben veröffentlicht wurde, schickte die Autorin einen vier Seiten langen Protest und wies Selznick erneut darauf hin, daß sie sich in der Frage der Besetzung der Rolle der Scarlett absolut neutral verhalten habe. Sie habe der Wahl Vivien Leighs weder zugestimmt noch ihr widersprochen. Energisch verlangte sie, daß »Ihre Öffentlichkeitsarbeit mich lediglich in meiner Funktion als Roman-Autor herausstellt und jeden Versuch unterläßt, mir die Rolle eines Ko-Produzenten unterzuschieben. Ich lege keinen Wert darauf, daß

»Matte-Malerei« – Trickaufnahmen mit Maske: Straßenszene während des großen Brandes von Atlanta. Alle Gebäude sind nachträglich aufgenommene und ins Bild hineinkopierte gemalte Kulissen. Während des Drehens agierten die Schauspieler vor einem schwarzen Hintergrund. Mit Hilfe optischer Spezialeffekte wurden aus den Wochen früher aufgenommenen Brandszenen die Flammen über den Gebäuden hinzugefügt.

mein Name dazu benützt wird, Ihre Entscheidungen zu unterstützen... Seit dem Sommer 1936 stand Ihr Film im Mittelpunkt öffentlicher Auseinandersetzungen, und völlig ohne mein Zutun sah ich mich zu meinem Leidwesen im Zentrum dieser Streitigkeiten. Ein großer Teil der Öffentlichkeit scheint zu glauben, daß ich

Sie und alles, was mit dem Film zusammenhängt, voll unter Kontrolle hätte... Sofern meine wohlwollende Haltung und meine höflichen Kommentare weiterhin so ausgelegt werden, daß sie das Gegenteil von dem sagen, was ich meinte, sehe ich mich gezwungen, jede Freundlichkeit und Höflichkeit fallenzulassen. Falls meine Zuvorkommenheit dazu führt, daß ich in ein schiefes Licht gerate und mein Name mißbraucht wird, werde ich Schritte ergreifen müssen, um der Öffentlichkeit meine wirkliche Position ganz klar vor Augen zu führen.« Selznick benützte Ray Brown dazu, um seiner – angeblichen – Zerknirschung auf angemessene Weise Ausdruck zu verleihen.

Margaret Mitchells gewaltige Furcht, in den Publicity-Rummel rund um *Vom Winde verweht* hineingezogen zu werden, bedeutete keineswegs, daß sie an den Fortschritten des Films nicht interessiert gewesen wäre. Im Gegenteil. Sie verschlang alles, was ihr Susan Myrick, Katherine Brown und Wilbur Kurtz an Neuigkeiten über die Produktion mitteilten. Susan Myrick schrieb ihr auch weiterhin aus Hollywood. Und bei bestimmten Anlässen ging die Autorin auch auf Selznicks Fragenflut ein und versorgte ihn mit Ratschlägen, so gut sie konnte. Könnte Ashley, wenn er Melanie besuchte, nicht verwundet sein – vielleicht einen Arm in der Schlinge tragen, damit seine Abwesenheit von der Front nicht als unehrenhaft gewertet werden würde? – Ja, war ihre Antwort, er könnte auf »Verwundetenurlaub« sein. Dabei betonte sie, daß er aber unbedingt Weihnachten 1863 nach Hause kommen mußte, damit Melanies Baby ohne skandalöse Umstände im Herbst zur Welt kommen konnte, also zum Zeitpunkt der Kapitulation Atlantas, die am 1. September 1864 stattfand. (Selznick dankte für diesen Hinweis und fügte lakonisch hinzu, daß auch in Kalifornien Schwangerschaften normalerweise neun Monate dauerten). Als sie ihr aber mitteilte, er wolle Rhett an der Seite Belle Watlings in deren Wagen vor Tante Pittypatts Haus vorfahren lassen, war sie entsetzt. Sie gab zu bedenken, daß ein Gentleman wie Rhett das auf keinen Fall tun dürfe, da er sonst von niemand mehr empfangen werden würde. Im übrigen wäre es eine Beleidigung für Tante Pittypatt, wenn er vor ihrem Haus öffentlich aus Belles Wagen stiege.

Die ganze Welt sah in Clark Gable die ideale Verkörperung des Rhett Butler, außer er selbst. Die Rolle war die längste und komplexeste, die er je gespielt hatte. Der Star war daran gewöhnt,

Auf dem ersten Foto sieht man deutlich das Dach des Depots von Atlanta. Links eine aus alten Eisenteilen »improvisierte« Lok. Im zweiten Foto ist der Giebel abgedeckt. Und im dritten wurden er und der Himmel mit Hilfe der »Matte-Malerei« ins Bild hineinkopiert. Um Bewegung vorzutäuschen, hat man die Umrisse des Eisenbahnwagens und der Soldaten zum Verschwimmen gebracht.«

daß man ihm seine »Mann-der-Tat-Rollen« auf den Leib schrieb. Und jetzt wurde von ihm erwartet, etwas völlig anderes als seine bisherige Leinwandpersönlichkeit darzustellen. Seine Vorstellung von Schauspielerei reflektiert sich in der folgenden Bemerkung: »Als ich meine erste Liebesszene spielen mußte, war ich zu Tode erschrocken. Der Regisseur meinte, ich solle einen verlangenden Gesichtsausdruck mimen. Daraufhin dachte ich an ein riesiges, halb durchgebratenes Steak. Es klappte so gut, daß ich diesen Trick seither immer wieder verwende.« Jene Verschmelzung von Schauspieler und Rolle, die Identifizierung des Darstellers mit dem Dargestellten, die den Funken überspringen läßt, das war nicht seine Sache. Doch mit Flemings Unterstützung gelang ihm immerhin das Zweitbeste. Wie die Kritiker später sagten, hatte Gable sich selbst nie so gut gespielt wie in der Rolle des Rhett. Dabei war Fleming oft seine letzte Rettung. Kam er mit irgendeiner Szene nicht zurecht, ließ der Regisseur das Studio räumen und probte mit ihm ganz allein, was manchmal einen halben Tag lang dauern konnte. Erst wenn der Star wieder Zutrauen zu sich gefaßt hatte, wurde das Aufnahmeteam zurückgerufen. Eine Szene war ihm besonders verhaßt. Es ist die, in der Rhett bei der Nachricht von Scarletts Fehlgeburt weinend zusammenbricht. Das ist typisch für den Unterschied zwischen einem Star, wie Gable einer war, und einem wirklichen Schauspieler. Gable konnte sich einfach nicht damit abfinden, daß er etwas darstellen sollte, was seinem Leinwand-Image als »harter Mann« widersprach. Er fürchtete, das Publikum würde ihn auslachen. Auch das Argument Flemings, daß sein Zusammenbruch im Kontext dieser Szene die Sympathie des Publikums für Rhett steigern würde, konnte ihn nicht überzeugen.

In der Nacht vor der Aufnahme konnte Gable nicht schlafen und beklagte sich über Magenkrämpfe. Carole Lombard wachte an seinem Bett und versuchte ihn zu beruhigen. Aber als er am Morgen im Studio erschien, war er übermüdet und gereizt. Er drohte, falls Fleming auf der Szene bestünde, ein für allemal aus dem Filmgeschäft auszusteigen »und bei diesem Film den Anfang zu machen.« Nur mit Mühe gelang es dem Regisseur, ihn zu beruhigen; er schlug einen Kompromiß vor: die Szene sollte in zwei Versionen gedreht werden. Zuerst würde man Gable in einer beredten Geste des Kummers mit dem Rücken zur Kamera sehen, und nur in der zweiten Version sah man ihn weinend von vorn. Das Studio wurde für alle Besucher gesperrt und auch das Aufnahmeteam auf ein Minimum reduziert. Fleming begnügte sich mit zwei Takes, trotzdem schimpfte der Star dauernd nervös vor sich hin. Natürlich entschied sich Selznick dann für die Version mit dem weinenden Rhett. Als Gable die Muster sah, war er über seine eigene Leistung erstaunt. »Ich kann es kaum glauben; was, zum Teufel, ist eigentlich geschehen?«

Das war ein Grund zum Feiern, und ganz überraschend war Gable derselben Ansicht und spendierte Fleming und einigen anderen Mitgliedern des Aufnahmeteams ein paar Drinks. So kameradschaftlich er sich im Studio zeigte, so knauserig war er auch. Hollywood war voll von Anekdoten über seinen Geiz. So steckte er beispielsweise während der Szene, in der Rhett und Mammy auf die Geburt von Bonnie Blue anstoßen, Susan Myrick den Schlüssel zu seiner Garderobe zu und bat sie, ihm eine Flasche Scotch zu holen. Wiederholt ersetzte er daraufhin den angeblichen Sherry in den Gläsern, der in Wirklichkeit Tee war, durch Whisky. Als bei einer Wiederholung der Szene Hattie McDaniels mächtiger Körper nach einem kräftigen Schluck plötzlich in heftige Zuckungen verfiel, da sie das scharfe Zeug ganz offensichtlich in den falschen Hals bekommen hatte, schlug Callow inmitten des allgemeinen Gelächters vor: »Wie wär's, Clark, wenn sie den Rest der Flasche für die Jungs hierlassen würden?« – »Machen Sie Witze?«, knurrte Gable und marschierte in Richtung Garderobe davon.

Der »König von Hollywood« hätte im MGM-Studio eine königliche Hochzeit haben können. Aber kurz nach seiner Scheidung entschlossen sich Gable und die Lombard, dem Rummel eines solchen Festes auszuweichen. Die Metro arrangierte daraufhin alles so diskret wie möglich. Otto Winkler, einer der PR-Spezialisten des Studios, der oft schon mit Gable zusammengearbeitet hatte, wurde ausgeschickt, um einen möglichst unauffälligen Ort für die Eheschließung aufzuspüren. Die Wahl fiel auf Kingman in Arizona, ein Städtchen mit weniger als zweitausend Einwohnern, ungefähr dreihundert Meilen südöstlich von Los Angeles. Gable bekam zwei Tage Studio-Urlaub und machte sich zusammen mit seiner Verlobten und Otto Winkler in dessen blauem De-Soto-Coupé davon. Mußten sie tanken, verkroch sich Gable auf den hinteren Notsitzen, bevor Winkler an die Zapfsäule fuhr. Carole Lombard trug keinerlei Make-up und hatte sich Rattenschwänze geflochten. Aber in dem schäbigen Latzhosenanzug hätte sie wahrscheinlich sowieso niemand erkannt.

Diese Vorsichtsmaßnahmen zahlten sich aus. Sie wurden ohne jeden Rummel in der Wohnung eines Geistlichen der First Methodist-Episcopal-Kirche getraut, mit Winkler und der Frau des Geistlichen als Trauzeugen. Allerdings hatten sie sich zuerst umgekleidet. Carole trug jetzt ein von Irene Selznick für sie entworfenes graues Flanellkostüm und Clark einen blauen Serge-Anzug. Gable gab sein Alter mit achtunddreißig und seinen Beruf mit »Schauspieler« an. Die Lombard machte sich ein Jahr jünger und behauptete neunundzwanzig zu sein. Auftragsgemäß gab Winkler alle Einzelheiten telefonisch an Strickling von der Metro-PR-Abteilung durch. Und genauso pflichtbewußt verschickte Carole Lombard zwei identische Telegramme an William Randolph Hearst und seine Star-Kolumnistin Louella Parsons: »Haben heute nachmittag geheiratet. Carole und Clark.«

Carole Lombard wußte natürlich inzwischen, daß Gables sexuelle Leistungen keineswegs an sein Öffentlichkeitsimage heranreichten. »Mein Gott, du weißt ja, daß ich Pa liebe, aber ich kann nicht behaupten, daß er im Bett der Größte ist«, vertraute sie einmal einer Freundin an. Ganz bestimmt war seinen heißblütigen Fans, wenn sie ihm leidenschaftliche Briefe schrieben und um eines seiner Schamhaare baten, nicht bewußt, daß sie mit ihren »Ersatzliebhabern« wahrscheinlich besser bedient waren, als wenn sie das Original in Person beglückt hätte. Die Lombard schrieb seinen Mangel an sexueller Erfahrung seinen früheren Beziehungen zu älteren Frauen vor, die ihrer Ansicht nach leichter zufriedenzustellen waren. Doch sie vertraute fest darauf, ihm das Fehlende bald beizubringen. Ihre sich über neununddreißig Monate erstreckende Affäre war in Hollywood ein offenes Geheimnis, aber Gable fürchtete wie jeder Metro-Star nichts mehr als schlechte Publicity. Und deshalb trafen sie sich in verschwiegenen Hotels, wohin sie getrennt fuhren und wenn möglich auch noch verschiedene Eingänge benützten. Betrat Gable dann das Zimmer, zog er als erstes die Vorhänge zu. Und auch lange nachdem sie verheiratet waren, ging nichts, bevor nicht die Vorhänge gezogen waren.

Rhett zwingt Scarlett, ihn zu Ashleys Geburtstagsfeier zu begleiten, obwohl die beiden am selben Tag dabei überrascht wurden, wie sie sich in der Sägemühle küßten.

Als *Intermezzo* in Produktion ging, wurde aus Leslie Howards Gleichgültigkeit gegenüber *Vom Winde verweht* fast so etwas wie Widerwillen. Seine Rolle als Ashley ließ ihm einfach für die Aufgaben als Produktionsleiter zu wenig Zeit. Dabei war es gerade diese Funktion gewesen, mit der Selznick ihn für den Part geködert hatte. Immer häufiger erschien er jetzt morgens zu spät im Studio und ohne seinen Text zu beherrschen. Ginsberg sollte ihm im Auftrag Selznicks ins Gewissen reden, und auch Vivien Leigh machte ihm Vorwürfe, weil er immer wieder Aufnahmen schmiß. Außerdem gab es eine Szene, die er genauso ablehnte wie Gable sein Weinen nach Scarletts Fehlgeburt. Nachdem er bei dem Überfall auf Atlantas Shantytown verwundet wurde, trägt ihn Rhett auf den Armen ins Haus. Er kam sich dabei absolut lächerlich vor und versuchte Selznick vergeblich zu einer Änderung der Szene zu bewegen. Seiner Meinung nach sollte Ashley noch auf seinen eigenen Beinen nach Hause wanken können. Grimmig schrieb er seiner Tochter: »Ich hasse diese verdammte Rolle. Ich bin weder attraktiv noch jung genug für Ashley, und es macht mich krank, wenn sie mich mit allen Mitteln auf attraktiv zu trimmen versuchen.« Den Film selbst beschreibt er als »einen gewaltigen Haufen Unsinn, der Himmel helfe mir, wenn ich je dieses Buch lesen sollte«. Und trotz Selznicks Überredungsversuchen hat er das auch nie getan.

Für Vivien Leigh dagegen war das Buch eine Art Talisman gegen das Chaos der Dreharbeiten, die keinerlei Rücksicht auf den Zusammenhang der Szenen und Sequenzen nahmen. Wie sie selbst einmal sagte, trug sie es dauernd mit sich herum, »um mich daran zu erinnern, in welcher Situation ich mich gerade befinde und welche Gefühle mich dabei bewegen«. Doch dann forderte Selznick sie schreiend auf, »das verdammte Ding doch endlich wegzuwerfen«. Als Olivia de Havilland nach einer mehrwöchigen Drehpause wieder ins Studio zurückkehrte, war sie über die an Vivien sichtbaren Veränderungen schockiert. Gesicht und Körperhaltung verrieten totale physische und psychische Erschöpfung. Um die Linien in ihrem Gesicht zu kaschieren, wechselte der Kameramann die Weichzeichnerlinse vor dem Objektiv von der niedrigsten (eine achter) gegen die nächst niedrigste (eine vierer) aus. Die Schauspielerin war in höchstem Grade launisch und brach immer wieder in Weinkrämpfe aus. Wer konnte, machte einen weiten Bogen um sie. Als sie während dieser Zeit in ihrer grünen

Samtrobe, die sie sich aus den Vorhängen Taras zugeschneidert hat, in der Dekoration steht und das Skript-Girl versucht, ihren Hut entsprechend der vorausgegangenen Szene zu drapieren, fährt sie wütend auf, als sich noch ein paar Hände an ihr zu schaffen machen: »Um alles in der Welt, laßt mich doch in Ruhe!«

Auch ihr Kampf mit Fleming über Scarletts Charakter ging pausenlos weiter. Eine hitzige Auseinandersetzung, in der es um Scarletts zweite Liebeserklärung an Ashley ging, endete beispielsweise damit, daß sie ihn aufforderte sich doch einmal die unter Cukors Regie mit ihr gemachten Probeaufnahmen dieser Szene anzusehen. Außerdem hatte sie sich aus dem Skript eine Bemerkung Scarletts herausgesucht, in der sie mit sich selbst ins Gericht geht. Auf keinen Fall wollte sie auf diese Stelle verzichten. Scarlett erinnert sich darin an die Mutter: »Sie hat mich nicht erzogen, so gemein zu sein. Sie war gütig gegen jedermann. Und ich wäre doch so gern genau wie sie gewesen und bin nicht ein bißchen wie sie.« Vivien Leigh erklärte dazu später: »Für mich zeigte sich darin die bessere Seite ihres Charakters, daß sie eigentlich wie ihre Mutter sein wollte. Aber durch den Bürgerkrieg war das unmöglich gemacht worden. Wenn sie überleben wollten, mußte sie sein, wie sie war. In diesen Sätzen zeigte sich etwas von Scarletts wahrer Natur.« Selznick aber teilte diese Meinung nicht. Immer wieder ließ er diese Sätze aus, wenn er die Szene umschrieb, was mehrere Male geschah. Und immer wieder fügte Vivien Leigh sie wieder ein, bis er schließlich nachgab.

Es wurde immer deutlicher, wie sehr sie unter dem emotionalen Streß litt. So animierte sie ihre Gäste bei einer Dinner-Party zu einer makabren Scharade unter dem von ihr vorgeschlagenen Motto: »Verschiedene Möglichkeiten des Babytötens.« Vivien selbst spielte dabei eine Szene, in der sie Auto fuhr und sich gleichzeitig mit einem kleinen Kind unterhielt, das neben ihr saß. Sie zog es auf ihren Schoß und flüsterte ihm Zärtlichkeiten ins Ohr. Plötzlich warf sie dann mit einer wütenden Bewegung das Phantomkind aus dem Fenster und fuhr lächelnd und vor sich hinsummend mit Vollgas davon.

Selznick wurde klar, daß sie unbedingt eine Ruhepause brauchte. Er gab ihr für ein langes Wochenende frei, um sich mit Olivier treffen zu können. Dieser hatte sie jeden Abend nach seiner Vorstellung angerufen und überschüttete sie mit teuren Geschenken. »Ist Van Cleef & Arpels eine gute Adresse, um

Schmuck zu kaufen?« fragte sie einmal einen Freund und schwenkte eine gerade von Olivier angekommene Diamant-brosche. Doch seit er Hollywood verlassen hatte, waren sie nur einmal kurz zusammengewesen. Fünf Wochen, nachdem er sein Engagement am Broadway angetreten hatte, flog er direkt nach der Samstagabend-Vorstellung sechzehn Stunden lang nach Los Angeles, um am Sonntag einige wenige Stunden mit Vivien ver-bringen zu können. Und dann machte er sich auf den Sechzehn-Stunden-Flug zurück, kam aber für die Montagsvorstellung zu spät. Diesmal wollten sie sich auf halbem Weg im *Meulbach Hotel* in Kansas City treffen. Selznick fuhr sie zum Los Angeles Airport und eskortierte sie durch die große verglaste Eingangshalle zu der wartenden TWA DC 3. Bei Flügen waren die Filmstars nicht durch die Studio-Versicherung gedeckt, wie Selznick ihr beiläufig erklärt hatte. Doch da ihre Rolle fast abgedreht war, meinte er, das Risiko eingehen zu können... Am Montag suchte Selznick sie in ihrer Garderobe auf. Eine strahlende Vivien empfing ihn. »Nun, wie war's?« »Oh, David, ich bin Ihnen ja so dankbar«, erwiderte sie atemlos. »Larry begrüßte mich in der Hotel-Lobby und führte mich hinauf, und dann fickten und fickten und fickten wir das ganze Wochenende.«

Wir werden nie genau erfahren, wie nahe wir einer Schlußszene waren, in der Scarlett Rhett Butler in die Nacht hinaus nachläuft und die beiden sich nach ihren angstvollen »Rhett! Rhett«-Rufen in die Arme sinken, während die Kamera abblendet. Aber Selznick entschied sich schließlich gegen L. B. Mayers Forderung nach einem Happy End. Er plädierte für eine Schlußszene, die dem Publikum die Hoffnung auf eine Versöhnung ließ – vielleicht wür-de Scarlett ihren Rhett doch eines Tages zurückbekommen.

Auch diese Szene wurde mehrere Male umgeschrieben, bevor gedreht werden konnte. Eine Zeitlang favorisierte Selznick die folgende Version:

Scarlett wirft Rhett einen hilflosen Blick nach. Mammy er-scheint hinter Scarlett.

Mammy: Mein Liebes...

Vorhergehende Doppelseite: Verärgert und verlegen läßt Ashley die Feier-lichkeiten über sich ergehen.

Scarlett wendet sich um und wirft sich in Mammys Arme. Scarlett schluchzt wie ein kleines Kind.

Scarlett: Oh, Mammy, er hat mich wieder verlassen. Wie kann ich ihn nur wieder zu mir zurückholen?

Mammy: Er wird zurückkommen. Hab' ich's nicht auch das letzte Mal gesagt. So wird's wieder sein. Ich weiß es. Ich weiß es immer.

15 Abblenden – Ende

In der Nacht, bevor die Szene gedreht werden sollte, schrieb Selznick sie aber noch einmal um. Zurecht war er auch mit dieser Version noch nicht zufrieden. In der endgültigen Version sinkt Scarlett nach Rhetts Abgang schluchzend zu Boden. »Ich kann ihn nicht gehen lassen. Ich kann nicht. Es muß doch ein Mittel geben, ihn zurückzuhalten. Oh, ich will jetzt nicht daran denken. Ich werde sonst noch verrückt... Ich... ich werde morgen darüber nachdenken. Aber ich muß darüber nachdenken, ich muß darüber nachdenken. Was kann ich nur tun? Was hat jetzt noch Bedeutung?« Und dann hört sie die Stimmen ihres Vaters, Ashleys und Rhetts. Sie alle drängen sie, nach Tara zurückzukehren. »Das ist der Ort, der dir neue Stärke gibt; die rote Erde von Tara«, bestürmt sie Rhett. Und während sie den Stimmen lauscht, erholt sich ihr wundes Herz: Tara. Tara wird ihr die Antworten geben. Die Kamera fährt zu einer Großaufnahme auf sie zu, und sie sagt: »Heim nach Tara! Schließlich, morgen ist auch ein Tag.« Der Film schließt mit derselben Totale, die auch den ersten Teil beschloß: Scarlett steht als Silhouette auf der roten Erde von Tara. Selznick war mit diesem Schluß von *Vom Winde verweht* höchst zufrieden. Seiner Meinung nach gab er dem Film »eine ganz besondere Schlußpointe«.

Am 27. Juni 1939 wurde diese Szene als letzte des offiziellen Drehplans gefilmt. Bereits morgens erhielten die Mitglieder des Aufnahmeteams und das Ensemble die folgende Einladung zur traditionellen »Abschlußfeier«:

»Voller Dankbarkeit für Ihre unermüdlichen Bemühungen und ihre höfliche Geduld während der Belagerung von Atlanta, sowie zur Feier der Tatsache, daß wir diese ganze verdammte Chose endlich hinter uns haben, bitten wir um das Vergnügen Ihres Erscheinens bei einer kleinen Party, die unmittelbar nach Beendi-

Vivien Leigh in der burgunderfarbenen Samt-Robe. Um das von Victor Fleming gewünschte Dekolletée zu erhalten, mußte Walter Plunkett ihre Brüste mit Klebestreifen zusammen und nach oben zwingen.

gung der Dreharbeiten am Dienstag, dem 27. Juni in Studio 5 stattfinden wird.

Vivien Leigh	Clark Gable
Scarlett	*Rhett Butler*
Olivia de Havilland	Leslie Howard
Melanie	*Ashley Wilkes*
Victor Fleming	David O. Selznick
Big Sam	*Jonas Wilkerson«*

Doch mit dieser Party war keineswegs alles zuende, denn ein paar Hauptszenen mußten wiederholt werden, während beigeordnete Aufnahmeteams ihre Dreharbeiten noch gar nicht abgeschlossen hatten und viele Trick-Sequenzen noch nicht einmal in Angriff genommen waren. Deshalb gingen auch viele der Party-Gäste nach ein paar Drinks wieder an ihre Arbeit. Mochte die Belagerung von Atlanta auch überstanden sein, der Krieg mußte erst noch gewonnen werden. Und im übrigen hatte Selznick an zwei weiteren Fronten neue Offensiven gestartet – mit *Intermezzo* und *Rebecca*.

Bei seinen nächtlichen Schnittarbeiten stieß der Produzent dann auf immer neue Szenen, die er nachgedreht haben wollte. Die Eröffnungssequenz stellte ihn beispielsweise noch immer nicht zufrieden, und er gab Auftrag, eine dritte Version zu filmen. Aber Vivien Leigh zeigte inzwischen so schwere physische Erschöpfungssymptome, daß sie als unschuldige Sechzehnjährige kaum noch glaubhaft gewesen wäre. Deshalb schickte er sie zunächst einmal nach New York und zu Olivier, um die Aufnahmen später nachzuholen (wozu es aber nie kam).

In anderen Fällen aber war er unerbittlich. So berichtete Evelyn Keyes ihrer Mutter: »Als ich die Runde machte, um mich zu verabschieden, sagten sie alle, ›du wirst bald wieder zurücksein‹. Und tatsächlich riefen sie mich drei Tage später an, um noch eine Szene zu drehen. Alles geht unendlich langsam voran, weil sie die Szenen unter allen möglichen Blickwinkeln aufnehmen.« Evelyn Keyes war im Gefolge einer großen Hollywood-Expedition nach Omaha gefahren – zur Uraufführung von Cecil De Milles *Union Pacific* (»Die Frau gehört mir / Union Pacific«), in dem sie eine tragende Nebenrolle spielte. Während DeMille, Barbara Stanwyck, Evelyn Keyes und die übrigen Stars des Films in einer alten Postkutsche durch die Stadt fuhren, säumte eine ungeheure Menschenmenge die Straßen. Danach gab es im Zuschauersaal des Uraufführungskinos ein großes Dinner für mehrere tausend Gäste, während

Hunderte von Neugierigen die Prominenz aus den Logen heraus beim Essen beobachteten. Am nächsten Tag gab der Bürgermeister für die Filmleute einen Lunch und mittenrein platzte das Telegramm aus Hollywood, das sie sofort ins Studio zurückbeorderte. David O. Selznick hatte es persönlich unterzeichnet. Bei der Premiere drängten sich ganz offensichtlich noch mehr Menschen in den Straßen als am Tag zuvor. Unmittelbar nach Beendigung des Films brachte sie eine Motorradeskorte der Polizei zum Flughafen, wo sie, noch immer im Abendkleid, an Bord des Flugzeuges ging, das sie am folgenden Nachmittag in Los Angeles absetzte. Sie war in dieser Woche gerade neunzehn geworden.

Selznick hatte von Musik keine große Ahnung, aber er wußte, was er an einer Partitur für Film-Musik schätzte: bewegte, voluminös orchestrierte Klänge, die ins Ohr gingen; und davon nicht zu knapp. Er mochte es, wenn die wichtigsten Charaktere mit eigenen Leitmotiven eingeführt wurden, und es gefiel ihm, wenn besondere Stimmungen und Entwicklungen ebenfalls durch entsprechende musikalische Themen untermalt wurden. Bob Thomas erzählt in seiner Biographie »Selznick«, daß der Produzent einige Jahre später für seinen Film *Duel in the Sun* (»Duell in der Sonne«, 1945) von dem russischen Komponisten Dimitri Tiomkin[1] elf verschiedene Themen verlangte, darunter ein Liebesthema, ein Sehnsuchts-Thema und ein Orgasmus-Thema. »Liebes-Themen kann ich schreiben«, meinte Tiomkin, »Sehnsuchts-Themen auch. »Aber Orgasmus –? Wie orchestriert man Orgasmus?« – »Versuchen Sie's«, spornte Selznick ihn an, »ich will etwas, das wirklich unter die Haut geht.«

Tiomkin arbeitete mehrere Wochen an dem Orgasmus-Thema, dann rief er das Orchester zusammen und spielte es Selznick vor. Während Jennifer Jones und Gregory Peck auf der Leinwand eine leidenschaftliche Liebesszene spielten, dirigierte Tiomkin seine Komposition, die mit vielen Flageoletten, Celli und Posaunen orchestriert und rhythmisch dem Holzsägen nachempfunden war. Selznick schien es zu gefallen, denn er bat den Komponisten um ein da capo. Wieder erschien das Liebespaar auf der Leinwand und wieder erklang der leidenschaftliche Rhythmus. Als es still wurde, seufzte Selznick auf. »Dimmy, Sie werden mich jetzt wahrscheinlich hassen, aber so geht es nicht. Alles klingt viel zu schön.« –

1 (*1899)

Max Steiner während der Aufnahme der Film-Musik mit dem MGM-Orchester.

»Mister Selznick, was mögen Sie daran nicht?«, fragte Tiomkin mit seinem schweren Akzent, wobei er vergeblich seine Verbitterung zu verbergen versuchte. »Es gefällt mir schon, aber es ist keine Orgasmus-Musik«, meinte Selznick, »es hat nicht das gewisse Etwas, so ficke ich auf jeden Fall nicht.« Tiomkin brauste auf. »Mister Selznick, ficken Sie, wie Sie wollen, ich fick' auf meine Art, und für mich ist das echte Fick-Musik.«

Insgesamt hatte Selznick keine besonders gute Meinung über die Hollywood-Komponisten. Er plädierte dafür, mehr klassische Musik und weniger Originalschöpfungen in den Filmen zu verwenden. Als er Max Steiner für die monumentale Aufgabe engagierte, die Partitur für *Vom Winde verweht* zu schreiben, erklärte er ihm deshalb, daß er es vorziehen würde, »anstelle von zwei, drei Stunden Originalmusik Themen aus dem klassischen Bereich und vor allem aus dem Süden« zu bekommen. Aber Steiner, ein lebhafter Wiener, der unter anderem schon die Musik zu *Jezebel, A*

Star is Born, The Garden of Allah und *King Kong* geschrieben hatte, war nicht der Mann, der sein musikalisches Talent unter den Scheffel anderer Komponisten stellte. Immerhin teilte er Selznicks Vorliebe für voluminös orchestrierte Partituren. Er zerlegte den Film in 282 Abschnitte und komponierte für Scarlett und alle anderen Hauptfiguren eigene Themen; auch Tara sowie die drei sich überkreuzenden Liebesbeziehungen bekamen jeweils ein besonderes Thema – Melanie und Ashley, Scarlett und Rhett, Scarlett und Ashley.

Wie üblich hatte Selznick wieder einmal alles bis zur letzten Minute hinausgeschoben und saß nun Steiner im Nacken. Der Komponist protestierte dagegen, daß er in vier Monaten das Äquivalent von vier Sinfonien schreiben sollte, was völlig unmöglich war. Und wie ebenfalls üblich war Selznick mit den ersten Kompositionen Steiners nicht zufrieden. So gab er hinter dessen Rücken bei Franz Waxman – der zur selben Zeit an der Musik für Selznicks *Rebecca* arbeitete – »zur Sicherheit« eine zweite Partitur in Auftrag, falls Steiner den Termin nicht einhalten konnte. Doch dann schien ihm Waxmans Musik nicht feurig genug zu sein und er zog auch noch Herbert Stothart hinzu, damit dieser wenigstens einen Teil des Auftrags übernahm. Stothart war der musikalische Direktor der Metro und hatte die Musik zu *David Copperfield, The Wizard of Oz* und vielen anderen Filmen geschrieben. Als Selznick Whitney darüber informierte, daß es vielleicht erneut nötig würde, jemand zu feuern, erzählte er, daß Stothart »vor Begeisterung glühe und ganz versessen darauf sei, den Auftrag zu übernehmen«.

Aber bevor noch der Vertrag unterschrieben war, verkündete Stothart, nicht gerade ein Muster an Diskretion, daß er der neue Komponist der *Vom Winde verweht*-Partitur sei. Natürlich hörte auch Steiner sehr rasch davon und verdoppelte seinen Ausstoß. Sein Butler weckte ihn gegen fünf, und dann komponierte er Tag für Tag bis Mitternacht. Um bei Kräften zu bleiben, verabreichte ihm ein Arzt Vitaminspritzen. Als Selznick sich dann Teile seiner Partitur von einem verkleinerten Orchester vorspielen ließ, gab er seine anfänglichen Vorbehalte auf, doch er bombardierte den Komponisten auch weiterhin mit einer Flut von Memos: vor allem sollte Steiner in die letzte halbe Stunde des Films »so viel Schmalz wie nur möglich« hineinpacken. Die 192 Minuten Musik, die Steiner schließlich für *Vom Winde verweht* ablieferte, waren nicht der Hausschatz klassischer Themen, den sich Selznick eigentlich

Max Steiner, der die Partitur für die Film-Musik komponierte.

gewünscht hatte, sondern eine üppige Mischung von Original-
kompositionen mit dem musikalischen Erbe des Südens. In seiner
Angst, es allen Seiten recht zu machen, gab Selznick immer wieder
Pressionen aus der Öffentlichkeit nach. Als ein Verband gegen den
Gebrauch des Wortes »Nigger« protestierte, wurde Scarletts Hinweis auf die »freien Nigger« zu »Freigelassenen« abgeändert, und
Porks (Oscar Polk) Jammern, als er Feldarbeit tun soll – »Hab
noch nie 'ne Kuh gemolken, Miß Scarlett, bin 'n Hausnigger«,
wurde ganz gestrichen. Im Roman gehört der Plünderer, der von
Scarlett auf Tara erschossen wird, zu »Sherman's Raiders« (Ab-
teilungen regulärer Soldaten); als Konzession an die Veteranen-
organisation der Nordstaaten wird im Film daraus ein »Deserteur«. In wenigen Fällen allerdings gab Selznick nicht nach. So
drückten die *Daughters of the Confederacy* (partriotischer Süd-
staaten-Frauenverein) aufgrund der Zeitungsberichte immer
wieder ihre Besorgnis darüber aus, daß der Süden im Film falsch
dargestellt werden könnte. Selznick lud zwei ihrer »Officers« aus
der Los Angeles-Sektion zu einer Sondervorführung ins Studio
ein. Danach beklagten sich die im Schmuck ihrer Ehrenzeichen
erschienenen Damen nur über jene Szene, in der Scarlett Prissy
eine Ohrfeige verpaßt, weil diese ihre Hebammenqualitäten so
schamlos übertrieben hatte. Die Frauen des Südens, so erklärten
die beiden »Töchter der Konföderation«, hätten nie Hand an ihre
Sklaven gelegt, was auch geschehen mochte. Selznick versprach,
die Sequenz nachdrehen zu lassen. Dann aber überlegte er es sich
wieder anders und ließ sie unverändert.

16 Der größte Film des Jahres

Vom Winde verweht war einer der letzten Filme, die fertiggestellt wurden, bevor die Film-Gewerkschaften sich Zugang zu den Studios erzwangen und die Fünf-Tage-Woche sowie die strikte Einhaltung des Acht-Stunden-Tags durchsetzten. Hätte man nur sechs Monate später mit den Dreharbeiten begonnen, würde alles noch viel länger gedauert haben, was zu katastrophalen finanziellen Konsequenzen hätte führen können. Aber auch so war Selznick gegenüber gewerkschaftlichen Druckmitteln nicht immun. Kurz nachdem die offiziellen Dreharbeiten beendet waren, wurde sein Studio durch einen Streik der Maskenbildner und anderer Hilfskräfte lahmgelegt. Ihr eigentliches Ziel war die Paramount, doch Selznick war ein leichteres Opfer, da er seinen Film unbedingt bis zur Uraufführung in Atlanta am 15. Dezember fertiggestellt haben mußte, und die Studio-Bosse ihrerseits ebenfalls gemeinsame Sache gegen die Gewerkschaften machten. Außerdem mußte Selznick vor dem *National Labor Relations Board*[1] erscheinen und sich wegen seiner Drohungen und Einschüchterungsversuche verantworten, die er gegenüber Autoren angewandt hatte, um sie vor Eintritt in die neu gegründete *Screen Writer's Guild* (Filmautoren-Verband) abzuhalten. Die »Gilde« kämpfte um ihre offizielle Anerkennung durch die Studios und beschuldigte ihn, sich »in innere Angelegenheiten der Gilde eingemischt zu haben, indem er vor Angestellten (des Studios) seiner Abneigung und Feindseligkeit gegenüber einer Mitgliedschaft in der Gilde Ausdruck verlieh«. Die von derselben Stelle gegen L. B. Mayer vorgebrachten Anschuldigungen geben einen Hinweis auf den wütenden Widerstand, den die Studios den Gewerkschaften entgegensetzten und der sich oft in ungezügelten Haßtiraden Luft machte. So hat Mayer angeblich »gegenüber Angestellten die Vertreter und Führer der Gilde mit ehrenrührigen, niederträchtigen und verleumderischen Ausdrücken belegt. Außerdem stiftete er Angestellte an, aus der Gilde auszutreten und bedrohte jene mit Entlassung, die sich weigerten. Und er drohte, das Studio zu schließen, falls die Gilde bestimmte organisatorische Veränderungen durchführen sollte.«

1 Eine Art Schlichtungsstelle für Arbeitskämpfe.

Die Produzenten wiesen die Anschuldigungen zurück, trafen sich aber insgeheim mit einem Unterhändler der Schlichtungsstelle, um mit seiner Hilfe eine Vereinbarung mit dem Autoren-Verband auszuhandeln. Darin wurde den Autoren unter anderem zugestanden, selbständig Urheberschaftsstreitigkeiten zu entscheiden und eine entsprechende Namensnennung auf der Leinwand vorzunehmen. Damit stand nur noch eine Anerkennung der *Director's Guild* (Regisseurs-Verband) aus. Doch nicht mehr lange. Die Studio-Bosse mußten vor den finanziellen und professionellen Forderungen der Regisseure kapitulieren und gestanden ihnen das »Recht des Rohschnitts« zu, also das Recht, die einzelnen Szenen und Sequenzen ihres Films in die von ihnen gewünschte Reihenfolge zu bringen. Da der »Feinschnitt« aber weiterhin vom Produzenten vorgenommen werden durfte, war diese Konzession nicht viel wert, vor allem weil viele Studio-Bosse, darunter auch Selznick, selbst diese kleine Beschränkung immer wieder mißachteten.

Auch bei *Vom Winde verweht* folgte Selznick der allgemeinen Praxis und schnitt den Film ohne einen seiner Regisseure hinzuzuziehen. War der Rohschnitt schon weitgehend Selznicks Werk, so sollte es der Feinschnitt noch in sehr viel größerem Umfang werden. Mit Unterstützung seines Schnittmeisters Hal C. Kern und dessen Assistenten James Newcom sowie den Produktionsassistenten Lydia Schiller und Bobby Keon, die ein genaues Protokoll führten, stürzte er sich wie Laokoon in die annähernd 68000 Meter Film, die man von den insgesamt aufgenommenen 150000 Metern gezogen hatte. Obwohl schon während der Dreharbeiten einige Sequenzen zusammengestellt worden waren, lag die Hauptarbeit noch vor ihnen. In endlos langen nächtlichen Sitzungen – selbst unter dem Druck des näherrückenden Uraufführungstermins brachte es Selznick nicht fertig, sich vor Mittag an die Arbeit zu machen – brütete er über den unzähligen zusammenhangslosen Fragmenten auf der Suche nach »seinem« Film. Dabei mußten zahllose Detailentscheidungen getroffen werden – beispielsweise nahm er eine Großaufnahme vor einem Take, eine Totale von einem andern und zwei Dialogzeilen von einem dritten und fügte sie aneinander, um so ein winziges dramatisches Partikel von

Ein Sturz und eine Fehlgeburt.

Margaret Mitchells riesigem Panorama zu erhalten. Selznick dachte noch immer an einen Vier-Stunden-Film, was eine endgültige Länge von gut 6000 Meter bedeutet hätte, also weniger als ein Zehntel des kopierten Filmmaterials. Man hätte also vermuten können, daß der größte Teil des vorliegenden Materials in die Papierkörbe des Schneideraums gewandert wäre, aber dem war nicht so. Denn der enormen Länge des Materials entsprach keineswegs eine vergleichbar große Anzahl von Szenen. Es wurden sogar vergleichsweise weniger Szenen aus der Endfassung herausgelassen als bei Filmen durchschnittlicher Länge. Das riesige Material entsprang Selznicks Wunsch nach »Absicherung«. Er verlangte von seinen Regisseuren, daß sie ihm jede Menge Takes und alle möglichen Kameraeinstellungen lieferten, so daß er bei der Montage einer Szene eine größtmögliche Kombinationsfreiheit hatte.

Das herausgeschnittene Material ist schon lange verschwunden, und es gibt auch keine genauen Aufzeichnungen darüber, welche Sequenzen aus der Endfassung herausgelassen wurden. Soweit man weiß, handelte es sich dabei nur um Nebenszenen wie beispielsweise die unter der Regie von Menzies gedrehten Scharmützel vor der Schlacht von Gettysburg. Außerdem verzichtete Selznick auf eine kurze Szene, in der Rhetts Zuneigung zu Bonnie Blue zum Ausdruck kommen sollte. Er überreicht ihr darin ein Spielzeug-Tee-Service, das er aus London mitgebracht hat. Es fehlt auch eine Einstellung, in der Scarlett unter den Verwundeten im Eisenbahn-Depot von Atlanta auf einige ihrer alten Freunde vom Twelve Oaks-Barbecue, darunter einen der Tarleton-Zwillinge, trifft.

Wie alle anderen Phasen bei der Entstehung von *Vom Winde verweht* glich auch das Schneiden einem Gewaltmarsch. Eine der Sitzungen im Schneideraum dauerte beispielsweise fünfzig Stunden. Reihenweise machten Sekretärinnen schlaff, und auch Bobby Keon brach nach siebenundvierzig Stunden zusammen. Nur Hal C. Kern stand alles durch. Er war ein junger Cutter, der Selznick von der Metro in dessen eigene Gesellschaft gefolgt war. Weder seine Energie noch seine Ergebenheit gegenüber seinem Chef zeigten jemals Schwächen. Drohte Selznick einzuschlafen, faßte Kern ihn unter und schleppte ihn so schnell es ging ein paarmal rund um das Gebäude. Wenn auch das nichts mehr half, packte er ihn in sein Auto und fuhr ihn nach Hause ins Bett.

Auf diese Weise kam schließlich eine Fünf-Stunden-Fassung zustande, die noch während des Streiks den wichtigsten Mitarbeitern und dem Aufnahmeteam vorgeführt wurden. Inzwischen war das Skript durch die immer neuen Überarbeitungen und Korrekturen so angeschwollen, daß Selznick es für die weiteren Schneidearbeiten meinte nicht mehr brauchen zu können. Deshalb wurde Lydia Schiller angewiesen, ein neues Arbeits-Skript auf der Grundlage des jetzt geschnittenen Materials zusammenzustellen. Nach einer Woche hektischer Tätigkeit am Schneidetisch hatte sie ein Szenario ausgearbeitet, das zum offiziellen Drehbuch erklärt wurde. Man band es in Leder und verteilte es an die Mitglieder des Ensembles, die während der gesamten Dreharbeiten nie ein komplettes Skript in Händen gehalten hatten!

Selznick ging zurück an den Schneidetisch und hatte bis Ende August eine zweite Schnittfassung beendet, die nur noch vier Stunden und siebenundzwanzig Minuten Laufzeit hatte. Sie wurde L. B. Mayer, Al Lichtman und anderen leitenden Metro-Managern vorgeführt. Der Film mußte mehrere Male unterbrochen werden, damit L. B. Mayer die Toiletten aufsuchen konnte. Doch er schien insgesamt sehr angetan zu sein, seine Vorbehalte waren »wie vom Winde verweht«. Beim Verlassen von Selznicks Studio beglückwünschte er sich selbst zu den zu erwartenden riesigen Kasseneinnahmen bei seinen vergleichsweise geringen Investitionen. Selznick aber hatte jetzt nur noch eine Sorge – ein Brand im Studio. »Keine Versicherung kompensiert Ihnen den Verlust zu erwartender Profite«, meinte er gegenüber einem seiner Mitarbeiter. Deshalb verwahrte er während der Monate Oktober und November die Technicolor-Matrizen in einem zu einem Tresor umfunktionierten Gewölbe, auf dessen Dach Berieselungsgeräte standen, die Tag und Nacht in Betrieb waren.

Bei den weiteren Schnittarbeiten zeigte sich für Selznick die Notwendigkeit, noch einige neue Szenen einzufügen; beispielsweise eine, in der Scarlett während eines Gewitters unter einer Brücke Schutz sucht, über die eine Abteilung Nordstaaten-Kavallerie trabt. Außerdem bat er Ben Hecht, einige Zwischentitel zu schreiben. Doch die später auf der Leinwand erscheinenden Texte tragen eher seine blumige Handschrift: »Es war einmal ein Land

Nachfolgende Doppelseite: Rhett schlägt vor, noch einmal zusammen Flitterwochen zu feiern.

der Kavaliere und der Baumwolle, genannt der Süden... Man findet es nur noch in Büchern, denn es ist nur noch ein Traum, eine Kultur, vom Winde verweht.« Was den Film-Titel selbst betraf, so waren die größten Buchstaben, die je auf einer Filmleinwand erschienen waren, gerade groß genug. Jedes einzelne Wort wurde leinwandfüllend konzipiert und wanderte langsam und majestätisch von rechts nach links an den Augen des Zuschauers vorbei. Die Aufnahmen dazu fanden am Labor Day (dem ersten Montag im September) statt. Dabei war es allerdings die Kamera, die, von Atelier-Vorarbeiter Fred Williams auf dem Dolly gezogen, an den Titeln vorbeiwanderte. Als Williams sein Radio andrehte, hörte er, daß Großbritannien dem Deutschen Reich den Krieg erklärt hatte. Die Arbeit geriet ins Stocken. Alle unterhielten sich über die Wahrscheinlichkeit eines amerikanischen Kriegseintritts. Würden nun auch sie bald Uniform tragen? Williams war später als U.S. Army-Kameramann bei der Landung am Omaha Beach in der Normandie dabei.

Leslie Howard hatte ebenfalls Nachrichten gehört und ging unmittelbar nach der Fertigstellung von *Intermezzo* nach England zurück. Er starb kurz darauf bei einem Flugzeugabsturz in Portugal, angeblich bei einer Geheimmission für die britische Regierung. Vivien Leigh und Laurence Olivier vernahmen die Neuigkeit vor Catalina Island auf der Yacht von Ronald Colman.[1] Nachdem seine Hauptrolle in *Rebecca* abgedreht war, kehrte auch Olivier nach England zurück.

Es war für Selznick gar nicht so einfach zu entscheiden, wer im Vorspann seines Films genannt werden sollte. Die endgültige Auswahl war dann auch zugleich unzulänglich und irreführend. Selznick erklärte Fleming, daß ihm wohl der Hauptruhm an der Regie zustehe, doch er würde es gerecht finden, wenn Sam Wood und Bill Menzies als »Ko-Regisseure« genannt würden. Fleming verfiel in einen seiner üblichen Wutausbrüche, als er hörte, er solle den Ruhm teilen. Von Mayer unterstützt, verlangte er, allein als Regisseur genannt zu werden, wie es auch im »Ausleihvertrag« mit der Metro vereinbart worden sei. Das stünde ihm allein schon deshalb zu, weil er schließlich das Unternehmen »gerettet« habe. Der Produzent gab nach, wollte aber noch immer nicht darauf verzichten, Menzies' Verdienst auf irgendeine Weise herauszustellen.

1 (1891–1958)

Schließlich verfiel er wieder auf jene Formulierung, die er schon beim Engagement von Bill Menzies vor zwei Jahren im Sinn gehabt hatte: »Produktion ausgestattet von William Cameron Menzies.« Zumindest fuhr dieser damit weit besser als Sam Wood, der überhaupt nicht genannt wurde. Denn Fleming war im besten Fall für rund fünfundfünfzig Prozent der Verfilmung verantwortlich. Mit Ausnahme von Rhetts Besuch im Haus von Tante Pittypat, wo er Scarlett den Pariser Hut schenkt, führte Fleming bei der gesamten Scarlett-Rhett-Geschichte Regie, angefangen von jener Szene, in der Rhett auf Twelve Oaks von der Couch hochspringt, bis zu seinem endgültigen Abgang, der allerdings unter Selznicks Oberaufsicht gedreht wurde. Dazu schoß er die wenigen Rhett Butler-Szenen ohne Scarlett, die Eröffnungssequenz von Tara, Ashleys Urlaub, einen Teil der Szenen, die Scarletts Rückkehr nach Tara zeigen, einige Einstellungen der Arbeit auf den Baumwollfeldern, Scarletts und Ashleys Liebesszene im Holzschuppen und Melanies Tod.

Weitere dreiunddreißig Minuten (rund fünfzehn Prozent der Gesamtlänge) entstanden unter der Regie von Sam Wood: Scarletts und Melanies Zusammentreffen mit Belle Watling auf den Kirchenstufen, Scarletts Eifersucht, als sie Ashley und Melanie nach oben ins Schlafzimmer verschwinden sieht, gefolgt von den Szenen des Wiederaufbaus und Scarletts Eheschließung mit Frank Kennedy, die Szenen in der Sägemühle, darunter auch jene, in denen India Wilkes sie in den Armen Ashleys überrascht, dann Melanies Geburtstagsparty und jene Szene, in der die Frauen in Tante Pittypats Salon ängstlich auf die Rückkehr der Männer von ihrem Überfall auf Shantytown warten (bis zum Erscheinen Rhetts, wo dann Fleming übernahm); dazu kam dann noch Melanies Unterhaltung mit Mammy über das Leben nach dem Tod von Bonnie Blue. Trotzdem schien Sam Wood nicht besonders böse darüber zu sein, daß seine Arbeit überhaupt nicht öffentlich gewürdigt wurde. Vielleicht lag das daran, daß ihm ein besonders wertvoller »Trostpreis« in den Schoß fiel. Denn durch die Arbeit an *Vom Winde verweht* entstand eine enge Verbindung mit William Cameron Menzies, die den visuellen Qualitäten seiner späteren Filme ausgesprochen zugute kam, wie sich vor allem an *King's Row* (1942) und *For Whom the Bell Tolls* (»Wem die Stunde schlägt, 1943) sehen läßt. Seit ihrer Begegnung filmte der Regisseur keine wichtige Einstellung mehr ohne zuvor Menzies' Meinung eingeholt zu haben. Da dieser immer wieder Neigung zeigte, sich still und heimlich davonzumachen, wenn er gerade nicht gebraucht wurde, war es Aufgabe der Regie-Assistenten, seine jeweiligen Lieblingsverstecke zu kennen und ihn zurück ins Studio zu schleppen, damit er sein, manchmal recht alkoholisiertes »Imprimatur« geben konnte. George Cukor hatte von sich aus darauf verzichtet, im Titelvorspann genannt zu werden. Er hatte bei rund fünf Prozent des fertigen Films Regie geführt – die Szene, in der Mammy vor dem Barbecue auf Twelve Oaks Scarlett das Korsett anlegt, Rhetts Besuch in Tante Pittypats Haus mit dem Hut, Scarletts Hilfe bei der Geburt von Melanies Baby und ihre Szene mit dem Nordstaaten-Deserteur auf Tara.

Neben seiner Arbeit als Ausstatter hatte Menzies auch noch rund fünfzehn Prozent der endgültigen Version verfilmt. Außer dem Brand von Atlanta filmte er Scarlett und ihren Vater als Silhouetten auf dem Hügel von Tara, Scarlett und Melanie im Lazarett und die Szene mit der Gefallenenliste; dann Scarlett auf den Straßen Atlantas während der Kanonade Shermans und ihre Rückkehr nach Tara von jenem Punkt an, wo Rhett sie in den Außenbezirken Atlantas ihrem Schicksal überläßt. Außerdem gab es auch noch Reeves Eason, den Regisseur des 2. Aufnahmeteams, der für ungefähr ein Prozent des Materials verantwortlich zeichnet, vor allem für jene Szene, in der Scarlett in Shantytown angegriffen wird. Die verbleibenden neun Prozent waren ein Mischmasch aus Kombinationsaufnahmen, Establishing Shots (»Orientierungseinstellungen«), Titel (die Haupttitel von *Vom Winde verweht* liefen über einhundertachtzig Meter, rund sechsmal so lang wie normal) und andere optische Effekte. Die Abschlußszene des ersten Teils beispielsweise (von der bereits ausführlicher die Sprache war), mußte aufgrund der prekären Wetterbedingungen so oft und von so vielen verschiedenen Regisseuren aufgenommen werden, daß die Urheberschaft für die endgültige Version nicht mehr zu klären ist. Und obwohl fünf oder sechs Rollen des von Lee Garmes fotografierten Materials (ungefähr die erste Stunde des Films) in die Schlußversion aufgenommen wurden, wurde Ernest Haller allein als verantwortlicher Kameramann im Vorspann genannt.

War es schon schwierig genug, den vielen Beteiligten an der Regie einigermaßen Gerechtigkeit widerfahren zu lassen, so wäre das beim Drehbuch schon gleich gar nicht möglich gewesen. Selznick vereinfachte die Probleme allerdings entschieden, indem er den Löwenanteil des Ruhms für sich beanspruchte. Seiner Meinung nach waren rund achtzig Prozent der Konstruktion des Szenarios sein Werk; außerdem habe er »die zweite Hälfte beziehungsweise zwei Drittel des Skriptes ohne fremde Hilfe« geschrieben, und dazu kamen dann doch die meisten Dialoge, die nicht direkt Margaret Mitchells Roman entnommen waren, mit den wenigen Ausnahmen, die Howard, Hecht und John Van Druten beigesteuert hatten. Demnach hätte Hecht seine 15 000 Dollar sowie die unzähligen gesalzenen Erdnüsse und Bananen lediglich dafür bekommen, daß er »wichtige Beiträge zur Konstruktion einer Sequenz« lieferte... Und Oliver H. P. Garrett? Sein Vorschlag, daß Sidney Howard im Titelvorspann für die Adaption der Vorlage und er selbst als Drehbuchautor genannt werden sollte, wurde brüsk als lächerlich zurückgewiesen. Schließlich wurde nur Sidney Howard als Drehbuch-Autor genannt. Das war Selznicks postumer Tribut an die Leistungen des Dramatikers für den Film.

Selznick bestand darauf, daß die Probevorführungen von *Vom Winde verweht* unter totaler Geheimhaltung stattfanden. Er wollte nicht, daß die Presse den Film vor seiner endgültigen Fertigstellung zu Gesicht bekam. Vor allem wollte er vermeiden, daß einige Reporter die Probevorführung ausfindig machten, andere aber nicht, die dann ganz bestimmt hämische Kommentare über die Prozedur verfassen würden. Da in Hal C. Kerns Meinung der geschwätzige David Selznick selbst das größte Sicherheitsrisiko darstellte, weigerte er sich zu enthüllen, wo diese erste öffentliche Aufführung stattfinden sollte, bevor sie sich nicht mit den vierundzwanzig Filmrollen auf dem Weg zu dem von ihm ausgewählten Kino befanden, begleitet von Irene Selznick und fünf Wachmännern des Studios. Ihr Ziel war das neu eröffnete *Fox Theater* in Santa Barbara, das mit den neuesten Ton- und Projektionsgeräten ausgerüstet war. Aufgrund des schlechten Programms war das Kino aber fast leer, weshalb sie zum nahe gelegenen *Warner Theater* weiterfuhren. Hier wartete ein volles Haus auf die Vorführung von Alexander's Ragtime Band (1938). Als der total überraschte Kino-Manager ihnen die Probevorführung von *Vom Winde verweht* gestattete, besetzten die Wachmänner sofort alle Ausgänge und den Zugang zu den Telefonen.

Der Manager bekam eine vorbereitete Erklärung für das Publikum in die Hand gedrückt. Darin hieß es, daß in wenigen Augenblicken »der größte Film des Jahres« vorgeführt würde, der rund vier Stunden dauerte. Nachdem der Film begonnen hatte, dürfe niemand mehr das Kino verlassen; wer aber jetzt das Kino verließ, würde nach Anlaufen des Films nicht mehr hereingelassen werden; außerdem waren keinerlei Telefongespräche nach außen gestattet. Alle diese Punkte verstießen gegen die städtischen Verordnungen für Gebäude mit Publikumsverkehr, was aber niemand zu stören schien. Als der Kino-Manager protestierte, daß er unbedingt seine Frau anrufen müsse, da sonst sein Familienleben ein- für allemal »vom Winde verweht« sei, wurde ihm ein kurzes Telefongespräch erlaubt, in dem er die werte Gattin unter geheimnisvollen Andeutungen ins Kino bestellte.

Als die ersten vier gigantischen Lettern des Titels auf der Leinwand zu erscheinen begannen, ging ein überraschtes Aufseufzen durchs Publikum. Als dann die Ahnung zur Gewißheit wurde, riß es sie aus den Sesseln, während alles aufgeregt durcheinanderschrie. Irene vergrub ihr Gesicht zwischen den Händen, während Selznick in Tränen ausbrach.

Nach dem Schlußtitel blieb es fünf Sekunden lang totenstill, doch dann brandete Beifall auf, der sich immer mehr steigerte. Selznick half beim Verteilen der Beurteilungskärtchen, doch er war selbst noch viel zu benommen, um seine sonst üblichen Fragen zu stellen. Während der Heimfahrt schwelgte er in den Beurteilungen – »der größte Film der Weltgeschichte«, »der größte Film seit The Birth of a Nation«, »die größte Leistung, die je die Leinwand erblickte...« Da er noch immer mit dem Gedanken spielte, eine große Schlacht-Sequenz einzufügen, hatte er auch fragen lassen, ob eine entsprechende Passage nicht den bis jetzt im Film vorhandenen eingeschobenen Titeln vorzuziehen sei, in denen lediglich berichtet wurde, daß die entscheidende Schlacht stattgefunden habe. Die Mehrzahl der Zuschauer hatte die Titel vorgezogen – vielleicht weil im Augenblick genug von Krieg die Rede war.

Einige Tage später fand in Gegenwart von Jock Whitney in Riverside eine zweite Probevorführung statt. Die Hollywood-Produzenten zogen diesen Ort vor allem deshalb für solche Unternehmungen vor, weil es hier eine demographisch interessante Mischung aus Studenten und Lehrkräften des *Pomona College* und der einheimischen Angestelltenbevölkerung gab. Wieder isolierten die Wachmänner das Kino von der Außenwelt, und wieder wurde der Film mit überschäumender Begeisterung aufgenommen. Nach Ende des ersten Teils postierte sich Selznick vor den

Toiletten und beobachtete die herbeiströmende Menge. Vergeblich hatte er bisher versucht, die Metro von der Notwendigkeit zu überzeugen, zwischen den beiden Teilen des Films eine Fünfzehn-Minuten-Pause einzulegen. Jetzt sah er, daß er recht gehabt hatte.

Eine Schlachtszene war also nicht gefragt. Aber weniger als vier Wochen vor der offiziellen Uraufführung des Films in Atlanta entschloß sich Selznick, den zweiten Teil mit einer Montage von Shermans Marsch durch Georgia zu eröffnen. Mit Hilfe vorliegenden Materials schuf seine Abteilung für Spezialeffekte eine Collage kriegerischer Assoziationen: marschierende Soldaten, Kavallerie und Lafetten, die aus roten Staubwolken hervorbrechen, aufschlagende Flammen und schließlich ein Streifen Baumwollpflanzen auf Tara – und über allem ein einziger Titel: Sherman. Die fertiggestellte Montage wurde Technicolor eingesandt, wo der Film entwickelt wurde. Das Studio hatte damit seine letzte Aufgabe erfüllt. Die Herstellung von *Vom Winde verweht* war abgeschlossen.

Die Gesamtkosten, ausgenommen die Kopier-, Werbungs- und Verleihkosten, beliefen sich auf 3 957 000 Dollar. Die Stars und die tragenden Nebenfiguren kassierten davon 466 688 Dollar, die Komparsen 108 469, der technische Stab 1 408 997 Dollar. Die Kosten für Dekorationen betrugen 197 877 für die Ausführung und 35 000 Dollar für Holz und andere Materialien; die Kostüme kamen auf 153 818 Dollar. Die Gesellschaft mußte 109 363 Dollar für Filmmaterial und 5 511 Dollar für Tonmaterial ausgeben, dazu kamen dann noch 10 363 Dollar für das Entwickeln und Kopieren der Tonstreifen. Die Beleuchtungskosten beliefen sich auf 134 497 und die Transportkosten auf 59 917 Dollar. Die Miete und der Kauf von Requisiten verschlangen weitere 96 758 Dollar, die Gebühren und Unkosten für die Außenaufnahmen 54 341 Dollar.

Die Honorare für die Stars und wichtigen Nebenrollen umfaßten auch die »Ausleihgebühr«, die Selznick an Warner Brothers für Olivia de Havilland hatte zahlen müssen (für Clark Gable gab es keine solche Zahlung). Die Darsteller der Nebenrollen, an ihrer Spitze Hattie McDaniel, erhielten insgesamt 10 000 Dollar. Unter die Ausgaben für den technischen Stab fielen auch die Wochenhonorare für Cukor, Fleming und Wood sowie das Honorar für Menzies und seinen Mitarbeiterstab. In den Kosten für Requisiten waren die Ausleihgebühren für über 1000 Pferde sowie 376 andere Tiere enthalten – darunter Schweine, Maultiere, Pfauen, Ochsen, Kühe; dazu noch die Kosten für mehr als 400 Wagen, Kutschen,

Ambulanzen, Lafetten und Güterwagen. Die Dekorationskosten reichten für den Bau von 90 Schauplätzen, darunter allein über 2000 Meter Straßen in Atlanta mit 53 Gebäuden, für die rund 2250 Kubikmeter Holz verbraucht wurden.

Zwanzig Jahre später war Lyle Wheeler Art Director (verantwortlich für Bauten, Ausstattung etc.) der Twentieth Century-Fox, bei der gerade *Cleopatra* produziert wurde. Eines Tages forderte ihn Darryl F. Zanuck auf, die Kosten für eine Neuverfilmung von *Vom Winde verweht* auszurechnen und zwar auf der Basis des damaligen Aufwands und der aktuellen Kosten. Er wollte wissen, in welchem Verhältnis die alle Vorausplanungen sprengenden Kosten der »Kleopatra«-Verfilmung zum – bisher – größten Film aller Zeiten standen. Wheeler kam auf ungefähr 40 Millionen Dollar, was Zanuck wieder etwas ruhiger schlafen ließ.

MGM wollte während der Weihnachts- und Neujahrsfeiertage den Film in sechs besonders wichtigen Städten herausbringen, bevor er in dreihundert weiteren Städten gezeigt werden sollte. In dieser zweiten Phase würde er im jeweils führenden Lichtspielhaus einer Region für eine genau begrenzte Zeitspanne zu sehen sein. Eine weitere, von Selznick in die Wege geleitete Umfrage ergab, daß 1 Dollar 65 als vernünftiger Eintrittspreis für *Vom Winde verweht* angesehen wurde. Aber die Metro entschied sich für etwas weniger – 75 Cents für die Vor- und Nachmittagsvorstellungen und 1 beziehungsweise 1 Dollar 50 (für reservierte Plätze) für die Abendvorstellung. In Anbetracht der siebzig Prozent an den Einspielergebnissen, die die Metro verlangt und zugestanden bekommen hatte (gegenüber normalerweise dreißig Prozent), konnte sie sich diese Großzügigkeit leisten.

Inzwischen hatte die PR-Abteilung der Metro Artikel und Fotos in Mengen vorbereitet, um der wachsenden Pressenachfrage gewachsen zu sein. Autoren waren beauftragt worden, Features über die Stars, die Produktion und den Produzenten zu verfassen. Als Stricklings Beauftragter Selznick interviewte, staunte er nicht wenig, als der Produzent sich mit allen Mitteln ins Zeug legte – ganz als ob er ein wirklich kritischer Reporter sei, den es zu beeindrucken galt, und nicht ein Angestellter des Hauses, der sowieso keine andere Wahl hatte als nur das Beste über ihn zu berichten.

Scarlett und Rhett schauen entsetzt zu, als Bonnie Blue vom Pferd stürzt.

Aber Selznick machte nun mal keine halben Sachen. Er lockerte die Krawatte und erging sich in endlosen Ausführungen über die Freuden und Mühen bei der Hervorbringung eines Meisterwerks, alles begleitet von eindrucksvollen Gesten und fotogenen Posen vor dem Kamin. Nach dem Interview ließ er sofort wieder eine Flut von Memos mit eigenen Vorschlägen und Zusätzen los, um den Journalisten die Arbeit zu »erleichtern«. Allerdings stand Selznicks abenteuerliche Erzählung von der stürmischen Überfahrt und schließlich doch noch geglückten Einkehr in den sicheren Hafen der Fertigstellung von *Vom Winde verweht* in strengem Kontrast zur offiziellen Darstellung des Studios, in der alle Unfälle und Gefährdungen sorgsam ausgespart waren. Die während der Reise über Bord gegangenen »Offiziere« wie Cukor oder Garmes wurden mit keinem Wort erwähnt, ganz zu schweigen von den vielen namenlosen Hilfskräften. Und natürlich war auch nirgends die Rede von Selznicks finanziellen Problemen oder den Pressionen und Machenschaften der Metro hinter den Kulissen. Trotzdem wurde genug Glamour-Stoff publiziert, um damit zumindest drei dicke Zeitungen zu füllen, was auch geschah. Drei in Atlanta erscheinende Blätter veröffentlichten aus Anlaß der Uraufführung von *Vom Winde verweht* jeweils eine Extra-Ausgabe, die zum größten Teil aus PR-Material von MGM bestanden. Die Metro hatte außerdem einen Publicity-Leitfaden erarbeitet, der den Verleihfirmen zur Verfügung gestellt wurde. Sein Titel lautete: »Größe und Würde: die Grundprinzipien der Auswertung.« Die Verleiher wurden darin mit einer Vielzahl lieferbarer Plakate vertraut gemacht, die durch Illustrationen und Kurzbeschreibungen vorgestellt wurden. Außerdem fanden sich Hinweise auf eine ganze Reihe anderer Werbeträger, darunter Satinfähnchen mit Porträts von Gable als Rhett, Vivien Leigh als Scarlett, Olivia de Havilland und Leslie Howard; dann gab es Schutzüberzüge für Ersatzräder – die damals noch häufig offen auf der Rückfront der Wagen montiert waren – mit aufgedruckten Star-Porträts, Stoßstangenaufkleber und eine Kollektion von »Ölgemälden«, die in Wirklichkeit speziell präparierte Standfotos des Films waren und in den Kino-Foyers ausgehängt werden sollten.

Zu den nicht publizierten Details gehörte Selznicks Auseinandersetzung mit dem Hays Office[1] über die Verwendung eines »ob-

---

1 der Zensurbehörde

szönen« Worts im Film – »damn«. Derselbe Produktions-Kodex, der die genaue Darstellung des Tötens, Anspielungen auf Rassenvermischung, Geschlechtskrankheiten und Sexualhygiene, völlige Nacktheit (auch nicht als Silhouette), kindliche Sexualorgane, Schlafzimmer (außer in geschmackvoller familiärer Umgebung) und Ehebruch verbot, untersagte in Sektion V (1) das »Fluchen« – und damit den Gebrauch des Wörtchens »verdammt«. Deshalb wollte der Zensor Joseph Breen Gables »Ganz offen, mein Kind, das ist mir verdammt egal«, auf keinen Fall durchgehen lassen. Doch Selznick maß gerade dieser Stelle außerordentliche Bedeutung zu, weil sie die Nähe des Films zur Vorlage unterstrich. Deshalb wandte er sich über Breens Kopf hinweg direkt an Will H. Hays, den hoch gewachsenen, feierlichen Presbyterianer-Ältesten (H. L. Mencken sprach von ihm immer geringschätzig als »Ältester Hays«) und früheren Postminister in Präsident Hardings Kabinett, der als Vorsitzender der Motion Picture Producers and Distributors of America[1] der Filmindustrie als willkommene nicht-jüdische Gallionsfigur diente.

Selznick trug seine Offensive mit zwei Angriffsspitzen vor. Die eine bestand in einem Brief an Hays, in dem er darauf hinwies, daß das »Oxford English Dictionary« (Selznick war wahrscheinlich der einzige Hollywood-Produzent, der davon eine komplette zwölfbändige Ausgabe in seiner Bibliothek stehen hatte) »damn« nicht als Fluch, sondern als Vulgarismus bezeichnete. Um seinen Standpunkt weiter zu untermauern, daß das Wort schon weitgehend Eingang in die Umgangssprache gefunden habe, zitierte er eine Reihe populärer Zeitschriften, darunter *Woman's Home Companion* und *Collier's,* in denen »damn« recht großzügig benutzt wurde. Außerdem wies er darauf hin, daß bei den Probevorführungen die Zuschauer auf das Auslassen dieser Zeile sehr enttäuscht reagiert hätten – »unmittelbar vor dem Abblenden wird so der Eindruck des Abweichens von der Vorlage erweckt, nachdem die Handlung sich drei Stunden und fünfundvierzig Minuten mit größter Treue an Miß Mitchells Werk gehalten hat«. Die zweite Angriffsspitze bestand in einem Anruf Jock Whitneys bei Hays, in dem dieser eine Zusammenkunft des *Board of Directors* (der Vereinigung der in New York residierenden Vorstände der wichtigsten Film-Produktions-Gesellschaften) verlangte, falls Hays sich wei-

1 MPPDA

gern sollte, Breens Entscheidung aufzuheben. Selznick hegte die Hoffnung, daß die Direktoren die ganze Sache für zu trivial halten würden, um ihretwegen ein Treffen zu arrangieren und Hays deshalb anweisen würden, seinem Einspruch nachzugeben. Doch bereits die erste Angriffsspitze zeigte Wirkung, und Hays gab nach. So blieb diese unsterbliche Zeile Bestandteil des Films. Da Selznick aber rein formal gegen einen Artikel des Produktions-Kodex' verstoßen hatte, wurde ihm eine Buße in Höhe von 5000 Dollar auferlegt.

17 »David – Weihnachten 1939. Lobet den Herrn. Jock.«

Ernst Lubitsch[1] bezeichnete Howard Dietz gern als »einen Mann, der Shows auf MGM-Briefpapier schreibt«. Unter den zusammen mit dem Komponisten Arthur Schwartz verfaßten Titeln befanden sich solch strahlende Erfolge wie *Dancing in the Dark, By Myself* und *That's Entertainment*. Die MGM-Briefköpfe wiesen ihn als »Director of Publicity« aus, und Dietz war es auch, der bei seiner Alma mater, Columbia, den brüllenden Löwen als Markenzeichen für MGM »ausborgte« und mit einem lateinischen Motto kombinierte – »Ars Gratio Artis«, um anzuzeigen, daß hier auf sauberes Handwerk Wert gelegt wurde. Er hatte eine scharfe Zunge (»Ein Tag ohne Tallulah ist wie ein Monat Ferien auf dem Land«) und beste gesellschaftliche Kontakte, da er mit einer Frau aus der Guiness-Bierbrauer-Dynastie verheiratet war. Er stand seinen Mann ebensogut bei den hitzigen Wortgefechten des Algonquin Round Table wie in den Rangeleien und Intrigen der Chefetage bei der MGM.

L. B. Mayer mißtraute ihm wegen seines erfolgreichen Doppellebens und gab nicht viel auf ihn. Auch zwischen Dietz und Selznick war das Verhältnis eher frostig. Dietz hatte etwas gegen Selznicks anmaßendes Gehabe und scheute sich keineswegs, es offen zu sagen. Während einer seiner Auseinandersetzungen mit Selznick, als dieser noch für die Metro als Produzent tätig war, brauste Dietz einmal auf: »Legen Sie sich nicht mit mir an, David, ich gehöre zu den Gebildeten.« Ein andermal schrieb Selznick einen langen Klagebrief, in dem er die Werbekampagne zu einer seiner Metro-Produktionen kritisierte; jeder, der bei Loew's Inc. etwas zu sagen hatte, bekam eine Kopie davon. Dietz schrieb zurück: »Lieber David. Endlich habe ich herausgefunden, wofür das O in ihrem Namen steht. Ganz offensichtlich für Null. Mit freundlichen Grüßen, Howard.« Dietz konnte bei allem, was er tat, mit der Unterstützung durch Nicholas Schenck rechnen.

Da *Vom Winde verweht* durch die MGM verliehen wurde, ging

1 (1892–1947)

die Verantwortung für die Öffentlichkeitsarbeit jetzt an Dietz über. Die Werbekampagne würde entweder die härteste oder die leichteste aller Zeiten werden: entweder hatte die enorme Publicity die Öffentlichkeit inzwischen so abgestumpft, daß sie den Film selbst schon gar nicht mehr sehen wollte, oder der Film kam gerade auf dem Höhepunkt des allgemeinen Interesses heraus. Im Augenblick ließ sich das noch nicht entscheiden. Vor allem mußte zunächst ein anderes Problem gelöst werden: Selznick. Obwohl man ihn inzwischen auf den Rücksitz gezwungen hatte, wollte er das Fahren noch immer nicht der MGM überlassen. Fast jede Nacht traf in Howard Dietz' Haus ein Telegramm von ihm ein. Eines davon lautete: »Ich möchte Sie bitten, bei der Auswahl des Papiers für die Programme sehr sorgfältig vorzugehen. Stop. Manchmal macht Ihr Knistern das Verstehen der Dialoge unmöglich. Stop. Versprechen Sie mir, darauf zu achten. Stop.« Dietz telegrafierte zurück: »Habe Ihr Epigramm erhalten. Stop. Sie brauchen sich über das Programmgeknister keinerlei Sorgen zu machen. Stop. Habe mit der Vom Winde verweht-Erdnuß-Gesellschaft abgeschlossen. Stop. Sie garantiert jedem Besucher beim Betreten des Theaters eine Tüte schokoladeüberzogener Erdnußkerne.«

Als Dietz in Atlanta eintraf, wurde er mit Bitten für Premierekarten überschwemmt. So stürmte eine Lady beispielsweise sein Büro im *Georgian Terrace Hotel* und wies ihn eindringlich auf ihre Bedeutung hin: »Sie scheinen nicht zu verstehen – ich bin die Präsidentin der hiesigen Sektion der »Töchter der amerikanischen Revolution«. Dietz wehrte ab: »Nein, Sie scheinen nicht zu verstehen, Madam, dieser Film handelt von einem völlig anderen Krieg.« Da er nicht wußte, wie er die Premierenkarten unter der politischen Prominenz, den Kirchen- und Bankleuten, dem Heim für konföderierte Soldaten und anderen einheimischen Institutionen verteilen sollte, reichte er den Kelch einfach weiter. Er rief William B. Hartsfield, den Bürgermeister von Atlanta an, und versprach ihm sowohl die Einnahmen aus der Abendkasse wie auch die des am Vorabend der Uraufführung stattfindenden Junior League-Balles, für die Gemeindekasse, wenn er die Verteilung der vierzehnhundert nicht reservierten Plätze übernehmen wolle. Der Bürgermeister, der sich im kommenden Jahr wieder zur Wahl stellen mußte, erklärte sich gern dazu bereit. Doch seine Begeisterung war rasch verflogen, als er erfuhr, daß unter den reservierten Plätzen ein ganzer Block für den Gouverneur von

Georgia, E. D. Rivers und dessen Freunde vorgesehen war, darunter die Gouverneure von Tennessee, Alabama, Florida und Südcarolina und deren Gattinnen. Obwohl sowohl Rivers wie Hartsfield den Demokraten angehörten, waren sie sich gar nicht grün, da der Gouverneur eher zum linken und Hartsfield zum konservativen Flügel tendierte. Aber Dietz wußte, wie er ihn zu nehmen hatte. »Was würden Sie dazu sagen, wenn ich dafür sorgen würde, daß Clark Gable Ihre Tochter zum Junior League-Ball begleitet?« Hartsfield blieb keine andere Wahl, als dem Gouverneur seine Karten zu gönnen.

Mit ein wenig Nachhilfe durch MGM profilierte sich Rivers als erster und wahrscheinlich einziger Gouverneur dadurch in der Öffentlichkeit, daß er aus Anlaß der Uraufführung eines Films einen Staatsfeiertag anordnete. Im Gegenzug proklamierte Hartsfield gleich drei Jubeltage zur Feier desselben Anlasses, wohlwollend gefördert von der Metro. Den Anfang machte ein triumphaler Autokorso vom Flughafen in die Innenstadt. Der Bürgermeister hatte Dietz' Anregung, die Zuschauer sollten doch wenn möglich in Kostümen der Bürgerkriegszeit auf die Straßen gehen, begeistert aufgegriffen. Und so kramten viele Bürger in den Truhen der Großeltern und noch mehr gingen zu Kostümverleihen, um sich stilgerecht verkleiden zu können. Hartsfield appellierte auch an die Zuschauer, den Stars nicht die Kleider vom Leib zu reißen, wie es in Kansas bei der Uraufführung von *Dodge City* (»Herr des wilden Westens, 1939) geschehen war. Am 14. Dezember fanden sich dann sowohl der Gouverneur wie der Bürgermeister zum Empfang der Stars auf dem Flughafen von Atlanta ein.

In einem der offenen Wagen des Autokorsos saßen vier alte Ladies in Hauben, Reifröcken und mit Paisley-Schals und suchten immer wieder den Himmel nach Clark Gables Maschine ab. Die vier hatten als kleine Kinder noch den Einmarsch Shermans miterlebt. Emma Calhoun Connally, 78, die Enkelin von Oberst James M. Calhoun, der während des Bürgerkriegs die Geschicke der Stadt bestimmt hatte, trug ein feierliches schwarzes Brokatkleid mit Kiepenhut und schwarzem Kinnband – ihre Mutter hatte es einst zur »Feier des zweiten Tages« nach der Hochzeit getragen. Neben ihr saß eine untersetzte, rotbackige Erscheinung mit einer roten Feder auf dem Kiepenhut, der von einem breiten scharlachroten Band unter dem Kinn festgehalten wurde. Wichtigtuerisch erzählte sie einem der auswärtigen Reporter von ihrer heldenhaften Groß-mutter. Am folgenden Tag lasen es die Leser der *New York Times* auf der Titelseite: »Meine Großmama, Mrs. Harper, erzählte mir, wie sie einfach zu General Sherman gegangen ist und ihn um seinen Schutz gebeten hat. Sie lebte außerhalb, müssen Sie wissen, und dabei deutete sie mit einer Handbewegung an, daß ihre Groß-mutter außerhalb der Stadt gelebt hatte, nun, also General Sherman sagte: »Madam, wenn Sie hier bei mir hinter der nörd-lichen Front bleiben, garantiere ich für Ihren Schutz.« Also, nun, meine Großmutter Harper sagte darauf: »General Sherman, ich werde Atlanta nie verlassen, so lange auch nur noch ein Stückchen so groß wie meine Schürze hier von unseren Leuten gehalten wird« – und dabei zeigte sie ihm ihre Schürze, die sie mit ihren eigenen Händen aus Baumwolle von unseren eigenen Feldern gemacht hatte. Der General bewunderte ihren Mut. »Madam, sagte er, Sie haben wirklich das Herz auf dem rechten Fleck.« Ja, genau das hat der General zu meiner Großmama gesagt.«

Dem Empfangskomitee wurde erklärt, Gable komme in einer anderen Maschine nach. Den Grund dafür verschwieg man aller-dings. Sofort nach Abdrehen des Films kamen nämlich Gables alte Ressentiments gegen Selznick wieder an die Oberfläche. So hatte eine Zeitung in einer Story den Produzenten dahingehend zitiert, er habe die Regiearbeiten an *Vom Winde verweht* überwacht. Fleming, der noch immer wegen der Streitereien über den Titel-Vorspann gereizt war, sagte darauf seine Teilnahme an der Urauf-führung ab. Selznick wies vergeblich darauf hin, daß dessen eige-nes Studio die beanstandete Story an die Presse verteilt hatte; der Regisseur blieb in seinem Schmollwinkel. Und da Gable die lang-wierigen Festlichkeiten in Atlanta fürchtete, kündigte er an, aus Sympathie mit seinem alten Freund die Uraufführung ebenfalls boykottieren zu wollen.

Es gelang der Metro schließlich, den Star zum Einlenken zu bewegen, aber seine Beziehungen zu Selznick, die noch nie beson-ders gut waren, hatten damit ihren Tiefstand erreicht. Es war allein Howard Strickling's Überredungskünsten zu verdanken, daß der

Mammy berichtet Melanie, daß der vor Schmerz fast wahnsinnige Rhett sich weigert, Bonnie Blue beerdigen zu lassen.

Schein nach außen einigermaßen gewahrt blieb. Um Gable einen langen gemeinsamen Flug mit Selznick zu ersparen, hatte die Metro ein Angebot der jungen *American Airlines* angenommen, die den Star in einer DC-3 nach Atlanta fliegen wollte. Eifrig auf ihre Publicity bedacht, spielte die Gesellschaft der Presse die Information zu, daß Gable und Carole Lombard in Tucson, Arizona, zu einem Zwischenstopp landen würden. Als am folgenden Morgen die Maschine, die auf beiden Seiten groß die Aufschrift *Vom Winde verweht* trug, auf dem Flugplatz niederging, drängte sich dort natürlich eine riesige Menge, um vielleicht einen Blick von den beiden Stars zu erhaschen. Clark, der am Abend vor dem Abflug zusammen mit Fleming einiges getrunken hatte, kämpfte mit einem schweren Kater. Er hatte nur einen Wunsch: so rasch wie möglich im Flughafen-Café ein Frühstück zu bekommen. »Leute, ich habe eine ziemlich turbulente Nacht hinter mir«, erklärte er der Menge. »Man hat mir gesagt, daß es hier im Café passables Rührei mit Schinken gibt, also laßt mich bitte durch.« Und tatsächlich machte man ihm Platz und ließ ihn zu seinem Frühstück. Die Überreste davon brachte er Carole Lombard mit, die im Flugzeug geblieben war.

Selznick landete zweieinhalb Stunden vor Clark Gable in Atlanta. In seiner Begleitung befanden sich seine Frau Irene, sein Bruder Myron, Vivien Leigh, Laurence Olivier, Olivia de Havilland, Evelyn Keyes und Ona Munson. Jock Whitney war schon früher eingetroffen; er stand an der Spitze eines beeindruckenden Portefeuilles von Ostküstengeld, darunter die übrigen Whitneys, die Vanderbilts, Herbert Bayard Swope, Nelson Rockefeller, J. P. Morgan und John Jacob Astor. Selznick und seine Begleitung traten in die dünne Nachmittagssonne hinaus, während die Kapelle der Militärschule das Südstaatenlied *Dixie* anstimmte. »Oh, sie spielen das Lied aus unserem Film«, gurrte Vivien Leigh. Ein Lokalreporter hatte ihre Worte gehört und fragte Dietz, wer das sei. »Olivia de Havilland«, antwortete dieser geistesgegenwärtig. Hätte die Südstaatenpresse erfahren, daß es Scarlett O'Hara war, wäre sie vielleicht geschlossen abmarschiert.

Während alles auf Gables Maschine wartete, wurde rasch klar, daß die Militärkapelle damit bereits ihr Repertoire erschöpft hatte. Wieder und wieder erklang das *Dixie*-Lied. Die Sonne war bereits untergegangen und ein kalter Wind fegte über das Flugfeld, als die DC-3 der *American Airlines* endlich aufsetzte. Die Menge war nicht mehr zu halten, als Gable im Trenchcoat in der geöffneten Luke erschien. Die Kapelle mußte ihre Instrumente weglegen und der Staatspolizei von Georgia zu Hilfe kommen, um dem Star einen Pfad durch die Menschenmassen zu bahnen.

Die Dämmerung war bereits hereingebrochen, als die Auto-kavalkade langsam durch die Negervorstädte fuhr, wo die Einwohner auf den offenen Veranden zerfallender Hütten oder im roten Straßendreck standen. Dann kam man auf die flaggengeschmückte Peachtree-Street mit ihren sich in Sechserreihen drängenden Menschenmassen. Moderne Sakkos rieben sich an fadenscheinigen Südstaatenroben oder Uniformen aus der Bürgerkriegszeit. Man sah Männer mit Kastorhüten, hellen Hosen, bunten Westen und Samtjacketts; viele Frauen trugen Reifröcke, Mieder mit aufgesteckten alten Broschen und kleine Sonnenschirmchen. Hinter den Zuschauern waren die Schaufenster der Läden in den Konföderierten-Farben ausgeschlagen. Sie umgaben Scarlett-Puppen, die zum Verkauf angeboten wurden, und dazu die verschiedensten Südstaatensouvenirs wie Waffen, Uniformen, Knöpfe, Ehrenzeichen, Mützen und Karten. Eine in Atlanta ansässige Süßwarenfabrik bot Pralinee-Schachteln mit Scarlett-Phantasien, Rhett-Karamellen, Melanie-Melasse-Ketten, Tara-Pekan-Nüssen, Ashley-Brasils, Tarleton-Erdbeeren, Prissy-Pfefferminz, Gerald O'Hara-Mandeln und Aunt-Pittypat-Desserts an. Auf den Stufen des alten, aus grauen Ziegeln gemauerten *Georgian Terrace Hotels* standen die Stars im grellen Scheinwerferlicht und nahmen die Huldigung der Massen entgegen, während von den umliegenden Fenstern und Dächern ein Konfettiregen auf sie niederging.

In ihren Extra-Ausgaben zur Uraufführung hatten die Zeitungen von Atlanta sinnigerweise die drei verschiedenen Angriffsschreie der Südstaatenrebellen in Erinnerung gerufen. So das »Ji-ei-ih«, das auf Anraten von Wilbur Kurtz auch im Film verwendet worden war; dann das »Wa-hu-ih«, das Dr. Henry J. Harvey von der 9. Virginia-Kavallerie bevorzugte; und das »Jah-jih«, auf dem der sechsundneunzigjährige ehemalige Südstaatengeneral J. R. Jones bestand. Als Clark Gable in jenem Gesellschaftsanzug, den er auch im Film trägt, auf dem Junior League-Ball erschien, wurde er mit allen drei Schlachtrufen gleichzeitig willkommen geheißen. Männer in den grauen Uniformen ihrer Großväter begrüßten ihn, als ob er ein wiederauferstandener Südstaatenheld wäre. Gable bedankte sich mit ironisch hochgezogener Braue und tanzte dann mit des Bürgermeisters Töchterlein Mildred davon. Hinter seiner Fassade distanzierten Charmes war er noch immer wütend über Flemings Abwesenheit und entzog sich allen seiner Meinung nach übertriebenen Zumutungen, die man an ihn stellen wollte. Als er Howard Strickling in intensiver Unterhaltung mit Russell Birdwell sah, der als Selznicks PR-Berater mit nach Atlanta gekommen war, ging er auf die beiden zu und sagte zu Strickling: »Falls dieser Bursche Ihnen irgendwelche Schwierigkeiten macht, verschwinde ich sofort von hier.« Strickling tat alles, um ihn davon zu überzeugen, daß Birdwell ihm in keiner Weise zu nahe getreten sei.

Bei Gouverneur Rivers' Gabelfrühstück am folgenden Tag nahmen außer den Südstaaten-Gouverneuren, deren Rechnungen die Metro beglich, auch David O. Selznick und Margaret Mitchell teil, die sich bei dieser Gelegenheit zum erstenmal persönlich begegneten. Die Vorstellung wurde von Katherine Brown übernommen, die bisher auf so taktvolle Weise immer wieder zwischen den beiden vermittelt hatte. Doch da sich durch die Fertigstellung des Films ihre Unterhaltung nur noch auf ihre vierjährige Korrespondenz beziehen konnte, ging ihnen der Gesprächsstoff sehr rasch aus. Als dann Selznick auch noch von einer Fortsetzung zu *Vom Winde verweht* zu schwadronieren begann, kühlte die klein gewachsene Autorin noch weiter ab und suchte das Weite. Eine große, neugierige Menge versammelte sich gleich darauf um sie und Clark Gable. Alle wollten dabeisein, wenn die Autorin die Inkarnation ihres Helden persönlich kennenlernte. Doch sie haßte es, so im Mittelpunkt zu stehen. Entschlossen griff sie nach Gables Arm, schob ihn in die Damen-Toilette und verschloß die Tür.

Bei der Premiere war die Vorderseite des *Grand Theater* von Atlanta mit einer riesigen Fassade von Twelve Oaks verkleidet. Davor drängte sich wieder eine riesige Menge. Nur die wenigsten davon durften hoffen, noch einen Platz zu bekommen, für den gerissene Geschäftemacher inzwischen 200 Dollar verlangten, obwohl sie selbst die Karte für 10 Dollar erstanden hatten. Doch die Menschen wollten vor allem ihre Stars sehen. Nicht wenige waren auch wieder in zeitgenössischen Kostümen erschienen, wodurch das Gedränge noch größer wurde, denn die Ladies in ihren Reifröcken beanspruchten fünfmal soviel Platz wie gewöhnlich. Als Clark Gable und Carole Lombard eintrafen, erreichte das

Durcheinander seinen Höhepunkt. Die vierhundert Georgia-Nationalgardisten hatten Mühe, die Menge hinter den Abgrenzungen zu halten. Hysterisches Geschrei brandete auf, Frauen fielen in Ohnmacht und mußten von ihren Begleitern gestützt werden, bis es gelang, sie aus dem Gedränge zu befreien.

Früher an diesem Abend hatte Selznick nach Susan Myrick geschickt. Als sie in seinem Hotelzimmer eintraf, fand sie ihn in größter Erregung über den Südstaatenakzent im Film. Nachdem er jetzt zum erstenmal in seinem Leben hier im Süden war und hörte, wie die Leute sprachen, erschien ihm der Akzent seiner Schauspieler viel zu schwach zu sein. Er erinnerte sich an Margaret Mitchells Warnungen, lieber gar keinen als einen künstlich aufgepfropften zu verwenden. Fast war er davon überzeugt, daß die Leute, vielleicht sogar unter Führung der Autorin, das Premierenkino empört verlassen würden. Aber seine Sorge war überflüssig. Kaum hatte Vivien Leigh drei Minuten lang auf der Leinwand kokett ihr Schmollmündchen verzogen, war das Publikum gewonnen. Selbst wenn sie den Mittel- bis Oberklassen-Akzent Georgias nicht ganz traf – diesen Mittel- bis Oberklassen-Georgianern schien das völlig gleichgültig zu sein. Hollywoods romantische Südstaaten-Beschwörung schlug eine Saite in ihnen an, die den ganzen Abend über nachvibrierte. Die nostalgische Sehnsucht nach dem alten Süden schlug das Publikum in ihren Bann. Die kleinste Reminiszenz, ein paar Akkorde einer Südstaatenweise – und die Zuschauer rasten. Als der Krieg gegen den Norden angekündigt wurde, war der Beifall aus dem Parkett lauter als der auf der Leinwand. Und als der Vorhang niederging, sah man nicht wenige weinen. Auf der Bühne zollte danach eine überaus nervöse Margaret Mitchell David Selznick ihren Tribut: »... in meinem Namen und in dem meiner armen Scarlett«, und pries dann »die großartige Leistung, die diese Schauspieler vollbracht haben«. Es war die erste öffentliche Stellungnahme zu dem Film. »Mein Gefühl sagt mir, daß es für Georgia und den Süden eine große Sache war, die Konföderierten zurückkommen zu sehen«, fuhr sie fort. Auch Bürgermeister Hartsfield, offensichtlich ebenso bewegt wie viele andere, dankte dem Ensemble für seine Leistung. Dann wandte er sich mit dem feinen Gespür des Südstaatlers für Distinktion an das ausschließlich weiße Mittelklasse-Publikum und forderte es auf, auch den schwarzen Schauspielern zu applaudieren – von denen keiner zugegen war. Hattie McDaniel war zu

diesem Zeitpunkt wohl in Atlanta, aber zu den offiziellen Feierlichkeiten war sie nicht geladen worden.

Die Presse schätzte, daß am Premierentag sich ungefähr eine Million Menschen in dem 300000-Einwohner zählenden Atlanta drängten. Genau wie es sein sollte. Die *New York Times* kommentierte den Trubel mit milder Ironie: »Hier sind sie, unsere Goldjungen und Goldmädels, die Göttlichen, die sich endlich einmal ihren Verehrern zeigen.« Solche mit großen Werbefeldzügen vorbereiteten Uraufführungen genossen damals eine ungeheure Popularität, wie schon das Beispiel von *Union Pacific* und *Dodge City* gezeigt hatten. Die Stars zogen riesige Menschenmassen an, und die Politiker genossen es, sich in ihrem Ruhmesglanz zu sonnen. Doch *Vom Winde verweht* nahm auch dabei eine Ausnahmestellung ein. Das lag zum einen ganz offensichtlich an der enormen Vor-Propaganda, vor allem aber an der Reverenz des Publikums gegenüber Margaret Mitchells Roman, der die Gefühle so vieler Südstaatler ansprach und dabei auch bisher unbewußte und unartikulierte Emotionen an die Oberfläche schwemmte.

Den Abschluß der Feierlichkeiten bildete ein von Margaret Mitchell im *Piedmont Driving Club* am nächsten Tag gegebenes festliches Mittagessen. Danach gingen alle an Bord von Jock Whitneys Sonderzug, der sie zur New Yorker Erstaufführung bringen sollte. Alle, außer Clark Gable, der nach Hollywood zurückflog. Inzwischen hätte er sich innerlich von *Vom Winde verweht* und seinem Produzenten völlig gelöst. Doch auch weiterhin sollte dieser Film immer neue Enttäuschungen für den Star bereithalten. Die eine war, daß er an den riesigen Einspielergebnissen nicht beteiligt war. Und die zweite erwartete ihn 1940, als zehn Oscars über *Vom Winde verweht* ausgeschüttet wurden, womit er sämtliche Rekorde brach – Gable aber war nicht unter den Preisträgern. Die Oscars wurden für den besten Film des Jahres verliehen, für die beste Schauspielerin, Vivien Leigh, die beste Nebenrolle,

Vorhergehende Doppelseite: Melanie stirbt: India Wilkes (Alicia Rhett), Tante Pittypat, Ashley, sein Sohn Beau (Mickey Kuhn), Scarlett und Rhett vor dem Sterbezimmer. Während des Wartens wird Scarlett bewußt, daß Ashley immer nur Melanie geliebt hat – und daß sie nur Rhett lieben konnte. Rhett muß erkennen, daß es für seine Ehe mit Scarlett keine Hoffnung mehr gibt.

Hattie McDaniel (der erste Oscar für einen schwarzen Schauspieler), die beste Regie, Victor Fleming (der die Verleihung boykottierte), die beste Fotografie, Ernest Haller und Ray Rennahan, das beste Drehbuch, Sidney Howard, die beste Filmarchitektur, Lyle Wheeler, die besten Spezialeffekte, Jack Cosgrove und den besten Schnitt, Hal C. Kern; außerdem bekam William Cameron Menzies einen Sonderpreis »für hervorragende Leistungen im Gebrauch von Farbeffekten«. Und Selznick erhielt endlich den Irving Thalberg-Erinnerungspreis, der ihm im Jahr zuvor entgangen war, weil die Dreharbeiten zu *Vom Winde verweht* ins Stocken geraten waren und seine Fertigstellung grundsätzlich gefährdet schien. Als bester Schauspieler wurde aber Robert Donat in *Goodbye Mr. Chips* (1939), einem sentimentalen Kassenknüller ausgezeichnet.

Obwohl sie einen Oscar gewonnen hatte, war auch für Vivien Leigh die Erinnerung an *Vom Winde verweht* ähnlich umwölkt wie für Gable. Nie hörte man aus ihrem Munde etwas Gutes über den Film, der sie weltberühmt gemacht hatte. So war sie während des Zweiten Weltkriegs mit britischen Fronttheatern im Mittleren Osten unterwegs. Der Höhepunkt ihrer Show war jedesmal eine Parodie auf Scarlett O'Hara. Ihr Leinwandruhm schien ihr nichts zu bedeuten. Von 1939 bis 1962, als sie starb, kam sie nur noch gelegentlich nach Hollywood, um einen Film zu drehen. Interessant ist eine andere Querverbindung: Nachdem sie sich von David Selznick getrennt hatte, konzentrierte Irene ihre kreativen Energien auf die Karriere einer Broadway-Produzentin. Und Vivien Leigh gestaltete in Irenes erster Produktion, *A Streetcar Named Desire* (»Endstation Sehnsucht«), die Rolle der Blanche DuBois (genau wie in dem danach gedrehten Film).

Vom Winde verweht war vom Kinostart weg auf Sieg programmiert, genau wie Jock Whitneys Rennpferde. Weihnachten näherten sich die Einspielergebnisse bereits der Einmillionengrenze – in Dollar. Und bei der Kritik war der Film kaum weniger erfolgreich. Spätere Kritiker, verwöhnt von der intellektuellen Machart der Filme Fellinis, Bergmans, Godards oder Kubricks, mochten ihn stellenweise unerträglich finden; sie gaben wohl zu, daß der Schwung und die innere Kraft der Handlung vor allem im ersten Teil gut eingefangen wären und der Brand von Atlanta zu den besten Kriegssequenzen zählte, die man je im Film gesehen hatte, doch im überlangen zweiten Teil roch es für sie nach Mottenkugeln

Clark Gable und Carole Lombard beim Junior League-Ball am Abend vor
der Premiere. Rechts von Gable erkennt man Howard Strickling, den Direk-
tor der Public Relations-Abteilung der MGM in Hollywood. Hinter Gable
und der Lombard ist ganz links William B. Hartsfield, der Bürgermeister von
Atlanta, zu sehen. Zwischen Gable und der Lombard sitzt der Direktor des
PR-Büros der MGM in New York, Howard Dietz.

und sie vermißten die filmische »vérité«. Die zeitgenössischen Kri-
tiken aber waren überschwenglich. Die *New York Times* nannte
ihn »das größte filmische Wandgemälde, das wir je gesehen haben,
und das ehrgeizigste und abenteuerlichste Filmprojekt, das es je in
der an Sensationen nicht armen Geschichte Hollywoods gab«.
Pare Lorentz[1], der vielgelobte Dokumentarfilmer, der für das
McCall's-Magazin Filmkritiken schrieb, meinte: »Mr. Selznick
und Mr. Whitney haben einen Film gemacht, der das Prestige der
gesamten Gattung fördert. Wahrscheinlich ruinieren sie damit die
Film-Industrie, denn die Napoléons der Westküste können diesen
Film nur dadurch übertreffen, daß sie genau das tun, was diese
beiden getan haben: Geld wie Generäle zum Fenster hinaus-
werfen, sich drei Jahre Zeit lassen, die besten Köpfe der Industrie
und die besten Schauspieler aus zwei Kontinenten engagieren...
Dieser Film ist nach einer Romanvorlage gedreht, sein Aufwand
ist fantastisch, ebenso wie seine Detailtreue, und er ist besser gespielt als jeder andere Film, den ich gesehen habe ; er ist kolossaler,
erstaunlicher, gigantischer und aufregender als jeder andere Film,
ohne jemals prätentiös zu wirken.« Nüchtern wie immer, prophezeite *Variety,* daß *Vom Winde verweht* alle Anlagen besitzt, um
zum größten Kassenerfolg der Film-Industrie zu werden«. Die
New York Post meinte: »Genau wie *Birth of a Nation* als Meilen-
stein der Filmgeschichte betrachtet werden muß, stellte auch *Vom
Winde verweht* einen ganz außerordentlichen Schritt nach vorn
dar.« D. W. Griffith, der Schöpfer von *Birth of a Nation*[2], war allerdings nicht so begeistert. Er deklassierte den berühmten großen
Schwenk mit dem Kran über das Eisenbahn-Depot von Atlanta in
einem bissigen Kommentar: »Chaplin meint, ich hätte denselben
Effekt durch eine Großaufnahme weniger Leichen erreicht.« Jock

1 (*1905)
2 Griffith inszenierte den Film 1915.

Whitney aber schenkte Selznick eine goldene Armbanduhr. Die Inschrift war ein Faksimile seiner eigenen Handschrift; sie lautete und ahmte in parodistischer Absicht den Südstaatendialekt nach: »David – Xmas 1939. Praise de Lawd. Jock.« (»David – Weihnachten 1939. Lobet den Herrn. Jock.«)

Selznick fühlte sich jetzt ganz oben. Freunden erzählte er, daß er während dieser ganzen schweren Zeit die lenkende Hand seines Vaters auf der Schulter gespürt habe. Über seines Schwiegervaters Faust im Nacken schwieg er natürlich lieber, obwohl sie zum Erfolg des Films wahrscheinlich mehr beigetragen haben dürfte. Selznicks Tour de force war mehr als ein persönlicher Triumph. Sie war zugleich die Apotheose des Hollywood-Produzenten, der die Talente Hunderter von kreativen Männern und Frauen unter seinen Willen zwang und so ein Universum schuf, das am Ende ihm allein gehörte. Produzenten dieser Art dominierten die Film-Industrie ebenso wie das gesellschaftliche Leben (die Grenzen zwischen beiden waren oft fließend), und sie setzten in jeder Hinsicht ihren Willen durch, im festen Glauben, daß allein ihre Vorstellungen und Ziele die ausschlaggebende kreative Kraft im Film sein konnten. Doch bald schob sich eine andere dominierende Instanz immer mehr in den Mittelpunkt – der kreative Regisseur, wie er sich beispielsweise in Gestalten wie Orson Welles und John Huston repräsentiert. Sie forderten – und erreichten auch oft – einen bis dahin unbekannten Grad der Autonomie. Und noch später ging die absolute Macht des Produzenten im allgemeinen »Autoren-Kult« unter.

Selznick stand wirklich auf dem Gipfel des Bergs. »Alles in *Vom Winde verweht* ist ohne Ausnahme so, wie ich es mir gewünscht habe«, erklärte er. »Ich habe allein das Risiko getragen, um meine Konzeptionen und meine Methoden durchzusetzen.« Aber das Hasardspiel sollte sich für andere besser bezahlt machen als für ihn selbst. Im März erhielt er den ersten Scheck von der Metro über den Anteil seiner Gesellschaft an den Einspielergebnissen. Davon wurden die Dividenden auf die Vorzugsaktien bezahlt. Kurz darauf sollte Norma Shearer die erste sein, die ihren Aktienanteil an MGM abtrat.

Bis Ende 1940 war *Vom Winde verweht* in den Vereinigten Staaten von fünfundzwanzig Millionen Menschen gesehen worden und hatte mehr als vierzehn Millionen eingespielt. Inzwischen verlor Whitney das Interesse an Hollywood und engagierte sich stär-

Am Premieren-
abend im Grand
Theater sieht man
in der ersten Reihe
von links nach
rechts:
Claudette Colbert,
Irene Selznick und
den Gouverneur
von Georgia, E.D.
Rivers. In der
zweiten Reihe:
Peggy Marsh
(Margaret Mit-
chell), John
Marsh, Clark
Gable, Carole
Lombard und den
Bürgermeister von
Atlanta, William
B. Hartsfield.

ker in der Kriegsindustrie. Sein Vertrauen zu Selznick wurde immer geringer. Die beiden gerieten über Selznicks Extravaganzen immer häufiger aneinander, und jetzt nicht mehr über Mittelsleute, sondern ganz direkt. In den Jahren, bevor *Vom Winde verweht* herauskam, hatte Selznick-International nichts als Verluste gehabt, und es bestand die Gefahr, daß der Produzent durch seinen unkontrollierten Umgang mit dem Geld die hereinströmenden immensen Profite sofort wieder aufs Spiel setzte. Sein Geschäftsgebaren war unbeständiger denn je, und er ging immer größere Wagnisse ein. Whitneys Anwälte arbeiteten deshalb einen Plan aus, der es erlauben sollte, seine und Whitneys mit hohen Steuern belegten Einkünfte aus dem Film in Kapitalgewinne umzuwandeln, wozu sie sich gegenseitig ausbezahlen und ihre Gesellschaft liquidieren mußten. Selznick verkaufte seinen dreiunddreißig-Prozent-Anteil für 750 000 Dollar an Whitney und übernahm gleichzeitig die Kontrakte mit Vivien Leigh, Ingrid Bergman und mit den übrigen Studio-Stars sowie Whitneys dreißig-Prozent-Investment zum doppelten als dem Einstandspreis. Kurz darauf verkauften beide die jeweiligen Anteile an *Vom Winde verweht*, die sie sich gerade gegenseitig abgekauft hatten, an die Metro. Whitney erhielt dafür 1,5 Millionen, Selznick etwas weniger. 1944 gehörten MGM achtundneunzig Prozent, der Rest wurde von C.V. Whitney und den Erben Myron Selznicks gehalten, der im gleichen Jahr gestorben war.

Auf diese Weise kam die Metro in den Genuß der Löwenanteile aus den riesigen späteren Einnahmen des Films. Al Lichtmans Voraussage wurde bei weitem übertroffen. 1941, nach der außerordentlich erfolgreichen »Road Show« in dreihundert ausgewählten Städten, wurde der Film zur allgemeinen Verwertung in 8100 Filmtheatern im ganzen Land freigegeben – und trotz der erhöhten Eintrittspreise sahen ihn weitere vierundzwanzig Millionen Menschen. Und auch noch bei seiner dritten Runde durch das Land lockte er zehneinhalb Millionen Zuschauer an. Bis Juli 1943 hatte er allein auf dem Inlandsmarkt über 32 Millionen Dollar eingespielt. An zweiter Stelle lag *Snow White and the Seven Dwarfs* (»Schneewittchen und die sieben Zwerge«)[1], ein Film, der seit seiner Uraufführung 1938 allerdings »nur« 8 Millionen Dollar erbracht hatte.

1 Zeichentrickfilm von Walt Disney (1937).

In dem unter schweren deutschen Luftangriffen liegenden London bekam der kriegerische Hintergrund von *Vom Winde verweht* mit seinem Leid und dem Thema der Entwurzelung eine ganz besondere Bedeutung. Im *Ritz Theater* lief der Film fast während des gesamten Krieges. Und als die letzten amerikanischen Vertreter sich aus Shanghai zurückzogen und die Rotchinesen die Stadt besetzten, stand er ebenfalls noch einige Zeit auf dem Programm. Die Nazis sahen in Scarlett ein Symbol des Widerstands und verboten den Film in den von ihnen unterworfenen Ländern. Als deren Einwohner ihn dann endlich nach der Befreiung 1945 zu Gesicht bekamen, reagierten sie fast hysterisch auf die darin enthaltene verheißungsvolle Botschaft des Überlebens und des Wiederaufbaus.

Bis 1967 hatte der Film der Metro 75 Millionen an Verleihgebühren eingebracht, doch dann wurde er durch *The Sound of Music* (»Meine Lieder, meine Träume«, 1965) überholt. Im Oktober 1968 brachte die Metro ihn zum siebten Mal in die Kinos, nachdem das 35-Millimeter-Originalnegativ auf ein 70-Millimeter-Breitwandformat umkopiert und der Film mit Stereoton ausgestattet worden war, wie er seither in den Kinos gezeigt wird.

Dabei mußte Bildfeld um Bildfeld einzeln reproduziert werden, worunter die Farbqualität litt. In einigen Szenen, so beispielsweise gleich zu Anfang in der Tara-Sequenz, sehen die helleren Töne so dünn und fadenscheinig aus, daß man meint, die Leinwand durchschimmern zu sehen wie bei einem alten Gemälde, von dem die Farbe abgesprungen ist. Das neue Kaderformat war im übrigen wohl um das Anderthalbfache breiter als bei der ursprünglichen 35-Millimeter-Version, doch dafür mußte am oberen und unteren Bildrand jeweils ein Streifen geopfert werden, wodurch die gesamte visuelle Komposition, die Selznick so sehr am Herzen gelegen hatte, verzerrt wurde. Oft erscheinen deshalb die Köpfe der Darsteller direkt über dem Haaransatz und die Beine unmittelbar unter den Knöcheln abgeschnitten; Kronleuchter und ferne Horizonte fallen in der heutigen Version nicht selten ganz weg. In ihren PR-Stories behauptete die Metro zwar immer, das Negativ von *Vom Winde verweht* würde in samtausgeschlagenen Metallkassetten verwahrt, die ihrerseits in einem Tresor mit konstanten Temperaturen stünden, doch bei der Umkopierung war der Film keineswegs mehr komplett, so daß die fehlenden Teile von einer Kopie gezogen werden mußten, wodurch weitere Unregelmäßigkeiten entstanden. Doch die innere Dramatik und die Zeitlosigkeit der Handlung nahmen die Zuschauer auch weiterhin so gefangen, daß sie die Mängel der Verleihkopien überhaupt nicht zu bemerken schienen. Und bald hatte der Film seinen ersten Platz an der Kasse wiedererobert. Erst 1972 wurde er ihm wieder durch einen anderen Leinwanderfolg streitig gemacht. Er basierte auf Mario Puzos Bestseller *The Godfather* (»Der Pate«), der sich in ebensolchen Dimensionen verkaufte wie früher einmal *Vom Winde verweht*. Aufgrund der bedeutend höheren Eintrittspreise spielte er höhere Einnahmen ein als Selznicks Film, doch *Vom Winde verweht* hält noch immer den Rekord, was die Zuschauerzahl betrifft, und es muß sich erst noch zeigen, ob *Der Pate* oder ein anderer Film ihn je wird brechen können.

Nach der Liquidation von Selznick-International zogen die Selznicks an die Ostküste. Es dauerte lange, bis sie endlich ein passendes Haus gefunden hatten. »Das Problem ist David«, beklagte sich Irene, »er möchte ein Haus, das wie Tara aussieht und wie die Weltausstellung funktioniert.« Auch seine weitere berufliche Laufbahn litt darunter, daß er jedes neue Projekt an *Vom Winde verweht* maß. Als beispielsweise Gregory Peck die verschwenderischen Entwürfe zu *The Paradine Case* (Der Fall Paradine«, 1948) sah, in dem er die männliche Hauptrolle spielen sollte, meinte er: »Mein Gott, David, finden Sie nicht, daß dieser Luxus für dieses kleine Drama im Old Bailey[1] ein bißchen übertrieben ist?« Aber Selznick wies ihn zurück: »Der Film muß einfach Format haben.« – »Und warum das?« wollte der Schauspieler wissen. »Weil ich etwas machen will, das *Vom Winde verweht* übertrifft«, erwiderte Selznick. »Ich werde es vielleicht nie schaffen, aber ich muß es auf jeden Fall versuchen.«

Der Schatten seines größten Leinwanderfolgs lag über allem, was er in den folgenden Jahren anpackte und hemmte seine weitere Entwicklung als Produzent so sehr, daß er schließlich das Filmemachen ganz aufgab. »Wenn ich einmal gehen muß« pflegte er damals häufig voller Resignation zu sagen, »werden sie auf meinen Grabstein schreiben: Hier ruht der Mann, der *Vom Winde verweht* gemacht hat.« Um mit seiner unabhängigen Gesellschaft überhaupt noch Profit zu machen, lieh er die Mitglieder seiner inzwischen höchst ansehnlichen Star-Kollektion an andere Studios

---

1 Hauptstrafgericht von Groß-London.

aus (außer Peck gehörten dazu beispielsweise auch Dorothy McGuire[1] und Rhonda Fleming; oder er kaufte Filmrechte auf, um sie an andere Produzenten weiterzuverkaufen. Seine eigene Produktions-Geschichte verlief allerdings in den kommenden Jahren ziemlich traurig: Vom Beginn seiner Karriere bis zu *Vom Winde verweht* hatte Selznick sechsundfünfzig Filme produziert. Zu diesem Zeitpunkt war er siebenunddreißig Jahre alt. Während der verbleibenden fünfundzwanzig Jahre seines Lebens sollten es noch ganze zehn werden, wovon einer ein Kurzfilm war, den er während des Krieges für das Gesundheitsministerium drehte.

Aber das lag an diesem 16. Dezember 1939 alles noch in weiter Ferne. An diesem Tag rollte Whitneys Zug einer weiteren glänzenden Premiere in New York entgegen, und David Selznick war voller Euphorie. In Washington, D.C., mußten sie auf einen Anschlußzug warten, der sie zu ihrem Ziel, der Grand Central Station bringen sollte. Auf Selznicks Vorschlag nützte die wohlbetuchte Gesellschaft den Aufenthalt für einen Besuch im *Variety Club,* wo die Stars und Geldleute sofort im Mittelpunkt des Interesses der ganz sicher nicht so gut bestückten regulären Mitglieder standen. Selznick, der solchen Versuchungen noch nie hatte widerstehen können, warf ein Zehncentstück in einen Spielautomaten – und verlor. Jock Whitney wollte seinem Selbstbewußtsein zu Hilfe kommen und machte es ihm nach. Als er den Hebel drückte, herrschte gespanntes Schweigen. Und dann hallte der Raum vom Rasseln der Münzen wider, die aus dem Automaten und über seine auf Hochglanz polierten Schuhe sprangen.

1 (*1919)

Danksagung und Quellen

Ein Buch dieser Art verdankt der Mitarbeit, Ermutigung und den Erinnerungen vieler anderer Menschen. Ich möchte vor allem einigen Protagonisten, die an der Entstehung von »Vom Winde verweht« wesentlichen Anteil haben, an dieser Stelle dafür danken, daß sie sich die Mühe machten, ihr Gedächtnis nach Gestalten, Fakten und Anekdoten zu durchstöbern. Das sind vor allem: Maxwell Arnow, Russell Birdwell, Kay Brown, Ridgeway Callow, Arthur Fellows, Lee Garmes, Olivia de Havilland, MacDonald Johnson, Hal C. Kern, Evelyn Keyes, John Lee Mahin, Susan Myrick, Elsa Neuberger, Daniel O'Shea, Walter Plunkett, Ray Rennahan, Ernest Scanlon, Lydia Schiller, Clarence Slifer, Howard Strickling, Edith Udell, John Wharton, Lyle R. Wheeler, Harry Wolf und William H. Wright.

Mein Dank gilt außerdem: Robert Hardy Andrews, Joan Bennett, Pandro S. Berman, Berry Brannen, Bette Davis, Howard Dietz, Dean Dorn, Melvyn Douglas, Rhonda Fleming, Marsha Hunt, Lee Israel, Eddie Lawrence, Jeffrey Lynn, Lilly Messenger, Lewis Milestone, Stephens Mitchell, Kay Mulbey, Richard Barksdale Harwell, Emily Torchia, Ben Thau, Sylvia Wallace, Minna Wallis, Ruth Waterbury, dem verstorbenen Larry Weingarten, Roberta Winter, Margaret Wyler, den Bibliothekaren an der *Academy of Motion Picture Arts and Sciences* in Los Angeles, dem *British Film Institute* in London und an der *University of Georgia* in Athens, Georgia. Geholfen haben mir außerdem Henry William Griffin und William Pratt vom Macmillan-Verlag sowie Henry Grunwald, Chefredakteur von *Time,* und Murray J. Gart, Chefkorrespondent von *Time,* die mir die notwendige Zeit zugestanden, um dieses Buch zu schreiben.

Eine komplette Bibliographie der für dieses Buch herangezogenen Werke würde fast ein neues Buch füllen. Die folgenden Quellen waren für meine Arbeit jedoch besonders aufschlußreich: vgl. S. 343 f. Bibliographie (Originalband).

Roland Flamini

»Von 1971 bis 1974 lebte ich in Los Angeles und berichtete für das
Time-Magazin über das Geschehen bei Film und Fernsehen«,
schreibt Roland Flamini, der Autor dieses Buchs. »Hollywood
wirkte in jenen Jahren ziemlich rat- und richtungslos und schaute
sehnsuchtsvoll auf seine Glanzzeit in den späten Dreißigern zurück. Das Entstehen von *Vom Winde verweht* markiert den Gipfel
qualitativ hochwertiger Hollywood-Filme und die Zeit ihres
größten gesellschaftlichen Einflußes. Es war das Beste vom
Besten, was die Filmindustrie damals zu bieten hatte.«

Flamini wurde auf Malta geboren und zwar im selben Jahr, in
dem Margaret Mitchell die Filmrechte an ihrem Bestseller an
den Hollywood-Produzenten David O. Selznick verkaufte. Im
Alter von zehn Jahren sah Flamini den Film zum erstenmal. Als
er dann das Material für dieses Buch zusammentrug, kam es einmal vor, daß er ihn in einer Woche gleich viermal ansah. Nachdem er für eine führende Londoner Zeitung gearbeitet hatte,
ging er 1967 zu *Time* und war für das Magazin als Korrespondent in Wien, Rom, Paris und Los Angeles tätig. Er lieferte vor
allem Berichte aus West- und Osteuropa, dem Mittleren Osten
und Afrika. Heute lebt er in Manhattan.

Register